日本の家族と戸籍

Family and
Family Registry
in Japan

Miyuki Shimoebisu
下夷美幸 著

なぜ「夫婦と未婚の子」単位なのか

東京大学出版会

Family and Family Registry in Japan
Miyuki SHIMOEBISU
University of Tokyo Press, 2019
ISBN978-4-13-051144-5

日本の家族と戸籍——目次

凡例

1　本書で座談会や講演等から引用している発言や文章は、必要な一部分のみを抜粋している。引用した文章の途中の省略については、「(略)」を記載しているが、引用部分の前と後の省略については、「(略)」を記載していない。座談会の発言者名と発言の間の「(略)」、および省略した発言者がある場合の発言者間の「(略)」も記載していないので留意されたい。

引用に際しては、一部、旧字体・旧かなを新字体・新かなに改めている。また、必要に応じて、句読点および改行について加筆、修正を行っている。そのほか、指示語等で意味を捉えにくい場合は、(　)を用いて下夷注と記し、補足している。引用文中の傍点や強調、「……」「——」の表記は、とくに記載していない限り、原文のままである。なお、誤植等の明白な誤りにより内容の理解に支障が生じると判断した場合は修正しているが、筆者による修正は最小限にとどめている。

本書の本文中における、雑誌に掲載された座談会の出典表記については、(座談会　掲載誌の発行年：掲載頁)とする。ただし、座談会が連載の場合には、(座談会　掲載誌の発行年：掲載号：掲載頁)とする。

2　本書で身の上相談の新聞記事から引用している文章は、必要な一部分のみを抜粋している。引用中の省略や文字の改め等については、上記1と基本的に同様である。記事のなかには不適切な表現もみられるが、そこには、時代性あるいは相談者自身の当該事項に対する見方が含まれていると考え、とくに修正せずにそのまま引用している。よって、新聞社のデータベース登載時に記事のタイトルの文言が修正されているものについても、本書では原則として新聞発行時の紙面に掲載されたタイトルのまま用いている。

本書の本文中における、相談記事の出典表記については、（記事の掲載年月日「記事タイトル」）としているが、すべて『読売新聞』「人生案内」からの引用である。

第1章 戸籍の何が問題なのか

1 戸籍とは——個人の生涯にわたる身分証明

(1) 戸籍・戸籍謄本・戸籍抄本

戸籍は、「人の出生から死亡に至るまでの親族関係を登録公証するもの」である。(1) 親族関係とは、夫婦や親子などの関係をさすが、それらの法的な関係は民法に定められており、たとえば、夫婦関係については、婚姻や離婚の成立要件が民法に規定されている。戸籍は、このような民法に基づく、各人の夫婦や親子の関係を登録し、その関係をおおやけに証明するものである。よって、戸籍は民法とは切り離せないもので、法律の性格でいえば、民法は実体法(法的関係の内容自体を定めた法律)、戸籍法はその手続法(実体法の実現手続きを定めた法)と位置づけられる。

実際に、戸籍に登録された内容の証明書として利用されるのが、戸籍謄本または戸籍抄本である。戸籍謄本は戸籍の全部を写したもの、戸籍抄本は戸籍の一部を写したものである。つまり、戸籍謄本は戸籍の原本に記載されている全員分の内容、戸籍抄本は必要な人の分のみ（通常は一人分）の内容を写した書類である。現在、戸籍は電子化（いゆわるコンピューター化）が進んでおり、電子化された戸籍の謄本は「戸籍全部事項証明書」、抄本は「戸籍個人事項証明書」と呼ばれているが、本書では電子化後の戸籍の場合も含めて、「戸籍謄本」「戸籍抄本」の語を用いることとする。

戸籍謄本や戸籍抄本は、本籍地のある市区町村役場に申請して取得する。かつては、戸籍は公開が原則とされており、手数料さえ払えば誰でも他人の戸籍を閲覧でき、戸籍謄本・戸籍抄本を請求することができた。しかし、これでは個人情報の不当な利用につながることから、一九七六年の法改正により、閲覧制度は廃止され、戸籍謄本・戸籍抄本の請求には原則として請求理由を明らかにすることが求められるようになった。それでも、不正に他人の戸籍謄本を取得する事件が跡を絶たなかったため、さらに二〇〇七年に法改正が行われ、とくに第三者が戸籍謄本などを請求する場合の要件や手続きが厳しくなっている（小池 2012: 30–33）。

最近では、日常生活で戸籍謄本や戸籍抄本を求められる場面は少なくなっているが、どれぐらい利用されているのだろうか。図1-1はその請求件数を示したグラフである。まず、戸籍謄本と戸籍抄本の請求数の合計について、データが得られた一九五二年からの推移をみると、一九五二年の約一三〇〇万件から一九七〇年代初めにかけて大幅に増加し、一九七二年には四七〇〇万件を超えている。この当時は、戸籍謄本・戸籍抄本が身分証明書として便利に多用されていたほか、戸籍の公開制度の下、他人の戸籍謄本・戸籍抄本を自由に取得できたことから、企業が商品販売のために大量の戸籍謄本を請求する

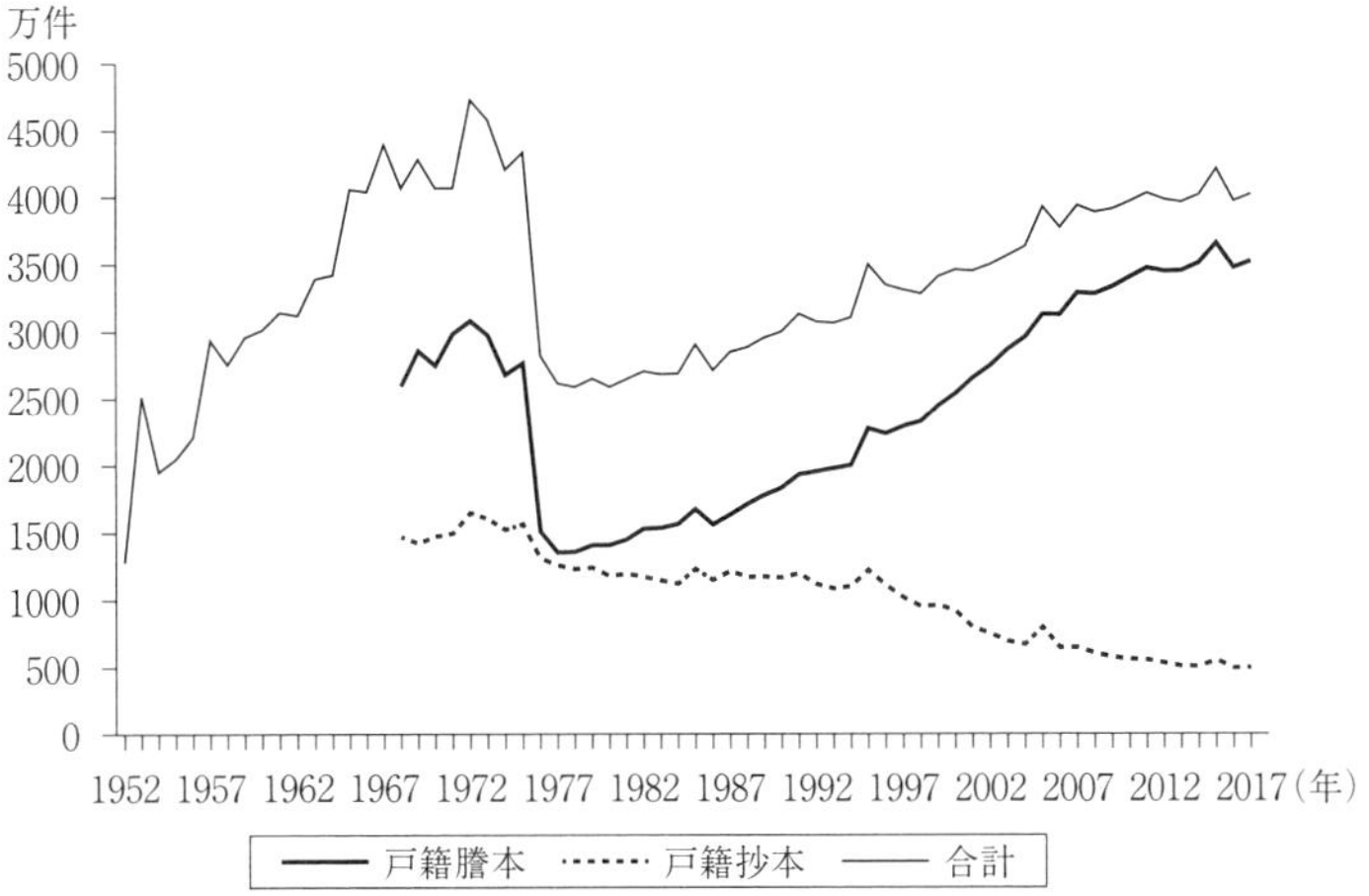

図 1-1　戸籍謄本・戸籍抄本の請求件数（1952-2017 年）

注：戸籍謄本・戸籍抄本ともに有料・無料の合計.
出典：法務省（1953-1972），法務省（1973-1980），法務省（1981-2006），法務省（2007-2018）を用いて作成.

こともあったとみられる。

しかし、一九七六年に突然、請求数が激減している。これは前述の法改正で戸籍の公開原則が見直され、請求手続きが改められたことによる。こうして法改正の影響により、いったん二五〇〇万件程度に落ち込むが、一九八〇年代になると増加し、その後も着実に伸び、直近の統計（二〇一七年）では年間約四〇〇〇万件となっている。

つぎに、図1−1で戸籍謄本と戸籍抄本のそれぞれについて、データが得られる一九六八年以降の推移をみてみたい。グラフからわかるとおり、常に戸籍謄本が戸籍抄本を上回っており、その差が拡大している[2]。そこで、戸籍謄本からみていくと、請求数は一九六八年で約二六〇〇万件、一九七二年には三〇〇〇万件を超えているが、一九七六年は法改正の影響で大幅に減少し、翌一九七七年には約一三〇〇万件とピーク時の半数以下になっている。しかし、これを底に増加に転じ、一九九四年には二〇〇〇万件、二〇〇五年には三〇〇〇万件に達しており、二〇一五年は三六〇〇万件を超え、その後も年間約三五〇〇万件程度で推移している。

一方、戸籍抄本のほうは戸籍謄本より請求数が少なく、一九七六年の法改正前から戸籍謄本の半分程度で、法改正による減少幅も小さい。その後の推移をみても、戸籍謄本とは逆に減少傾向にあり、近年は年間五〇〇万件前後となっている。

こうしてみると、同じ戸籍の証明書といっても、戸籍謄本のほうが圧倒的に多く利用されているのがわかる。そして、近年の推移から、今後もその傾向は続くと予想される。

(2) 戸籍謄本の使いみち

これほど多くの戸籍謄本が、いったい何に使われているのだろうか。戸籍謄本が求められる機会としては、婚姻届や離婚届を提出するとき、遺言を公正証書にして作るとき、相続をするとき、社会保障関係の手続きをするときなどがあるが、残念ながら、戸籍謄本の請求理由については統計が取られていない。ただし、戸籍謄本の統計では、有料・無料の区分で請求数が示されている。というのも、通常、戸籍謄本の発行には一通あたりの手数料が課されるが、自治体によっては、各種公的年金や児童扶養手当などの社会保障関係の手続きのために戸籍謄本を必要とする場合には、発行手数料が無料となるからである。そこで、有料・無料別にみると、二〇一七年の戸籍謄本請求数約三五〇〇万件のうち、有料が約〇〇万件、無料が約九〇〇〇万件である（法務省 2018）。割合でいえば、有料が七三・六％、無料が二六・四％となる。よって、発行された戸籍謄本のおよそ四分の一に相当する約九〇〇〇万通は、社会保障関係の利用とみられる。

それでは、残りの約二六〇〇〇万通の戸籍謄本は何に利用されているのだろうか。正確なことはわからないが、相続関係で多く利用されているとみられる。手がかりとなるデータとしては、法務省に設置された「戸籍制度に関する研究会」の委託研究による調査結果がある。この研究ではまず、東京都内のある自治体で二〇一四年分の戸籍謄本等の交付請求書の内容を精査する現地調査が行われている。その結果をみると、利用目的の回答で最も多いのは「相続関係手続」（三三・九％）となっている。次いで多いのは「その他」（二四・五％）、「記載なし」（二二・二％）だが、この二つを除くと、「年金・社会保険関係手続」（九・五％）、「旅券関係」（五・二％）、「戸籍届出」（四・七％）の順である。この研究会は、その後さらに全国の市区町村に対して書面調査も行っているが、戸籍謄本等の利用目的別の割合は、現地調査の結果とおおむね同様の傾向であったという（戸籍制度に関する研究会 2017: 8）。

こうしてみると、戸籍謄本が最も多く利用されるのは相続関係の手続きといえる。たしかに、高齢者数の増大を背景に死者数も増加している。もちろん、そのすべてで戸籍謄本を必要とする相続が行われているわけではないが、遺産相続のケースは増えているとみられる。相続をめぐる紛争も増加しており、家庭裁判所が扱う遺産分割の調停事件数（新受件数）は一九八五年（五一四一件）から二〇一七年（一万四〇四四件）の間に二・七倍になっている（最高裁判所事務総局 2018）。戸籍に詳しい弁護士も、戸籍の利用場面は相続を除くと意外と少ないという（増田 2016: 36）。

参考までに死亡数の統計をみると、二〇一七年は約一三四万人となっている（厚生労働省 2018）。この一三四万という数値は、さきほどみた同年の有料の戸籍謄本請求数（約二六〇〇万）の五％程度にとどまるが[3]、通常、相続の手続きは複数の戸籍謄本を必要とするのがほとんどで、なかには「戸籍謄本の束」といわれるほど多数を要する場合もある（『日本経済新聞』二〇一七年一二月九日朝刊）。

なぜ、一通の戸籍謄本では足りないのかといえば、相続人を確定しなくてはならないからである。相続の手続きを開始するためには、相続財産の多寡にかかわらず、たとえ残額の少ない預貯金だけであっても、すべての相続人を確定する必要がある。しかし、それは簡単なことではない。被相続人（亡くなった人）の子は全員が相続人になることから、被相続人の現在の戸籍謄本だけでは、相続人を確定することはできない。というのも、結婚や転籍（戸籍の本籍地を移すこと）、あるいは戸籍の改製（戸籍の電子化など、法令等により戸籍の書き換えが行われること）などで、新しい戸籍が作られた場合、新しい戸籍には元の戸籍の内容がすべて移し替えられるわけではなく、すでに除籍されている人や、離婚や認知などの身分事項は記載されないからである。

そのため、相続人を確定するには、被相続人が生前、認知した子はいないか、養子縁組をした子はいないか、前婚の子がいないかなど、被相続人の出生から死亡までのすべての戸籍謄本をもれなく取り寄せて、チェックしなければならない。また、相続人となるはずの子が死亡しているときは、その子、すなわち被相続人の孫が相続人となることから（代襲相続）、さらに戸籍謄本をたどらなくてはならない場合もある。こうして、相続人を確定するために、被相続人の出生から死亡までのすべての戸籍謄本が必要となり、さらに、相続人全員の現在の戸籍謄本もそろえなくてはならないのである。

この戸籍謄本のセットを、被相続人が保有していた不動産や預貯金、株式、自動車などの名義変更の手続きのために提出しなければならない。提出先は財産に応じて、不動産は法務局、預貯金は各銀行、株式は各証券会社、自動車は運輸局など様々である。そのため、戸籍謄本のセットを複数用意することになる。提出した戸籍謄本が返却されることもあり、それを使い回すこともできるが、そうするとすべての相続手続きを完了するために相当の時間を要することになる。

なお、このような負担を減らすため、二〇一七年五月から法定相続情報証明制度が実施されている（法務省 2017）。これは、戸籍謄本のセットをもとに被相続人と相続人の一覧図を作成し、それを戸籍謄本のセットとあわせて法務局に提出すれば、登記官がチェックのうえ、内容に誤りがなければ証明書にしてくれるというものである。証明書は無料で何通でも発行されるため、一度に複数枚の証明書を受け取っておけば、手続き先が多数の場合でも一斉に手続きを開始することができる。ただし、この制度を利用するにしても、相続人を確定するための戸籍謄本が一セットは不可欠であり、必要な戸籍謄本をすべてそろえなくてはならない点は変わらない。

このように、ほとんどの相続では複数の戸籍謄本を必要とすることから、日本全体でみると、相続手続きのために利用される戸籍謄本はかなりの数になるといえる。

(3) 戸籍の編製単位

戸籍謄本の利用目的からもわかるとおり、戸籍自体はいわば事務手続きのためのものであり、本来、それ以上のものではないはずである。しかし、戸籍のもつ意味はそれにとどまらない。利谷信義は「この制度が、国民の生活に密接に関係するところから国民の意識につよく影響し、その意識の深層にまで定着した」と指摘している（利谷［初出 1972］1987: 140）。とりわけ、戸籍は日本の家族のあり方に大きな影響を与えている。というのも、戸籍は個人単位ではなく、親族単位で作られるからである。

冒頭で述べたとおり、戸籍は「人の出生から死亡に至るまで」、すなわち「個人」の生涯にわたって、その親族関係を登録、公証するものである。つまり、戸籍は個人の一生の公式記録であり、個人の身分証明書というわけである。ところが、戸籍は個人別ではなく、「夫婦と未婚の子」を基本単位として作られる。通常、人が戸籍に登録されるのは、出生届が提出されたときである。しかし、その際、ひとりひとりに新しく戸籍が作られるのではなく、親の戸籍に登録される。そして、結婚すると親の戸籍から除かれ、配偶者と同じ戸籍に登録される。

このような戸籍が作られる基本単位のことを「編製単位」という。ようするに、日本の戸籍の編製単位は個人ではなく、親族集団なのである。本書ではこの点に着目し、戸籍と家族との深い関わりを問題にするが、このような日本の戸籍と家族の結びつきには、明治以来の歴史的背景がある。

2 戸籍と家族の結びつき――明治から戦後までの戸籍法

(1) 明治政府と戸籍

現在の戸籍制度は、一八七一年に制定された戸籍法に由来する。(4) 明治政府は徴税や治安行政のため、人々をそれぞれが住む土地に結び付けて一元的に把握しようと、戸籍法を定め、全国統一的な戸籍制度を実施した。それは、すべての人々を身分の別なく、現実の生活単位によって把握する方式であった。具体的には、屋敷に番号をつけ、その家屋で暮らす人々をもれなく登録して、これを「戸」とするもので、それぞれの「戸」には「戸主」が置かれ、戸主以外の人々は戸主との続柄において記載されていた。

戸籍は行政施策を実施するための基礎資料として欠かせないものだが、全国一律の戸籍制度導入の目的はそれだけではない。明治政府にとって、戸籍法制定の根源的な目的は「国民」をつくり、その国民を管理することにあったといえる。熊谷開作は、政府は戸籍法の掲げる「臣民一般」によって国民観念を植え付け、そのもとに納税や徴兵が行われたと指摘している（熊谷 1958: 23）。利谷も熊谷と同様にみており、戸籍制度により全国一律に「臣民」として政治的平準化が図られ、国民や国家の観念が形成されたことで、国を守るという徴兵制度が成立した、(5) と指摘している（利谷［初出 1972］1987: 143）。

また、松浦寿輝は、戸籍とは「一人一人が各自の『戸』に貼り付けられていて、この国の民としての絶対不可欠の根拠がそこにあり、容易なことでは『横』に逸脱しがたいという命令を、一律の番号システムによって明瞭に刻印し、それを当人に暗黙のうちに厳しく通告している原簿」であるという。ここでの「横」とは、支配体制をなす「タテ」の秩序の外を意味する。松浦は、戸籍により具体的な行政施策が可能になったことは事実であるが、そのような施策にとっての有用性の問題以前、あるいはそれを超越したところに、戸籍制度自体の基盤をなす強大なイデオロギーがあり、それは、人民は土地に属すべし、という命令であると指摘する。なぜなら、「国家という装置」には「ある人間を『登録』し、『定位』させたい」という「国民をめぐって抱く非人称的な欲動」があり、それは、人々を帰属させることによってのみ、「人民は『国民』となり土地は『国土』となるから」であるという（松浦 2014: 77-78）。

このように、明治政府による戸籍制度には、表層の行政目的というだけなく、深層にイデオロギー的な目的が潜んでいるが、いずれにせよ、一八七一年の戸籍法により、家屋ごとに住民をもれなく記載し、管理する戸籍制度が確立した。しかし、その後の日本社会の近代化とともに人々の移動が激しくなり、戸籍の記載が実態を反映しないケースが増えていく。こうして戸籍は、次第に住民登録としては機能しなくなり、身分登録としての性格を強めていくことになる。ここでの「身分」とは封建社会の身分制度における地位、たとえば、士農工商のことではなく、親族関係における法的な地位、たとえば、法律上の親子関係、夫婦関係をさす（以下では、とくに言及しない限り、身分の語はこの意味で用いる）。

(2) 身分登記制度の導入

一八九八年に明治民法（親族・相続編）が施行されるが、それに伴い、戸籍法も改正される（以下、これを旧戸籍法と呼ぶ）。明治民法には戸主を頂点とする「家」制度が規定され、戸籍制度はこの「家」制度と密接不可分のものとなる。すなわち、戸籍は民法上の「家」を単位に編製され、そこには民法の「家」制度に基づく「戸主とその家族」が登録される。戸籍には、「家」の戸籍法上の所在地を意味する「本籍」が記載され、「家」に所属する者は全員が同じ戸籍に入り、「家」の呼称である「氏」を名乗る。まさに、戸籍は「家」の範囲を確定し、「家」を目にみえる形で具体的に示すものとなったのである。人は戸籍に登録されることで、「家」の一員としての資格が与えられ、さらに、戸主とどのような続柄で記載されるかによって、各人の権利義務が左右される。「家」が生活保障の機能を果たしていた当時、戸籍は人々にとって重大な関心事となっていく。

また、この法改正では、戸籍の管轄が内務省から司法省に移り、戸籍は区裁判所判事の管理下に置かれている。このことについて、立法者の穂積陳重は法改正を審議する法典調査会で、「元来戸籍というものは、最初は租税目的や人口調査目的で編製してきたが、だんだん社会が進むにつれて、人の身分上の権利が根本となることだから、すでに財産上の登記が司法省の管轄に移った以上、権利の本となる人の身分というものもそうなるのが適当」と説明したという（福島［初出 1980］1996: 245）。ここには、行政目的ではなく、個人の権利義務の基礎となる身分証明としての戸籍、という発想が明確に示されている。

一方、この戸籍法には、「家」単位で編製される戸籍制度とは別に、欧米の身分登録制度に倣って、個人単位の身分登記制度が新たに設けられている。これは出生や婚姻といった身分事項別に個人を登録する制度で、その規定は戸籍に関する諸規定の前に置かれ、一六三か条にわたって掲げられている。この一六三か条というおびただしい条文の数は、戸籍法全体の七割強を占め、戸籍について規定した条文数よりはるかに多い。このように、戸籍法上は「家」単位の戸籍制度を押しのけて、個人単位の身分登録制度が第一義的に位置づけられている。

福島正夫は、立法者の穂積の民法論を根拠に、「（穂積は──下夷注）日本将来の社会発展を念頭におくならば、身分登記の制度を基礎におくほうが適当と考えたのであろう」と指摘し、「この戸籍法で身分登記と戸籍を並立し、しかも前後の順序を立てた点は、特段の注意に値する」と強調している（福島［初出 1980］1996: 246）。つまり、日本社会の近代化とともに、今後は身分登記制度が戸籍制度よりも重要になる、という見通しのもとに導入されたということである。実際、そのことは穂積の当時の講演にもあらわれている。穂積は一九〇四年にアメリカで開催された万国学術会議（万国博覧会にあわせて開催）において、「新日本民法典」というタイトルの講演を行っているが、そのなかで、日本の家族制度は「家」単位から個人単位への進化の過程にあり、人の登録制度（戸籍）についても家の登録から個人の身分登録に入ったばかりの段階で、民法では身分登録とともに家の登録も認めている、といったことを述べたという（内田 2018: 190）。これはまさしく、日本でもほどなく個人単位の身分登記制度が「家」単位の戸籍制度にとって代わる、という穂積の確信のあらわれである。

(3) 身分登記制度の廃止

ところが、身分登記制度は早くも一九一四年の法改正で廃止されている。その理由について、議会で法案説明にあたった政府委員の小山温は、「行政整理ノ一端」と述べている（衆議院本会議、一九一四年二月二四日）。つまり、身分登記制度と戸籍制度の両方の制度を運用することは、行政の無駄ということである。実務の面からいうと、両方の制度があるために、出生届や婚姻届などの身分事項に関わる届が出されると、担当者はそのことをまず身分登記簿に記載し、その後さらに戸籍簿に記載しなくてはならない。こうして二度の手間をかけているにもかかわらず、実際、身分登記制度の利用はほとんどない。そこで、身分登記制度を廃止し、戸籍簿に一本化する、という提案である。

改正理由については、司法大臣の奥田義人も同様に事務的な負担をあげている。奥田は、身分登記と戸籍は理論的に別であることを認めつつも、事務の手数、登記簿編纂のための用紙、登記簿を永久保管するための倉庫の確保という事務負担の点から、それらの費用を節約するために身分登記簿を廃止し、戸籍簿に一本化すると説明している。その際、奥田は「我国ハ申ス迄モナク、家族制度ガ社会組織ノ基本ニナッテ居リマスルカラシテ、（略）欧州諸国ニ於ケルガ如キ身分証書ノミニ依ッテ、ソレデ総テ人ノ身分上ノコトヲ証明シ得ルト云ウダケデハ済ミマセヌ、ドウシテモ家ノ組織、又其家ヲ組織シテ居リマスル所ノ家族戸主ノ関係等モ証明ヲシ得ルヨウナ、別段ニ戸籍ト云ウモノガナクテハナラヌノデアリマス」と述べている（貴族院戸籍法改正法律案外三件特別委員会、一九一四年三月一七日）。ようするに、「家」制度を基本とする日本社会においては、戸籍を無くすことはできないので、身分登記制度ではなく戸籍制度の方に一本化する、というわけである。なお、ここでの「家族制度」とは、明治民法の「家」制度に代表される、戸主の強い統制下にある家父長的な家族制度のことである（以下、とくに言及しない限り、家族制度の語はこの意味で用いる）。

　さらに奥田は、この説明に続けて、明治民法制定時の戸籍法改正で、身分登記制度を法制化したことに言及し、「実際上ノコトヲ尚オ一層十分ニ考エマシテ、而シテ法律ヲ編制ヲ致シマシタノデアリマシタナラバ、今日斯ノ如キ主義上ニ於ケル改正ヲ施ス必要モ無カタ《（ママ）》コトデアロウト信ジマスルケレドモ、其当時ニ於キマシテハ思イ其処マデ至リマセナンダノハ、今更甚ダ遺憾ナコトデアルト考エマス」と述べている（貴族院戸籍法改正法律案外三件特別委員会、一九一四年三月一七日）。ここでの奥田の言い分は、当時の立法者が現実的な思慮を欠いて身分登記制度を法制化したばかりに、わずか一六年で制度廃止の法改正が必要になった、というものである。たしかに身分登記制度が利用されなかったという現実からみれば、奥田の言うとおり、立法者である穂積の見通しが甘かったということになる。しかし、明治政府の目指した近代国家が「家」制度を基盤としたもので、まさに「家」と「戸籍」が一体化していたという点を捉えれば、戸籍法の設計ミスというよりも、明治民法の「家」制度が日本社会を席巻し、日本の近代化が欧米とは著しく異なる様相を呈した、という歴史の帰結ともいえる。

　立法当時の見立てはともかく、政府は身分登記制度の廃止理由として行政整理をあげているが、戸籍制度への一本化の目的は、重複する制度の無駄をなくすというだけではない、との見方もある。当時、資本主義の発達に伴う都市化や個人主義思想の流行を背景に、政府は、戸主を頂点とした家族制度の維持に危機感を募らせていた。そのため、個人単位の身分登記制度を廃し、戸籍を身分登録の中心にした、というのである（小野 2016: 17–18）。政府の真の目的は明らかではないが、いずれにせよ、穂積の立法の甲斐なく、個人単位の身分登記制度は短命に終わり、その後も戸籍が「家」制度と一体となって家族の範囲を示し、あるべき家族像を観念づける役割をも担うことになる。

なお、政府はこの一九一四年の戸籍法改正と同時に、寄留法を制定し、人々の居住地を把握するために寄留簿を整備する。これは住民登録制度の前身にあたるものである。こうして、戸籍は名実共に身分登録制度として確立する。

(4)「家」制度の廃止と新戸籍法

戦後、新憲法の制定により、個人の尊厳・男女平等の理念のもと、一九四七年一二月、民法が改正され、「家」制度は廃止される。当然、それにあわせて戸籍法も改正される（以下、これを新戸籍法と呼ぶ）。戸籍の編製単位に関しては、新戸籍法の第六条に「戸籍は、市町村の区域内に本籍を定める一の夫婦及びこれと氏を同じくする子ごとに、これを編製する」と定められ、「家」単位から「夫婦と未婚の子」単位に改められる。これは、婚姻により新たな戸籍を作り、「夫婦と未婚の子」という親子二代までを単位とし、三代以上は認めないということである。その戸籍は「氏」を基準に編製され、同じ氏の者が同じ戸籍に入る。このことから、戦後の戸籍の特徴として、「一夫婦一戸籍の原則」「三代戸籍禁止の原則」「同氏同籍の原則」の三つがあげられる（清水 2004: 110）。

このように、戦後の戸籍でも「氏」を基準として、家族が集団で登録されるという記載方法は継承されている。また、「本籍」についても、「家」の所在地ではなく、単なる戸籍の登録地という意味ではあるが、戦後の戸籍にも記載される。そのほか、戸籍の索引として「戸籍筆頭者」の氏名が、あたかも「戸主」であるかのように戸籍の最初の欄に記載される。これらの点は戦後の法改正時から「家」の残滓として批判されていたが、改正されることなく現在に至っている。結局、新戸籍法は「夫婦と未婚の子」という単位を採用し、戦後七〇年を経た今も、この編製単位が改められることなく続いている。

なお、新戸籍法では、全面的な戸籍の改製、すなわち、従来の戸籍をすべて新戸籍法に基づいて書き換えることは、法の施行一〇年後に先延ばしされている。そのため最初の一〇年間は、婚姻届が出されたり、親の戸籍に入っている息子夫婦・娘夫婦から子の出生届が出されたり、旧法のやり方では三代戸籍になってしまう場合には新しい戸籍が作られたが、そうした出来事がなければ、旧法下の戸籍がそのまま残されていた。この点は本書の最後にもう一度、取り上げることになる。

(5) 親族単位の一貫性

こうして歴史をたどってみると、戸籍制度は明治初期からの長い歴史を有するが、氏を基準に親族単位で編製する方式は一貫しており、この点において戸籍の基本原則は変わっていない。実際、法務省は現在の戸籍制度を一八七一年の戸籍法公布から連続的に捉えている。たとえば、一九七一年には戸籍制度創設一〇〇周年の記念事業を実施し、記念式典の開催、記念切手の発行、記念たばこの発売、記念論文集の刊行などを行っている（前田 1993）。さらに、一〇〇周年記念の歌も作られており、長野県上水内郡信濃町住民課住民係の作詞作曲による歌、「戸籍はちゃんと知っている」が一九七一年二月一五日の民放テレビのワイドショー番組（フジテレビ・小川宏ショー）で放送されている(6)。このように大々的に戸籍制度をアピールする狙いがどこにあるのかわからないが、明治から続く日本の歴史ある制度として広く訴えることで、戸籍に対する国民のシンパシーを得ようとしていたのかもしれない。

さて、氏を基準にした親族単位の編製という点に戻ると、このことは日本の身分登録制度の際立った特徴といえる。欧米では個人単位で、出生、死亡、婚姻などの身分事項ごとに登録する方式が一般的である。その点に関し、ドイツは個人単位の身分事項別の身分登録制度を基本としつつも、一九三八年以降、夫婦とその子の身分関係の変動を一括して記載する「家族簿」を設けてきた。これは日本の戸籍に類似する制度とみられてきたが、二〇〇九年施行の身分登録法により、家族簿は廃止され、ドイツでも個人単位の身分登録制度のみになっている。家族簿廃止の理由は、電算化により各身分登録簿の連結が容易になったからであるという（岩志 2016: 12）。また、韓国は日本と同様、親族単位の戸籍制度を設けていたが、二〇〇五年の民法改正で戸主制度が廃止されたことから、二〇〇七年に家族関係登録法が制定され、個人別の編製方式に改められている（文 2012; 金 2016）。

3　戸籍の単位をめぐって――家族単位か、個人単位か

(1) 家族単位と「婚姻家族」規範

日本では明治以来、戸籍が親族単位で編製されてきたが、筆者はこの親族単位の戸籍が日本の家族のあり方の基底をなしてきた、と考えている。つまり、民法（家族法）と戸籍法が一体的に運用される仕組みのもと、事実上、親族単位の戸籍が日本社会における家族のあるべき姿を作り上げてきた、という見方である。そしてそれが、現代の家族が抱える問題にも通底しているのではないか、とみている。

このような問題意識から、本書ではとくに戦後の戸籍と家族の関係について考えてみたい(7)。戦後の日本社会において、「夫婦と未婚の子」を編製単位とする戸籍が定着するなかで、結婚した夫婦とその子からなる家族こそが正当な家族、とみなす考え方が社会の隅々にまで浸透していったのではないだろうか。本書では、「婚姻届を出した夫婦とその間に生まれた子のみからなる家族」を「婚姻家族」と呼び、これこそが正当な家族であり、あるべき家族であるとみなす考え方を「婚姻家族」規範と呼ぶ。戸籍を基盤とするこの規範が、ひとり親家族やステップファミリー（子連れ再婚家族）など、「婚姻家族」とは異なる構成の家族に生きづらさをもたらしてきたのではないか。さらに政策も「婚姻家族」を前提に策定され、そこから外れる家族の問題に十分に対処してこなかったのではないか。

筆者には日本社会に根強い「婚姻家族」規範が、現代家族が抱える問題の淵源となっているように思

えてならない。とすれば、戦後の法改正で、戸籍が個人単位ではなく「夫婦と未婚の子」という単位を採用したことの意味は大きく、見逃すことができない。そこで以下では、「夫婦と未婚の子」という戸籍の編製単位を「家族単位」と呼び、戦後の戸籍が個人単位ではなく、家族単位であることに焦点を絞って検討していく。

(2) 家族単位の擁護論

戸籍の制度上の問題に関する議論は必ずしも多くないが、戸籍の編製単位をめぐっては、家族単位を擁護する意見（以下、家族単位論）と、これを批判し、個人単位を主張する意見（以下、個人単位論）がある。

家族単位論は、一九五〇年代から論じられており（平賀 1953; 谷口 1957; 山本 1959）、積極的な主張は主に法務官僚によるものである。その考え方は現場の戸籍事務担当者にも受け継がれており、たとえば、戸籍行政に長年携ってきた成毛鉄二の『戸籍の実務とその理論』は一九五六年の刊行以来、版を重ね、戸籍法のテキストとして広く実務家に読まれてきた書籍であるが、家族単位論の考え方で書かれている（成毛 1972）。

初期の主たる家族単位論は、戸籍に残る「家」的側面への批判に対抗する立場から、戸籍は「家」観念とは関係のない、身分登録の手続的制度であると反論し、そのうえで技術的な観点から家族単位の優位性を指摘する点に特徴がある。たとえば、法務官僚の平賀健太は、親族団体を単位としていることは

「沿革的かつ技術的なものであり、それ自体いささかも封建的、家族制度的と呼ばれるべき性質のものではない」と反論し、批判されるべきは戸籍の形式ではなく、親族団体の成員相互の関係を支配する実体的な法律関係にあるという(平賀 1953: 337-338)。また、初期の家族単位論では、身分事項別の有無と編製単位とを一緒にして、身分事項別に個人単位で登録する欧米流の制度に対し、身分事項別ではない日本の家族単位の戸籍を評価するなど、個人単位と家族単位を比較した議論になっていない面もある。

その点からいえば、一九九〇年代初頭、夫婦別姓制度の導入が具体的に議論されていた時期の家族単位論が注目される(田代 1991; 大森 1992)。当時、法務官僚(あるいは元法務官僚)によって、選択的夫婦別姓制度が導入された場合の別姓夫婦の戸籍に関する私論が展開されているが、そのなかで家族単位を擁護する主張がなされている。それ以前の主要な家族単位論(田代 1978)と特に異なるわけではないが、個人単位に対する家族単位の利点としてあげられている点をまとめると、次の二点になる。いずれも、戸籍を技術的な制度として捉えた上での特徴である。

一点目は、夫婦・親子の関係を一覧的に把握することができるという点である(大森 1992: 65)。一言でいえば、戸籍の統一的・総合的証明機能である。つまり、夫婦とその子には、その他の親族とは異なる特別の権利義務、または法律関係が存在することから、夫婦とその子を一括して登録することで、身分関係を統一的、総合的に明らかにできるということである。

また、これは記載の簡略化ということでも評価されている。たとえば、夫婦に第四子が誕生した場合、個人単位の戸籍であれば、家族五人分の戸籍すべてに第四子のことを記載しなくてはならない。つまり、夫と妻のそれぞれの戸籍に四番目の子として、さらに子三人のそれぞれの戸籍にも弟あるいは妹として記載することになる。しかし、家族単位であれば、家族五人がひとつの戸籍に入っていることから、第三子の記載のあとに第四子のことを記載すればそれで足りる(田代 1991: 50-51)。実務にとって、この作業負担の軽減による実益は大きいという。ただし、現在は戸籍の電子化が進んでおり、入力作業の負担はさほどのことではないだろう。

二点目は、入籍と除籍の相互の戸籍を表示していることから、検索機能を有し、当該家族を超えた親族的な身分関係を把握できる点である(大森 1992: 65)。ようするに、戸籍の連結機能である。人が戸籍を移動しても、その情報を相互に記載することで戸籍のつながりが切れないよう、戸籍間は「紐づけ」されている。たとえば、紐づけがされていないと、夫婦とその子からなる戸籍の場合、子の立場からみれば、一世代前の父母は明らかだが、二世代前の祖父母、三世代前の曽祖父母についてはわからない。しかし、戸籍には入籍や除籍など、個人が戸籍を移動する際に、移動する前の戸籍には「どの戸籍に移ったか」、移動した後の戸籍には「どの戸籍から移ってきたか」という情報を記載しなくてはならない仕組みになっている。そのため、移動の情報を手がかりに戸籍をたどれば、祖先・子孫の縦のつながり、さらにそこから、おじ・おば等の横のつながりを漏れなく把握することができる(田代 1991: 54)。

この二点目の機能は、戸籍の最も優れた点とみなされている。しかし、考えてみれば、戸籍間の紐づけは、個人単位でも可能なはずである。このことに関して、法務官僚(元)の田代有嗣の見解は興味深い。田代は、家族単位の優位性として、一つの戸籍に多くの情報が簡単に掲載できることに加えて、

「登載者はその存在および相互のつながりをそれぞれ広範囲に証明し、担保しあって」いる点をあげている（田代 1991: 58）。つまり、家族単位であれば、家族メンバーが相互に戸籍を監視し、そこに記載されている紐づけの内容にも信憑性が確保できる、ということである。

(3) 個人単位の擁護論

一方、個人単位論は主に民法学者や女性弁護士によって主張されている。戦後の法改正当初から家族単位を批判し、個人単位を主張しているのが、第2章でも取り上げる川島武宜である。その主張は、家族単位が「家」単位と同じく親族単位であることを重視し、日本社会から「家」観念を撤廃するために個人単位への戸籍の抜本改正を求めるものである。いわばこれは、戸籍のイデオロギー性に主眼をおいた議論であり、戸籍を技術的制度とみなす家族単位論とは、戸籍に対する見方が根本的に異なっている。

戦後の法改正以降、戸籍に関する議論が活発であったとはいえないが、利谷も一九七〇年代初期の論考において、川島同様、戸籍のイデオロギー性を問題にし、個人単位を主張している。そこでの利谷の主張は、戸籍に残る「家」に対するもので、家族単位については近代小家族の理念の定着という点から一定の評価をしている。しかし、近代小家族の理念が自発的な個人の行動原理の上に立つという考えのもと、欧米のような個人別の身分登録制度を採用しなかったことは不徹底であると批判し、個人単位の立場を表明している（利谷［初出 1972］1987: 156-157）。したがって、この段階での利谷の個人単位の主張は、近代小家族の理念の徹底に向けたもので、家族単位に対峙する議論ではない。

その後、一九八〇年代末ごろから夫婦別姓をめぐる議論が高まるが、このことは個人単位論の展開にも大きな影響を与えており、夫婦別姓制度の導入を求める立場から、個人単位化の必要性が積極的に論じられている。なかでも早くから別姓問題に取り組んでいる弁護士の榊原富士子は、一九九二年の著作において家族単位の問題点を具体的に指摘するとともに、個人別登録制度の私案を提示し、議論を喚起している（榊原 1992: 242）。利谷も一九八〇年代後半の夫婦別姓の議論のなかで、別姓制度を支持する立場から、個人単位化を主張しており（座談会 1989: 114–115）、さらに一九九〇年代には家族関係に対する中立性や個人の自立の観点から個人単位の適合性を論じている（利谷 1995: 18）。このように別姓論議を経るなかで、利谷の個人単位論は家族単位を批判的に乗り越えるものへと進展している。

現在、民法学者で戸籍の編製単位に多く言及しているのは、二宮周平と水野紀子である。二宮周平は一九九〇年代初めから、家族の多様化を踏まえ、個人単位の妥当性を明快に主張している（二宮 1993a, 1993b）。近年の論考でも、「家族関係から中立的であること、個人の自立にとって適合的であること、憲法的価値を実現することを踏まえれば、戸籍制度を個人単位の家族関係登録制度に転換するべき」と明言している（二宮 2017: 7）。

水野紀子も一九九〇年代初めから、戸籍の問題点について論究し、「最終的な解決は個人別の戸籍にすることである。本来ならば、戦後の民法改正時に個人別の戸籍に改正されるべきであった」と指摘している（水野 1992: 170）。前述のとおり、家族単位論は戸籍の一括的・総合的な証明機能や戸籍間の連結機能を根拠としたもので、その優位性が発揮されるのは相続においてである。それに対し水野は、現行の戸籍で明らかとなるのは、現在の家族関係のみであり、除籍や転籍によって過去の婚姻関係や子の存在などが消えることを指摘し、相続のためには、戸籍の移動が生じない個人別としたうえで、親子間の連結機能を持たせた戸籍のほうが合理的である、と主張している（水野 1992: 164）。

さらに、水野の論考で注目されるのは、民法との関係において戸籍の問題を鋭く指摘している点である。それは、明治民法が日本独自の戸籍制度に即して立法されたことに由来するが、日本の家族法は「本来家族法がもつべき保護法としての機能を大幅に失い、相続という効果を除けば、戸籍の登録基準を定める法として主に機能するものになってしまった」という（水野 2007: 310-311）。水野はすでに一九九〇年代初めの論考で、個人単位に改正されることにより、「家族法が戸籍の桎梏から逃れることができ、真の家族法へと脱皮できる」と主張している（水野 1992: 171）。もちろんこれは、戸籍制度の改正で家族法の問題が解決するという意味ではなく、「両性の真に対等な結びつきによる（家庭の──下夷注）安定化を実現するために、戸籍制度ではなく、家族法こそが本来の機能を果たす法として改正されなければならない」というのが水野の主張である（水野 2012: 27）。

(4) 個人単位の理想と現実

以上の家族単位論と個人単位論を比較すると、家族単位論の戸籍に対する見方はあまりに表面的で、現実の戸籍の機能を無視したものであり、また、戸籍の技術的側面に限ってみても、家族単位の優位性の議論は説得力を欠くといわざるをえない。家族は多様化しており、もはや「婚姻家族」は前提となりえず、むしろ、戸籍が想定する家族と現実の家族との乖離が問題を生じさせている。それは大人の世界だけではない。婚外子や養子など、様々な家族形態の子どもたちが差別を被っている（榊原編 1998）。戸籍間の連結という点でも、個人単位のほうが合理的、機能的であり、個人単位になれば相続の際の遺族の負担はかなり軽減される。

戸籍の実務家からも、家族単位の限界が指摘されており、すでに一九八〇年代後半には、戸籍制度に精通した法務省職員の島野穹子が、自身の論文で個人単位を主張しており（島野 1986）、また一九九〇年代初めには、現場の戸籍担当者からも、個人単位の主張がなされている（三浦 1992）。

こうしてみると、家族単位から個人単位への改正は、論理的には必然といえる。しかし、日本社会で戸籍を個人単位に改めることは、容易なことではない。たとえば、法務省の民事行政審議会が一九九六年一月に出した答申では、家族単位を堅持する方針が示されている。民事行政審議会とは、法務大臣の諮問に応じて、登記、戸籍その他民事行政の改善について調査審議する会議だが、(8)このときの答申は、民法改正の要綱案を審議していた法務省の法制審議会で選択的夫婦別氏制度が議論されていた状況を踏まえて、夫婦別氏制度が導入された場合の戸籍のあり方についてまとめられたものである。その内容をみると、別氏夫婦の戸籍については同籍とし、夫婦の一方と氏を同じくする子も同籍とする、となっている。つまり、氏は違っても夫婦とその子はひとつの戸籍に入る、ということである。この点について、当時法務省の担当審議官であった小池信行は、「『氏の同一性』という形式的な編製原理は放棄しても、夫婦・親子という特別な身分関係を一覧的に登録・公示する利点を重くみたもの」と説明している(9)（小池 2010: 61–62）。

この答申が出された後、選択的夫婦別氏制度の導入を盛り込んだ民法改正案が国会で審議されれば、戸籍のあり方についても国民的議論が喚起された可能性はあるが、結局、民法改正案自体が国会に提出されなかったため、その機会は失われたままである。

このように、夫婦別氏と戸籍の編製単位は深く関わる問題であるが、夫婦別氏制度の導入の壁は厚く、夫婦別氏と戸籍の個人単位化を同時に実現することには悲観的な見方もある。前述のとおり法務省の島野は、一九八六年の論考では個人単位を主張していたが、「夫婦別姓について」と題する一九九三年の論考では、「戸籍制度の抜本的改正（個人カード制）という実現困難な議論をすることによって夫婦別姓制度の実現が先送りされることを避けるため」との理由から、現行の家族単位を維持する意見に後退しており（島野 1993: 11）、その後の論考でも「個人単位の戸籍は、国民感情を考慮するとき近い将来の実現は不可能であろうと考えざるをえない」と述べている（島野 2010: 36）。

また、戸籍制度の問題点を指摘し、個人単位化を主張する水野も、夫婦別氏制の導入をより差し迫った課題とみなし、「夫婦別氏制導入にあたっては、個人籍に対する抵抗が大きければ、戸籍編製の単位にはこだわらなくてもよい」と述べている（水野 1993: 18）。これらの見解からは、家族単位の戸籍を擁護する政治的な力がいかに強いか、その現実を思い知らされる。

選択的夫婦別氏制度の導入すら、政治的抵抗により二〇年以上も阻止されているのが実態である。実際、一九九六年当時、法務省では法制審議会の答申（民法改正要綱）および民事行政審議会の答申に基づき、民法改正案とともに戸籍法改正案を国会に提出すべく準備していたが、政権与党（自民党）の審査段階で法案に盛り込まれていた選択的夫婦別氏制度の導入、および婚外子相続分改正に対する反対が強く、改正案の承認が得られなかったことから、国会提出を断念している。さらに二〇〇九年の民主党政権下においても同改正案を内閣提案しようとしたが、実現しなかったという（小池 2012: 53-54）。このように長年にわたり、法案が棚晒しにされており、夫婦別氏制度の導入も見通せない状況である。まして夫婦別氏を契機に戸籍の個人単位化を実現することは容易なことではない。

4 家族単位の戸籍を問う——本書の課題

以上を踏まえると、戦後の戸籍法改正時に、家族単位が選択されたことが決定的であったといえる。このような問題関心から、本書では次のふたつを検討課題とする。

ひとつは、戦後の戸籍はどうして家族単位になったのか、を明らかにすることである。ここでは、戦後の戸籍法改正を担った人々に焦点をあて、家族単位の戸籍が成立する過程を紐解き、家族単位の自明性を問う。もうひとつは、家族単位の戸籍は戦後の家族にどのように作用したのか、を明らかにすることである。そこでは、戸籍法の下で生活する側、なかでも戸籍に悩む人々に焦点をあて、家族単位が人々の意識や行動に与えた影響を浮き彫りにし、家族単位の合理性を問う。

そして、このいずれの課題についても、可能な限り当事者の立場に立って、いわば内在的に捉えていく。なおかつ、当時の社会状況にも目配りし、外在的状況も踏まえてみていく。ようするに、家族単位の作り手とその下で生きる人々、それぞれがどのような現実社会のなかで戸籍と格闘してきたのか、ありのままの姿を追うことで、家族単位の成立とその作用を捉えてみよう、という試みである。

そこで本書では、上記の課題に次章以降で取り組んでいくが、第2章と第3章では、戦後、家族単位の戸籍制度はどのようにして作られたのか、戦後の戸籍法改正に関わった人々の視点に立って捉えていく。(10) 戸籍法改正の当事者たちは、どのような意識で、個人単位ではなく、家族単位の戸籍編製を選択したのだろうか。

ここでは、戦後の民法改正と同時に行われた、一九四七年の戸籍法改正に焦点をあて、起草委員会の主要メンバー、ならびに改正作業を担った法務官僚の回顧談を手がかりに、家族単位が選択された実情を探っていく。これは、戸籍の戦後法制史としての詳細な事実関係を明らかにしようとするものではない。あくまで、当事者の声にこだわり、彼らがどのように状況を認識し、いかなる意図をもって家族単位を選択したのか、捉えてみたい。具体的には、書籍や雑誌に掲載された座談会記録や講演記録などから、家族単位に関わる彼らの発言を検討する。主に対象とした座談会や講演が行われたのは、一九五〇年代から一九八〇年代である。

第4章と第5章では、戦後、家族単位の戸籍は、人々の家族に関わる意識や行動にどのような影響を与えたのか、家族単位の戸籍に苦しむ人々の視点から捉えていく。人々は戸籍の何に悩み、どのように戸籍に囚われてきたのだろうか。

ここでは、新聞の「身の上相談」欄に掲載された記事のなかから、戸籍をめぐる相談を取り上げてみていく。新聞の身の上相談は、相談者が悩みを投稿し、それに対して専門家や著名人が回答するというスタイルの記事である（以下、身の上相談と記しているのは、新聞の身の上相談をさす）。

身の上相談を分析対象とした代表的研究として、見田宗介による一九六三年の論文「現代における不幸の諸類型」がある。このなかで見田は、身の上相談の事例の特徴として、日常生活において表面化しにくい問題が鮮明な形で顕在化していること、および匿名の投稿者が親しい間柄の人にさえ言えないような事柄を打ち明けていることをあげ、身の上相談は「現代生活の日常性のさりげない表情の底にあるものを、われわれのまえにつきつける」と評している（見田［初出 1963］2012: 4）。まさしく、本書が取り上げる戸籍に関する悩みは、他人に知られずに秘密裏に解決しようとする問題であり、その点で、身の上相談の事例は格好の材料である。また、寄せられた相談は、単に戸籍制度の疑問点を質問するものではなく、戸籍にまつわる人生問題が綴られたものである。よって、事例を通して、戸籍問題の背景にある家族の事情や家族観を読み取ることができる。この点でも、身の上相談は分析対象として有用である。

また、見田は、身の上相談に投書する人は少数であり、掲載される事例はさらに少数であるが、「一つ一つの事例は、数十万、数百万の熱心な読者をもっている」と指摘する（見田［初出 1963］2012: 4）。つまり、身の上相談にあらわれる一つの事例の背後に、同じような問題を意識的、無意識的にかかえている人が多数いる、というわけである。見田の「現代における不幸の諸類型」は、一三事例の詳細な分析を行い、一人一人の人生の困難からその時代の社会構造を解明している論文である。本書で取り上げる戸籍に関する悩みは、見田の分析対象である人生における不満や不安などと異なり、実際に多くの人々に共通して見出せるものではない。しかし、たとえ少数者の問題であっても、それは多くの読者にとって、身近に感じられる、あるいは他人事とは思えない問題である。であればこそ、新聞に掲載されているのである。

さらに、身の上相談の事例の背後に多くの読者がいるということは、相談と回答の内容に関して重要な意味をもつ。相談は、投稿されたもののなかから新聞社が選定するが、その際には当然、多くの読者が意識され、読者から一定の共感や理解が得られるような悩みが選ばれる。つまり、人々の常識や社会認識の枠のなかで、容認される内容が掲載されるのである。

また、回答についても同じことがいえる。回答者は紙面では相談者に語りかけるように答えているが、それが広く読者の目に触れることはわかっている。よって、通常は多くの読者から納得が得られる内容の回答が示される。このように、身の上相談は一般的な社会通念や社会規範を前提に成立しており、戸籍に関する相談も例外ではない。したがって、身の上相談の事例を分析することで、その時代の人々に共有されている戸籍や家族に関する認識や規範を浮き彫りにすることができる。

説明が長くなったが、このような理由から、第4章と第5章では身の上相談を素材として取り上げる。具体的には、『読売新聞』の「人生案内」の記事を対象とし、一九五〇年から二〇一四年の「人生案内」に掲載された五九事例を検討する（五九事例の一覧は巻末の参考資料を参照）[11]。『読売新聞』の「人生案内」

は「身の上相談」のタイトルで一九一四年に開始され、戦争による中断はあるものの、現在も続いている人生相談の投稿コーナーである。これほど長期にわたり継続的に相談記事を掲載している新聞は他になく、「人生案内」は貴重な研究資料といえる。前述の見田の分析対象も「人生案内」に掲載された相談記事である[12]。

もちろん、掲載された相談は、新聞社が選定したものであり、一定の偏りがありうる。そのほか、紙面のスペースの制約上、掲載された相談は投稿者から寄せられた相談内容をかなり圧縮したものとみられ、事実関係を十分に把握できないものも多い。一方、回答者も文字数に制限があるなかで、要点のみの回答にならざるをえない。よって、掲載されている記事だけでは、情報が十分でなく、断定して論じられない点も多々ある。そのような限界はあるものの、掲載された相談とその回答には、各時代の多くの人から共感が得られる悩みとそれを乗り越えるための模範的な方策のエッセンスが示されている、とみなすこともできる。本書では「人生案内」の記事をそのようなものと捉え、分析の対象とする。ただし、本書で扱う相談事例の回答については、戸籍の手続きに関する説明が多くを占めることから、特に必要なもののみを本文中で扱うことにする。

以上の各章の分析をもとに、第6章では家族単位の成立過程とその後の作用を振り返り、戸籍制度と格闘した人々を介して、戦後の〈戸籍と家族〉の関係を確認する。そして改めて、日本の家族にとって戸籍とは何か、その〈これまでとこれから〉について、考えてみたい。

第2章 「家族単位」という選択

民法・戸籍法改正案起草委員・幹事の「回顧談」から

1 「夫婦と未婚の子」という妥協点――「家」と「個人」の中間

(1) 起草委員会案までの流れ

戦後、家族単位の戸籍制度はどのようにして作られたのだろうか。まず、民法・戸籍法改正案の起草委員会で戸籍法の改正要綱案が確定するまでについてみてみたい。

戸籍法改正の作業は民法の改正作業のなかで行われている。戦後、政府は憲法改正に伴う各種法整備のため、一九四六年七月三日に臨時法制調査会を設置している。それからほどなく、同調査会の司法関係の部会を兼ねて、司法省に司法法制審議会が設置され、民法・戸籍法についてはその審議会に置かれた委員会で検討が進められている[1]。

民法・戸籍法改正案の起草委員は、我妻栄(東京大学教授)、中川善之助(東北大学教授)、奥野健一(司法省民事局長)の三名である。そのほか、起草を担当する幹事として、横田正俊(大審院判事)、堀内信之助（東京民事地方裁判所上席部長）、柳川昌勝（東京控訴院部長）、来栖三郎（東京大学教授）、川島武宜（東京大学教授）、長野潔（東京控訴院判事）、円山田作（弁護士）、村上朝一（司法事務官）の八名が指名されており、彼らはA班（家・相続・戸籍法）、B班（婚姻）、C班（親子・親権・親族会・扶養）に分かれて起草作業に当たっている。戸籍法を担当するA班のメンバーは横田、川島、村上である。作業はまず、各班が担当分野の要綱案を作成し、それが一九四六年七月二〇日に幹事案としてまとめられている（我妻編 1956: 6）。

幹事案のうちA班の担当部分（以下、A班案）は、「一　家」の五項目と「二　相続」の一一項目からなる。「一　家」では、冒頭の一項目目に「家」制度の廃止が明記されており、最後の五項目目に戸籍について、次のようにあげられている。

民法改正要綱案（一九四六年七月二〇日）（幹事案）
（イ）A班案（家・相続・戸籍法）　横田幹事・村上幹事
一　家
1　民法上の「家」を廃止すること。第四編第二章を削除する。
2—4（略）
5　戸籍は現行の形式を維持すること。

（我妻編 1956: 213-214）

これは文字どおり、旧戸籍法の形式は変えない、という提案である。A班案にはこの戸籍の項目に続いて、戸籍法の改正案が付されている。それは「戸籍法　第二章　戸籍及ビ戸籍簿」と題され、「第九条」から「第九条の十」までの条文案からなる。そのうち「第九条の五」までをあげると、次のとおりである。

戸籍法　第二章　戸籍及ビ戸籍簿
第九条　（現行法通）
第九条ノ二　戸主ノ戸籍ニ在ル者ハ其家族トス（民七三二）
　家族ハ戸主ノ氏ヲ称ス（民七四六）
第九条ノ三　子ハ父ノ戸籍ニ入ル
　父ノ知レザル子ハ母ノ戸籍ニ入ル（民七三三）
第九条ノ四　妻ハ婚姻ニ因リテ夫ノ戸籍ニ入ル但婚姻ト同時ニ当事者ガ反対ノ意思ヲ表示シタルトキハ夫ハ妻ノ戸籍ニ入ル（民七八八）
第九条ノ五　夫ガ他ノ戸籍ニ入リ又ハ夫ニ付新戸籍ヲ編製スルトキハ妻ハ之ニ随イ其戸籍ニ入ル（民七四五）
（我妻編 1956: 214）

まず、「第九条（現行法通）」とあるが、旧戸籍法の第九条は戸籍の編製について定めたもので、「第九条　戸籍ハ市町村ノ区域内ニ本籍ヲ定メタル者ニ付キ戸主ヲ本トシテ一戸毎ニ之ヲ編製ス」と規定されている（岡田・伊井・岩佐 1948: 13）。つまり、A班の案は旧民法の「家」を基礎とした従来の戸籍制度を維持し、「家」単位の戸籍を踏襲するということである。旧戸籍法の第九条はこの規定のみであるが、A班案ではこのあとに「第九条ノ二」以下が追加され、それぞれの条文案の最後に括弧書きで明治民法の条番号が記載されている。

そこで、A班の条文案と、それに付記されている明治民法の条文を照らし合わせてみると、A班の戸籍法案は明治民法の「家」を「戸籍」あるいは「戸主」に言い換えたものであることがわかる。たとえば、「第九条ノ二」の一項目に「戸主ノ戸籍ニ在ル者ハ其家族トス」とあり（傍線は筆者、以下同様）、それに「民七三二」と付記されているが、明治民法の第七三二条は「戸主ノ親族ニシテ其家ニ在ル者及ビ其配偶者ハ之ヲ家族トス」である。続く「第九条ノ二」の二項目「家族ハ戸主ノ氏ヲ称ス」も同様、付記されている明治民法の第七四六条は「戸主及ビ家族ハ其家ノ氏ヲ称ス」である。このように、A班の戸籍法案は「家ニ在ル」を「戸籍ニ在ル」、「家ノ氏」を「戸主ノ氏」に書き換えたものとなっている。ようするに、A班案は民法で廃止する「家」制度を「家」の語句を見えなくした形で、戸籍法に移したものといえる。

さて、改正作業の流れに戻ると、この幹事案をもとに起草委員会で議論が行われ、九月五日に戸籍法改正要綱の起草委員会案がまとまり、それがのちに成立する改正要綱につながっていく[2]。そこで、戸籍の編製単位について起草委員会案をみると、幹事案とは異なっており、第一項目に次のようにある。

戸籍法改正要綱案（一九四六年九月五日）（起草委員会案）
第一　戸籍は市町村の区域内に本籍を定めたる者に付き夫婦及び子其の他民法に依り之と氏を同じくする者（配偶者ある者を除く）を単位として之を編製するを原則とすること。
（我妻編 1956: 238）

七月二〇日のA班案が明治民法の「家」単位の戸籍を維持するとしていたのに対し、九月五日の起草委員会案ではこれが修正され、編製単位が「夫婦と未婚の子」を基本とするものになっている。この案には「夫婦及び子」のあとに、「氏を同じくする者」がついていることから、三世代を含む余地が残されている。たとえば、親の戸籍に入っている未婚の娘が婚外出産をすると、その婚外子は母親と氏を同じくすることから、母親と同じ戸籍に入り、結局、「親、未婚の娘、その婚外子」という三世代の戸籍になる（この点はのちにGHQと司法省との協議でも問題になる）。このようなケースが生じる可能性があるものの、起草委員会案は基本として「夫婦と未婚の子」を単位としたものであり、A班案から大きく変化している。

(2)「家」単位の提案とその修正

A班の幹事であった横田は、一九五三年に開催された座談会で、A班案について説明している。座談会の概要はあとで述べるが、そのなかで横田は戸籍をめぐる起草委員会での議論の様子について語り、それに対して、起草委員の我妻とA班幹事の村上がそれぞれ発言している。

横田 それでは七月二〇日附のA班の幹事がつくりました要綱案について簡単に申し上げます。（略）それから戸籍の問題につきましては、ただいまの家の問題と非常に密接な関係があるのですが、この点は戸籍は現行の形式を維持することということを一応の案として書きました。これは、やはり親族の続柄をある範囲把握するには、その当時の法律にあるような戸籍の制度が適当なのではないかというので、こういう案を立てたわけであります。この点は後に起草委員会においていろいろな議論がなされましたが、われわれの案を立てましたときは、氏というものもむしろ同戸籍の者が同じ氏を称するという考え方でした。そうして、結局、実体法の方にありましたような、家に入るとか出るというようなことは戸籍法の方へ置きかえまして、どういう場合に戸籍に入るか出るかというような形にしたのですが、この点は後に起草委員会におきまして鋭い批判を受けました。家族制度の匂いが非常に濃いということと、戸籍について旧法の実体規定と同じような非常に複雑な規定を置かなければならないというような点から、大体戸籍については夫婦・親子を中心としたものに改めるというふうに起草委員会でなりましたが、この点は要綱には載せないで、なお将来の研究問題というふうにいたしました結果、かなり後まで要綱には出ないでいたと記憶しております。

我妻 資料の中に戸籍法の改正の試案が出ておりますが、戸籍の上では戸主という名前を残そうという考え方だったのですかね。

村上 現在、戸籍の筆頭者といわれている者に戸主という名前をつけて、その他の者に家族という名前をつけ、氏というものを実体法上の観念でなく戸籍法上の観念とするつもりでした。戸主といっても戸籍を引用するための便宜上、筆頭に書かれる者を戸主と呼ぶという位の軽い気持でしたが、従来の形や呼称を残すことが「家」の観念を温存することになるという批判を受けたわけです。

横田　これはちょうど川島幹事などのカード式で一人一人について戸籍をつくるという案との非常な違いで、現行法のものが結局その中間になったということになるわけであります。

（我妻編 1956: 17–20）

横田によると、A班としては「親族の続柄をある範囲把握する」という点から旧戸籍法の形式が適当と判断し、戸籍の編製を「同じ氏」に依拠する案を提示したところ、起草委員会で「鋭い批判」を受けたという。それは「家族制度の匂い」が強いという戸籍に伴う「家」イデオロギーの面からの批判と、「非常に複雑な規定」を置かなくてはならないという戸籍法規の形式面からの批判である。

幹事の来栖はのちのインタビューで、戸籍法案の原案作成者は川島と村上の二人であったとの認識を示している（和田 2010: 482）。そうだとすると、川島は「カード式で一人一人について戸籍をつくるという案」であることから、A班案は村上の主張が反映されたものといえる。A班案に付されていた戸籍法案には、旧法と同じ「戸主」の名称が使われているが、座談会で我妻からその点について問われた村上は、戸籍を引用するために便宜上、筆頭に書かれる者というぐらいの「軽い気持」だったと答えている。こうした発言をみると、村上は戸籍と「家」制度との関係性や、戸籍のもつ「家」イデオロギー性にはさほど重きを置いていなかったようである。村上は戸籍を純粋に身分登録簿と捉えており、「家」制度の廃止を前提にしても戸籍制度の抜本改革までは必要ない、と考えていたといえる。

なお、村上の案は、起草委員会の発足以前に司法省民事局がまとめていた試案に即したものとなっている。この試案は、当時民事局長であった奥野健一が憲法草案の発表直後から検討していた民法改正要綱の案をもとに、民事局内で協議し、審議会の参考資料として作成したものである（我妻編 1956: 12–13）。その試案の第一項のなかに「民法上『戸主及家族』を廃止し、『家籍』に付ては別に『戸籍法』に於て現実の家庭生活の実情に即するように規定すること（例えば世帯主を中心とするが如し）」とある（我妻編 1956: 212）。このように、民法上は「家」制度を廃止し、その規定は戸籍法に移行させる、という案になっている。たしかに、戸籍制度を純粋に身分登録制度としてみれば、編製単位をどうするかは自明ではなく、民法で「家」制度が廃止されても、旧法の編製単位を維持することも一つの選択肢といえる。

そのような考えの村上は、戸籍を身分登録の技術的制度とみなしていたことから、戦前の戸籍制度を踏襲するA班案に対して「従来の形や呼称を残すことが『家』の観念を温存することになる」と批判があがるとは、予想もしていなかったのであろう。その後、起草委員会での議論の末、結局、戸籍の編製単位については、A班案の「家」単位から起草委員会案では「夫婦と未婚の子」単位へと修正されている。このことを横田は、A班案と川島のカード式案の「中間」に落ち着いたと評している。

こうしてみると、A班で戸籍法原案を作ったとされる川島と村上の間には、戸籍に対する認識にかなりの開きがあったといえる。

(3) 個人カード方式の不採用

① 川島武宜の原案とその行方

川島が当初から個人カード方式を主張していたことは、一九九一年に和田幹彦によって行われたインタビューの中で、川島本人が次のように語っている(3)。

川島　私自身も一九四六年七月の例の司法省パーティー以前より、家・相続・戸籍に関する民法・戸籍法改正要綱案作成を、横田幹事、村上幹事と並んで担当することになっていました。当初私は、家制度を全廃するのだから戸籍も総て廃止し、個人個人で別々にカード式の身分登録にすればよい、と考えており、起草委員や幹事との打ち合わせでもそうした意見を述べていました。しかしこれに対し、家制度は全部民法から排除するものの、その実体を「戸主」という名さえも残して戸籍法に移そうという案すらあり、これが改正第一次案となったのです。（略）この最初の案がでたのは昭和二一年の七月二〇日ですが、私はちょうどそのころ、多分病気（眼底出血）で参加出来なかったからかとも思いますが、この案には名を連ねておりません。

カード式については、全国の戸籍を全て別の紙に書き直すことになりますから、記録にも残っている当時の司法省の人の発言、つまり紙が不足していて実現不可能、というのもある程度は事実かも知れません。莫大な経費がかかったでしょう。今と違って、政府予算は少なかったですし、その頃の本の紙の質を見てみれば分かると思いますが、本当に紙が不足していました。

（和田 2010: 472-473）

川島は「家」制度と戸籍を密接不可分のものとみなしており、民法で「家」制度を廃止する以上、戸籍も全廃すべき、という考えである。それで戸籍に代わるものとして、個人カード方式の身分登録制度を提案しているのである。インタビューで語られた「改正第一次案」はA班案をさすが、川島は病気でこれに名を連ねていないという。たしかに、先にみたA班案をもう一度みてみると、「横田幹事・村上幹事」としか記されていない。果たして、川島と村上の間でどの程度の議論がなされていたのだろうか。川島は起草委員会メンバーらによる一九五三年の座談会に参加しておらず、また、自身の研究者としての回想録においても、臨時法制調査会の幹事としての思い出は記しているものの、戸籍法改正に関しては何も触れていない（川島 1978: 211, 227-229）。よって、事の真相はわからないが、上記のインタビューで川島は、「当時の司法省の人の発言」を引き合いに、個人カード方式に対する批判として、紙不足が主張されていたことを示唆している。そして、川島自身も当時の紙不足という現実に一定の理解を示している。

結局、川島の個人カード方式は七月の幹事案（A班案）にも登場することはなく、村上の主張する「家」単位が幹事案となったが、これは起草委員会で大きな議論となり、九月の起草委員会案では「家」単位から「夫婦と未婚の子」単位に修正された、という流れである。この間、誰がいつ「夫婦と未婚の子」単位を提案し、どのような議論を経てこれに決着したのか、その経緯を記録した資料はみあたらな

い。しかし、幹事の来栖が、それに深く関わることを一九九〇年に行われたインタビューで語っている。(4)

来栖　起草委員・起草幹事の内部で、戸籍の編製単位を何にするかですったもんだの問題があった。戸籍法案は、原案を川島先生、村上さんの二人で作ったはずである〔傍線強調は来栖教授自身による〕。原案は川島先生の個人別編製で、一枚の紙に一人についてのみ記載するので、いわばカード式であった。しかし、起草委員会（委員・幹事含む）のなかでも、気持ちが色々な人で違っていて、意見が合わなかった。

私自身はどちらかというと、個人別編製で良いと思っており、川島案への同調者であった。しかし、私も我妻先生から「戸籍編製単位の構成を考えろ」と言われた。これはつまり、川島案への対案を考えろ、ということである。「従来の戸籍を、川島案の個人別編製のカード式の様に大きく変革するのではなく、もっとやわらかくモディファイしたものを考えろ」という事であった。（略）

結局、我妻先生は、リベラルな個人別編製は採用されなかった。（因みに、私個人の印象では、学者ではもう一人の起草委員であられた中川先生は穏やかな人で、余り発言されなかった。我妻先生の発言権が強かった様に思う。）

当時の民法・戸籍法改正は拙速主義であって、但し、ともかく新憲法に反する条項は削除・改正する、というのが大原則・原理であった。こうして戸籍法でも、「原則として二世代迄に限る戸籍法編製単位ならば新憲法には反しないであろう」とのことで、「夫婦及び子其の他民法に依り之と氏を同じくする者（配偶者ある者を除く）を単位としてこれを編製することを原則とする」という、戸籍法改正要綱に結果的には載ることになる原則で宜しい、ということにしたはずだと思う〔傍線強調は来栖教授自身による〕。

（和田 2010: 482-483）

来栖によれば、編製単位については、幹事や起草委員の間で「すったもんだの問題」があったという。川島の個人カード方式が原案だったとのことだが、起草委員会内でも各人の意見が異なり、合意の見通しがたたなかったようである。そこで事態の打開を図ろうとしたのか、我妻が来栖に「川島案への対案」を出すよう命じたという。その後の事実経過は明らかにされていないが、来栖の語りから推測すると、来栖が我妻の意を受けて個人単位に代わる妥協案を出し、それをもとに議論が進められ、起草委員会案に至ったとみられる。川島案の同調者であった来栖が、具体的にどのような案を出したのか、川島は委員会に出席していたのか、村上は簡単に修正に応じたのか、その議論の様相を知ることはできないが、最終的には「夫婦と未婚の子」単位という、「家」単位と「個人」単位の中間でまとまる結果となっている。

「家」単位の案を出していた村上は、先ほどの座談会での発言からみて、「家」単位に固執していた様子はなく、「夫婦と未婚の子」という結論も受け入れやすかったと思われるが、当初から個人単位を主張していた川島は、この結論をどのように受け止めたのだろうか。前述のとおり、川島は「家」制度と戸籍を結び付けて捉えている。それは、戸籍のイデオロギー性を深く認識してのことである。であればこそ、川島は当初から戸籍の全廃を主張し、個人カード方式の身分登録制度を主張していたのである。

つまり、戸籍を廃止して、「家」意識を一掃したいという考えである。

一方で、川島は当時としては進歩的な、核家族を理想とする近代家族論者でもある。川島にとって、「家」からの解放は近代家族の実現にほかならない。とするならば、川島が、近代家族を体現する「夫婦と未婚の子」という単位を受け入れることは十分に考えられる。来栖は川島の近代家族観を踏まえて、そのような対案を示したのだろうか。

前述の川島のインタビューの語りの引用では省略したが、川島は戦後の戸籍法改正における争点として、「戸籍筆頭者」の問題も指摘している。ただし、川島は「戸籍筆頭者」の提案に対して、「一応何の法的権力も効果もないのならば、そこまでくらいなら私はまあ、譲ってもいいだろう、と思って最後は降りた」と語っている（和田 2010: 474）。「戸主」の観念につながる「戸籍筆頭者」について譲るのであれば、川島が個人単位の主張を降ろして、「夫婦と未婚の子」単位に譲ったとしても不思議ではない。

② 「民法改正案に対する意見書」と「異見」

こうして、一九四六年九月に戸籍法改正要綱案がまとまり、「夫婦と未婚の子」を基本単位とすることで、戸籍法改正案の起草作業に入っていく。ところがその後、肝心の民法改正が憲法施行に間に合わないこととなり、戸籍法の改正も先延ばしとなる。

憲法に反する民法をそのまま置いておくことはできないことから、憲法施行後の民法については応急措置法が公布され(5)、当面の対処でしのぎながら、民法改正の作業が進められる。そうしたなか、川島・

来栖も名を連ねる「民法改正案研究会」(以下、研究会)が一九四七年六月二八日付で「民法改正案に対する意見書」(以下、「意見書」)を公表している。研究会はまず、その要旨を「民法改正案意見書」として六月一二日の『帝国大学新聞』に掲載し、その後、意見書の全文を『法律時報』の一九四七年八月号に掲載している。「意見書」では民法改正案の内容について一二項目にわたり、研究会の主張が述べられているが、その第二項目に「戸籍」があげられ、次のような批判と提案がなされている。

「民法改正案に対する意見書」(民法改正案研究会)

二 戸籍 民法の改正に伴って戸籍法の改正も亦当然要求されるところであり、戸籍法中改正法律案は従来の「家」単位の編製を廃止しようとしている。しかしこの改正案は未だ純然たる個人単位のものではなくして、夫婦親子を原則として同一の「戸籍」に記載すべきものとしている(一戸一用紙主義)。しかしこのような方法では依然として、婚姻・養子縁組・離婚・離縁等については「入籍」や「復籍」の問題が起り、ある個人についての身分上の変動のあるたびにその人だけでなくてその人の属する家族全体の記載されている戸籍面が変動するという形をとることになる。このような結果は民法改正案が強く意図しているはずの家族制度の廃止ということを有名無実にする虞がある。上にも述べたように民法学者の中にも今次民法の改正は家族制度そのものの廃止ではなくして、民法典の「家」の制度が実情に適しなくなったので現実の事態と合致させるだけのものであるというように理解しているものもあるようであるが、憲法がうたっている「個人の尊厳」とか「両性の平等」とかいう思想は各人が独立の市民であることの自覚をもつべきことをいい現わしたものにほかならない。従って法律はこのような自覚をもつことを促進するような規定をなすべきで、自分の個人的身分の変動が常に家族全体の戸籍の変動として現われるというようなやり方では従来の家族的観念にまだつよく捉われている一般民衆の市民的自覚を促すことは出来ないどころか、かえってこれを阻害する原因となるであろう。それ故われわれはむしろ徹底した個人単位の身分登録制度の採用を提案する。

(略)

(フランスでは—下夷注) 一人一用紙主義を徹底させる為に各市民についてその出生地に個人別のカアド式身分登録簿を備え、出生から死亡まで生涯の変動を全部この一枚のカアドに書きこんでゆく方法が提案されている。

以上のような考察から、われわれはフランスで提案されているような個人単位でしかも一人一用紙主義の身分登録制度の採用が望ましいと考えると共に、「戸籍」という概念は「家」単位を表わす用語であるから、戸籍法の内容を改正するのに伴ってその名称をも改正すべきものと考える。

(民法改正案研究会 1947: 5-6)

研究会は、「夫婦と未婚の子」単位を「一戸一用紙主義」と称して批判し、個人単位の「一人一用紙主義」を主張している。研究会メンバーには川島、来栖を含めて一一名の学者が名を連ねており、「意見書」の戸籍に関する主張が川島によるものかどうかはわからないが、「一人一用紙主義」は川島の個人カード方式と同じとみてよい。

「家族制度の廃止ということを有名無実にする虞がある」との主張からもわかるとおり、研究会は戸籍のもつイデオロギー性を強く意識しており、「一般民衆の市民的自覚を促す」ために個人単位の編製が必要、と力説している。つまり、身分登録としての機能の観点からではなく、イデオロギー装置としての戸籍という観点から、個人主義を確立するためには、「夫婦と未婚の子」単位ではなく個人単位の制度にしなくてはならない、という主張である。

この「意見書」に対しては、起草委員の中川がいち早く「異見」を公表している(6)。そのなかで中川は戸籍に関して、次のように反論している。

「民法改正案意見書」異見（中川善之助）

戸籍法の改正に論及した「意見書」は、戸籍というような、個人を集団の形で記録する制度を排斥し、そうした一戸一用紙主義を捨てて一人一用紙主義を採るべきことを提案している。

この点については私にも多大の共通した考えがある。個人々々について身分登記をする制度の方が、より少なく家族制度的であり、より多く個人主義的だということも出来るだろう。

しかし私はまた、それほどこだわる必要のある問題だとも思っていない。夫婦を一枚の用紙に書いておくということには便利な点もある。その夫婦に子供が生れたら、またその同じ用紙の中へ書き加えておくという書き方も悪くはない。登録技術としては、一人々々に一用紙を使うのと、どちらがいいか、簡単には決められない長所短所がある。ただ従来のように、同一用紙に記載されているかいないかによって、実質的権利義務に差異が起るということは、あくまでも排斥されなければならないのであって、登録技術としてだけ見れば、集団的記録方法にも便利な点がなくはないと私は思っている。従って研究会の人たちが一人一用紙主義を主張する点について私は別に異論をさしはさむわけではないが、それを主張するに急なるの余り、戸籍法改正法案が従来の戸籍に近い集団記録法を採用したことに激烈なる非難を加え「新戸籍法の原則は、親族法上の問題を依然として個人的性質のものではなく、家族的性質のものたらしめ、その結果家族制度的拘束を事実上存続せしめる基礎となるであろう」などと開きなおるほどのことではない。

「意見書」は少し「戸籍」という言葉にとらわれ過ぎてはいないか。「戸籍」というような言葉は、改めたほうがいいと私も考えるが、しかしたとえ新戸籍法案が戸籍という字を踏襲したとしても、その内容実体が「戸」の籍ではなく、「家庭」の籍であればそれでいいではないかと思う。一戸一用紙主義というような字を「意見書」は使っているが、新戸籍法案に謂わゆる戸籍は、従来のような戸の籍ではなく、夫婦が作る家庭の籍である。その間に生れた子供は、成長して結婚するまでその父母の家庭の籍の中へ書き込まれており、結婚すれば自分の新らしい家庭の籍が作られる。だからこの新戸籍法案の戸籍を指して、一戸一用紙主義などと名付けたということ自体の中に、私は研究会の人たちの、新戸籍法案に対する不十分な理解か、或は幾分軽率な過誤か、そうでなければ逆に極めて慎重な故意を認めざるを得ない。

（中川 1947: 14–15）

中川は研究会の提案する「一人一用紙主義」に共感を示しているものの、個人単位が絶対とは考えていない。「より少なく家族制度的であり、より多く個人主義的」と述べているように、あくまで相対的に捉えての賛意にすぎない。つまり、編製方式にそれほどこだわる必要はない、という立場である。「意見書」が戸籍のイデオロギー面を重視しているのに対し、中川は戸籍の身分登録機能を重視しており、編製単位については「登録技術」の問題とみなしている。よって、「集団的記録方法にも便利な点がなくはない」という意見となる。つまり、技術である以上、利便性で判断すればよいという考え方である。

そのうえで中川は、起草委員会の「夫婦と未婚の子」単位が「一戸一用紙主義」に該当するとしても、それは「家」制度下の「戸」の籍ではなく、夫婦が作る「家庭」の籍であると指摘している。ここで中川が意図的に「家庭」という文言を使ったのかどうかはわからないが、「家庭」という文言に象徴される「近代家族」のあり方、つまり「結婚して夫婦になり、子どもを産み育て、やがて子どもが巣立ち、夫婦が残る」という近代家族のファミリーライフサイクルを前提に、「夫婦と未婚の子」単位は戸籍技術として利点がある、と評価している。

中川も川島と同様、「近代家族」を支持しており、当時としては先進的な家族観といえる。川島も最終的には「夫婦と未婚の子」単位を受け入れたわけだが、その意味では、中川も川島もどちらも近代家族観に根ざして、それを体現する戸籍制度を選択したことになる。ただし、川島が戸籍のイデオロギー性を重視しているのに対し、中川は戸籍を身分登録の機能面からみており、両者の戸籍を捉える視点は大きく異なっている。

さて、このように中川は「異見」では、編製方式について自らの主張を明確にしているが、前述の来栖の語りによると、起草委員会では中川はあまり発言せず、我妻の発言権が強かったという。たしかに、戦後の民法改正や戸籍法改正を回想する座談会などでも、戸籍の話題では、中川に目立った発言はなく、我妻が多くを語っている。そこで、我妻の発言から、個人単位ではなく「夫婦と未婚の子」単位が選択された経緯について探ってみたい。

2　民法学者・我妻栄の着眼点——公証ツールとしての機能性

(1) 戦後改革に対する自問

まず、法律雑誌『ジュリスト』の一九五三年三月一二日号に掲載された座談会「占領政策は行き過ぎだったか」において、我妻は兼子一と次のようなやり取りをしている。

兼子　私なんかは民法の改正が過ぎたるではなく及ばざるものだと思う。たとえば氏とか戸籍の問題はこわしてしまった方がよかったのではないか。戸籍なども今まであったものが減るからさびしくなるとか「家」がなくなるという感じを持つけれども、初めから個人カードに切りかえてしまえばそういう問題は起らなかったのではないか。

我妻　それは決して立法を弁解するわけではないけれども、ぼく自身が戸籍に対してこれだけ国民の愛着があるとは思わなかったので、その点は今にして思えばあのときにそこまでやってしまえばいいという感じもする。現在戸籍制度を基礎にした「家」の思想の復活がすでに非常に強く行われている。それから宮沢先生がいつか言われた「家滅びて氏あり」、ところが「氏とともに戸籍あり」で、今度は逆に戸籍から氏に、そして「家」の復活へという道が非常に多いんですね。(7)

兼子がはじめから個人単位を採用すべきであった、と述べたのに対し、我妻も戸籍に対する国民感情を見誤ったと述べ、「あのときにそこまでやってしまえば」と後悔をにじませている。その背景には、家族制度復活論の台頭という当時の社会状況が考えられる。一九五二年のサンフランシスコ講和条約発効を契機に、戦前の「家」制度への回帰を求める保守派が活気づいていたのである。座談会での我妻の発言からも、戸籍を足がかりに「家」復活を提唱する議論が強まっているのがわかる。

当時の家族制度復活論の主張は、明確な文書で発表されたわけでもなく、また、その主張のなかで、戸籍制度が直接的に論点となったわけでもない。しかし、戦後の戸籍法改正の不徹底さが、復活論に力を与えていたといえる。そのような時代背景のなかで、家族制度復活の動きを懸念する我妻としても、「今にして思えばあのときにそこまでやってしまえば」という言葉が口に出たものとみられる。

この座談会の後、戦後の民法改正に関して、我妻を中心に当時の起草委員会メンバーらによる座談会が行われており、(8) そこでも戸籍法の改正について語られている。先に改正要綱のA班案に関して、座談会での横田の説明とそれに対する我妻、村上の発言についてみたが、彼らの議論はこの座談会で行われたものである。座談会は二回に分けて開催されており、第一回は一九五三年一一月一四・一五日、第二回は一九五四年九月二四・二五日に行われている（我妻編 1956: 4, 107）。そのいずれにおいても、個人カード方式を採用しなかったことが話題となっており、我妻が多くを語っている。まず、一回目の座談会

（座談会 1953: 35）

で我妻は、起草委員のひとりであった奥野の発言をきっかけに、前述の『ジュリスト』誌の座談会で兼子に述べていたのと同様、戸籍に対する国民感情を問題にしている。

奥野　司令部でも、日本の戸籍は非常に便利でよくできている、アメリカなんかでは相続人をトレースするのに非常に困っているということをいっておったのですが、結局司令部では三代戸籍はどうしても認めない、親子だけしか認めないという非常に強い意向がしまいに出ましてね……。

我妻　アメリカでも非常に便利なものだと認めているという点は……いまここでいうことが適当かどうか問題だけれども……沿革とか国民感情というようなことを全部離れて考えてみると、少なくとも夫婦・親子という近親者が同一の戸籍で、みなわかるというやり方が、非常に便利であることは、何人も否定しえないと思うのですよ。ただ、日本では沿革があって、同じ戸籍にあるということが、何か非常に精神的な意味をもつ。戸籍がけがれるとか、籍を抜いて勘当するというような思想が非常に強い。だから、戸籍を一緒にしておくと、やはりいままでの観念が残って、実体的な変革の邪魔になるのじゃないか。アメリカのように個人本位の思想が非常に強くなって、戸籍の上で一緒にしようが違おうが、実質的なものには何も影響しないところでは、ある程度集まっている日本のやり方が非常にいいと思うのでしょう。ですから、それを立法論としてどうすべきか、わが国ではどうしたらいいかということは、結局意見の相違になってしまうんですね。

奥野　これはちょっと問題がはずれますが、現在年寄りたちの中には、子供たちに結婚してつぎつぎと新しい戸籍に分かれられて自分ひとりになってしまう、それが非常にさびしいということを訴える人が多いようですね。

中川　そういう感情があるから、アメリカ人のいうように、ただ戸籍はいいなどといってしまえないところがあって、それで問題なんです。それはまさしく家族主義的な意識なんですからね。
我妻　意見の相違だといいましたのは、とにかく戸籍の上で一緒にしておくことに非常に便利な点があるとするなら、その長所は維持しておいて、そうして思想の上だけで改革していくという道をとっていけないか、それとも、それはとうてい望みえないから、不便になってもかまわないから、戸籍はみなカード式にしてしまって、そうまでして日本の社会思想の改善に法律の立場から応援していかなければならないとみるか、ということは、結局意見の相違だろうというわけなんです。また実際問題としても、カード式にいま改めていくということは、非常に手数と金がかかるのですからね。
中川　この当時は、ひどい紙で、新聞もタブロイドになったりなんかした時分でしたから、その当時ただちに全国の戸籍を直すということは実際問題としては全然できないことだったんです。

（我妻編 1956: 20-21）

我妻は、奥野がGHQ側に日本の戸籍を評価する意見があったと発言したことに対し、日本とアメリカの戸籍に対する国民感情の違いを冷静に分析し、アメリカと同様に語ることはできない、と指摘している。この我妻の見解は、戸籍のもつ「家」イデオロギー性に着目したものである。このように我妻は、同じ戸籍に記載されることに、「何か非常に精神的な意味をもつ」という日本人の戸籍観念を認識しつつも、他方、戸籍は本来的には身分登録の手段である、との認識も堅持している。そのことから、立法論としての難しさが語られる。それは、「夫婦と未婚の子」単位の登録手段としての利便性をとるか、

「家」イデオロギーにつながる危険性を排するために個人単位をとるか、のジレンマである。我妻は、「夫婦と未婚の子」単位の長所を維持しておいて、「思想の上だけで改革していくという道」はとれないものか、身分登録を個人単位に改めて、「そうまでして日本の思想の改善に法律の立場から応援」しなければならないものか、と自問している。最後は「非常に手数と金がかかる」という物理的困難をあげて、個人単位を非現実的なものと結論づけているが、我妻の一連の発言には、戸籍の身分登録としての手段的側面とイデオロギーとしての側面を切り離せないもどかしさが滲んでいる。

この座談会と同じ頃に出された我妻の「氏と戸籍」と題する短い論考にも、次のように記されている。

戸籍法は、最近親を同一戸籍に記載することが便宜だという考でできているものと私は思っている。いいかえれば、新法の氏が個人の呼称であるなら、それを表わす「籍」は、個人々々の記録にすべきかもしれないが、それでは、あまりに手数がかかり、不便でもある。そうまでしなくとも、最近親を同一戸籍に記載しておくことが便宜だ。このことが、そしてこのことだけが、戸籍法の原理だと解釈したい。ところが、遺憾ながら、国民感情はこれに満足しない。「同じ戸籍に記載される」ことに特別の意義を認める。そして、戸籍法の中には、この国民の伝統的な感情の乗ずる隙がすこぶる多い。

（我妻　1953: 10）

我妻はいったん、個人単位の原則に理解を示しつつも、手数と不便さを理由にこれを否定し、「夫婦と未婚の子」単位の利便性を主張している。とはいえやはり、戸籍に対する国民感情の問題を指摘しており、なんとも歯切れが悪い。家族単位の戸籍を梃子に、旧来の家族制度を復活させようとする強い勢力を感じていたのであろう。ここにはこの当時の我妻の複雑な心境がみてとれる。

(2) 個人カード方式の可能性

① 戦後の「冗談話」

起草委員会メンバーらによる二回目の座談会は、一回目の翌年（一九五四年）に開催されているが、そこでは、子の氏の変更の問題から戸籍の編製方式へと話題が進み、我妻が個人カード方式について問いかけている。これをきっかけに、個人カード方式について自由な意見が交わされている。

我妻　氏をかえられるとか、かえられないとかいう問題を、それによってどんな効果を生じさせることができるかできないか、という問題におきかえてみると、民法で定める法律効果には何も関係がないのだから、結局は、戸籍簿の同じ紙の上に書くことができるかできないかということでしょう。（略）本家の籍にあろうが分家の籍にあろうが、呼称としての氏が同じならよいじゃないか。それを戸籍簿の記載場所にこだわる。それが残念に思う。戸籍の形式を個人式にして一人々々をカードに書くことにしたら、その国民感情なるものはどうなるだろう。やはり綴り合わせてある場所を親父のすぐうしろに持ってくるように直してくれということをいいだしはしないか、という気がするが、どうだろう。

中川　しかし、いま子どもが婚姻して、新戸籍が編製されると、それだけで親子は別れたと思っているのだから……。だが、カード式になればその問題はなくなるのじゃないかと思う。

村上　個人別のカード式にまで徹底すると、もう一歩進めば、いまの本籍というものも法律的には無意味だから、日本中の国民全部のものを一箇所に集めてしまうという議論もでてくる。
中川　だめ、県人会がつぶれるから……（笑）。
我妻　本籍は無意味だといっても、本籍という観念は無意味かもしれんが……、しかしそのカードをどこの番地の所に並べておくかという問題はやはり残りはしませんか。日本国民全部のカードを一つところにアイウエオ順に並べてしまうというわけにはいかんだろう。
中川　東京に戸籍庁を置いて、そこにみな入れて、あとは一般の名簿や人名録によくあるように、出身地とか出生地とか、あの式でいけばいいと思いますね。
我妻　そうすると同姓同名がたくさんあったときに……。
中川　それはカードに番号をつける……。
村上　生年月日とか出生地とか何かで区別する方法はある。
長野　八千万も集めたら大変ですよ。
中川　五階建てのビルがいりますね。
小澤　そうなったら、順序なしにただ押し込んで、カード分類機械で出す。そのつど順序なんかバラバラになってしまうというようにしてもいいですね。
中川　それはできますね。（略）
村上　しかしカード式というのは少なくともここ数十年の間は実現の見込みはありませんね。
中川　それはやはり県人会のある間はだめですね。

村上　県人会もですが、財政的にも……。
中川　昭和二一年のときはそれが非常に大きな原因だったんで、金もないし、第一、紙もなかったんです。
我妻　だからブレークモア（ＧＨＱ民政局――下夷注）も、日本の戸籍というのは非常に便利なものだと思うといっていたが、その通りだと思う。ただ彼らは、いうまでもなく、個人的な気持が非常にはっきりしていて、同じ戸籍に書いてあるかないかというようなことについては何等特別の感情も抱かないだろう。そういう人たちが純粋に便宜的にみて便利だというのをすぐとってきて、だから日本のやり方がすぐれているとはいえないことは確かだ。しかし戸籍にこだわる気持を捨てて、便利さだけを残すことはできないものか。国民の戸籍にこだわる気持を捨てさせることだけのために、莫大な金を使ってカード式にして、八千万人のカードを集めなければならんということは、甚だ残念だという気がする。

（我妻編 1956: 159–161）

我妻は、一回目の座談会でも述べていたように、戸籍と国民感情の結びつきに難しさを感じている。そこで、個人単位方式になれば「その国民感情なるものはどうなるだろう」と問題提起している。それに対し、中川は個人単位にすれば旧来の戸籍観念はなくなるとの見通しをたてている。さらに村上は、個人単位にすれば本籍という概念も必要なくなると指摘し、全国民の戸籍を一か所で集中管理する方法に言及する。議論は盛り上がり、カード番号の活用やカード分類機械による運用など、戸籍の一括管理のアイデアも出ている。しかし、村上が財政問題を理由にその実現性を否定し、中川も戦後の改正時に財政問題や紙問題で否定されたことを語り、個人単位方式の可能性を探る議論は終息している。

ただし、一連の議論の最後に、我妻は戸籍感情の問題に立ち戻っている。我妻はこのような戸籍感情の解消を目指す立場だが、それを達成するために、第一に戸籍制度の便宜性を犠牲にすること、第二に膨大な税金を投入することに、どうしても納得できずにいる。それで「戸籍にこだわる気持を捨てて、便利さだけを残すことはできないものか」と述べ、脱イデオロギーのためにどこまで戸籍法を改めるべきなのか、ここでも自問している。

二回の座談会からわかるとおり、我妻は参加している起草委員会メンバーのなかで、もっとも真剣に、戸籍の手段的側面とイデオロギー的側面のジレンマに向き合っている。しかし、我妻はこの本質的な問題に答えを出してはいない。当時の選択については、物理的事情から個人単位は非現実的であったと結論づけ、自身のなかで折り合いをつけているようである。

このように、一九五〇年代には複雑な心境にありながらも、「夫婦と未婚の子」単位という選択を事後的にも肯定している我妻だが、一九七〇年代に入り新たな考え方を示している。

一九七一年一〇月二七日、当時、法務省特別顧問をしていた我妻は、戸籍制度創設一〇〇周年の記念式典で特別講演を行っている。そのなかでまず、戦後の民法改正に対して、「右のほうからの批判と、左のほうからの批判」の両方があったことに触れ、戸籍制度が「左のほう」の攻撃の的となり、「新しい民法のもとでは、個人はあるけれども、結合団体、家族団体というものは一切ないはずだ」と批判されたと述べている。そして、若い新進の学者たちからは、「家滅びて氏あり」「家滅びて戸籍残る」との強い非難を受けた、と紹介している（我妻［初出 1972］2001: 147–149）。

講演では、当時の改正の考え方について、「私たちは新しい制度のもとでは個人というものしかないのだ、だから各個人別に登録制度を考えればよいのだ、ただ便宜のために夫婦とその間の子供ぐらいは同じところに書いておこう、そのかわり子供が結婚して夫婦になったら、その夫婦のために別な籍を起こそう、それが実際の家族共同生活にも大部分合うことになるだろう」ということだったと説明している（我妻［初出 1972］2001: 153）。そのうえで、あまりにも非難が強いことから、「あるときに、こういうことを話したことがある」と個人カード方式についてのエピソードを語っている。

いっそ、一人一人カードをつくろうか、私の姓は非常に妙な姓で、我妻栄と申しますが、私が生まれたときに私のカードをつくるわけです。父親はだれ、母親はだれ、と書きます。私が結婚すれば、何年何月に誰と結婚したと記入します。私の妻は我妻緑という名前ですが、実家は鈴木という姓です。だから私の妻が、生まれたときにカードを起こしてもらったのは、鈴木緑というカードです。私と結婚したってなにも一緒にする必要はちっともない。鈴木緑のカードに、何年何月何日我妻栄と結婚して我妻と姓を改めたと書いておく。そしてわれわれ夫婦の間に子が生まれたら、その子のためにカードを作り、また妻のカードには何年何月何日に子供を生んだということを記入する。むろん私のカードにもそのことを書かなくちゃなりません。そうさえしておけば、鈴木緑が我妻栄と夫婦になったからといって生まれたときのカードを「鈴」の部から抜いてきて「我」の部の私のカードと一緒にして、ホチキスでパチンと合わせる必要は少しもないのじゃないか。こう考えました。いわれてみればそのとおりでしょう。（略）戸籍なんという必要はない、身分登録カードといったらいいだろうという話を実際したことがあるのです。そうすればだれも文句をいわないだろう。「家滅びて戸籍あり」などという非難も生じないだろう。（略）東京の中央、法務省の近くに身分登録カード・ビルディングというようなものをつくって、何十階のビルディングになるかわからないけれども、そこに一億人のカードをずっと並べて入れておこう。これが一番いいじゃないか。（略）これほど便利なものはないだろうと考えてみたのです。

（我妻［初出 1972］2001: 153–154）

我妻は個人カード方式について、自分と妻を例に具体的に説明し、夫婦のカードを綴る必要もなく、「戸籍」という名称も廃して、全国民の「身分登録カード」を管轄官庁である法務省近くの一か所に集めて保管する、という案を実際に検討したと語っている。しかし、それは次のような議論をたどったという。

だが、それにはたいへんな金がかかるだろう、たいへんな手数だろう。（略）私と妻とが結婚したときには、私の父母両方のカードと妻の父母両方のカードに息子または娘が結婚したことを書かなければなりません。兄弟のカードにもそうでしょう。その範囲はおそろしく広くなりましょう。そうすればカードシステムは、やはりたいへんな手数であり、たいへんな金がかかるだろう。その上非常に困ることがある。それは経過的な措置です。カードができ上るまで一年間は戸籍事務停止というわけにはいかぬですから、子供はじゃんじゃん生まれてきますから、それを何とか処理しながら戸籍制度を変えるということは容易なことではないのです。結局カードシステムは頭休めの冗談話に終りました。

（我妻［初出 1972］2001: 154-155）

我妻はこのような個人カード方式の検討を「あるとき」に行ったというが、それが戦後の改正当時に起草委員会などであったことなのか、それとも前述の起草委員会メンバーらによる一九五四年の座談会のことをさしているのかはわからない。しかし、この講演でも一九五四年の座談会同様、個人カード方式は物理的に実現が不可能という理由から採用が見送られた、と説明されている。

ただし、その理由のなかで、これまでのどの回想でもあがっていなかった、「経過的な措置」という制度移行期の問題が新たに指摘されている。制度移行期の対処は難題であり、戸籍に限らず、制度改正の議論において常にネックになる問題である。この点が当時の個人カード方式の検討において、実際に議論されたのかどうか明らかではないが、我妻は一九七一年のこの講演で、これを戸籍の個人カード化の決定的な障害として説得的に語っている。たしかに、戦後の法改正当時は出生届だけでも膨大な数である。戦後のベビーブーム期の出生数は年間二六〇万人を超え、一九五〇年代初頭でも年間二〇〇万人を超えている（厚生労働省 2018）。その他の届出の処理や戸籍謄本・抄本の発行など、戸籍事務のすべてを手作業でこなしながら、並行して個人カード化の作業を行うことなど想像できなかったであろう。

我妻は、こうしたことから、個人カード方式の検討は「頭休めの冗談話」に過ぎなかった、と述べている。

このように我妻は、結局、実現不可能な「冗談話」と述べているが、講演ではこの「冗談話」に続けて、次のように話を展開させている。

②　コンピューター時代の戸籍

だが、今日改めて再検討したらどうでしょう。私たちの冗談話の当時には存在しなかったコンピューターという便利なものが出てきたのです。（略）一億人のカードを教え込んでおくのに何台必要なものか、容積がどのくらいになるものか、さっぱり見当はつきません。けれども、私の知っている知識によっても、それほどやっかいなものじゃなさそうな気がするのです。コンピューターなら、ちゃんとやれるだろうと思うのですがいかがでしょうか。

さらに考えられることは、コンピューターに記録以上のことをさせるということです。たとえば私が死んだときに、コンピューターに我妻栄が死んだから、これの六親等内の親族を全部選び出せといって、選び出させることとです。（略）六親等内の親族というのはどんなときに必要だといえば、相続のときには、代襲相続がきますから、必要がないとはいえないでしょう。（略）そうすると、いま戸籍をひっくり返しているよりは、コンピューター先生のほうが早いかもしれないのです。（略）

しかし、最初にも申しましたように、戸籍制度をやめてコンピューターになるだろうと言っているわけでもないし、すれば便宜だろう、あるいはけっこうだろうという気持を持っているわけでもありません。それは遠い遠い将来になるかもしれぬのですけれども、現在のところでは、現在の戸籍制度の不都合な部分を直しながら進展を重ねていくことだろうと思います。そのときに、われわれの考えなくちゃならぬことは、戸籍制度を純粋の身分公証制度として徹底させるということです。

（我妻［初出 1972］2001: 155–157）

前述のとおり我妻は、かつて個人カード方式を検討したものの、それは物理的な問題で実現不可能だった、と冗談話として紹介していたが、そのあとすかさず戸籍のコンピューター化に話題を転じ、個人カード方式の再検討を提案している。つまり、「頭休めの冗談話」は個人単位化の可能性に言及するための導入となっていたのである。

コンピューターによる戸籍の個人単位化については、従来の戸籍制度の廃止とも受け取られかねないことから、戸籍制度一〇〇周年の記念講演ということへの配慮からか、我妻自身のこれに対する立場は周到に保留されている。しかし、ここでは明らかにコンピューターによる個人単位の戸籍の意義が語られている。

我妻が強調しているのは、相続人の確定におけるコンピューターの検索機能である。実は我妻は、戦後の民法改正当時から、家督相続が廃止された後の相続人問題を懸念しており、新戸籍に相続人確定の機能を持たせたい、と考えていた。我妻自身はそのことを語っていないが、戸籍法改正の起草作業を担当した法務官僚の青木義人によると、相続人がわかるような戸籍にできないか、と我妻から注文を受けたという。青木は一九七三年七月、東京家庭裁判所参調会主催の講演会で、次のように述べている。

立法のときに我妻先生からもご指摘を受け、なんとか被相続人の戸籍自体に相続人が誰々かを書くわけにいかないものかといわれたものでした。これは理論上絶対に不可能なことではありませんが、各人につき多数の相続人を書き上げ、しかもそれが死亡等の事由により次々と変っていく、これをその都度訂正して常に正確に表示しておくということは、事実上不可能なことであって、戸籍事務にとっても数倍の事務負担の増加を強いられることになります。それで、このことは見送られたわけですが、（略）戸籍制度としての一つの欠陥であるといってよかろうと思います。

（青木　1974: 66）

我妻は戸籍法改正案の起草作業にあたる青木に対し、戸籍に各人の相続人名を具体的に明記できないかと要望している。それに対し青木は、理論的に可能であっても、「数倍の事務負担の増加」となることから見送られた、と話している。青木はこのエピソードを一九七八年八月の座談会でも次のように語っている。

青木　当初、戸籍法を改正するときには、その点を大分問題にしたわけですが、従来の家督相続からいわゆる共同相続になったため、特に我妻先生あたりは、共同相続人を戸籍で明らかにするのは容易ではなくなるのじゃないかと言われるんです。「そうです」と言ったら、何とかうまい方法は考えられないもんかと（笑）。そこで、いろいろ考えてみたわけですけれども、例えば、戸籍簿とは別に、共同相続人のいわゆる

「名寄台帳」みたいなものをつくってみてはどうか……。しかし、そうなると、これまた大変な手数になるわけですね。それやこれやで、結局、うまい方法がみつからなかったわけですが、まあ、いずれにしても、共同相続人を明らかにするためには、現在では幾つもの戸籍や除籍の謄本を取って寄せ集めていかんといけないわけですから、これはやはり現在でも一つの課題としてぼくは残っていると思うんですがね。

（座談会 1978: 32）

青木は我妻からの注文に対し、「名寄台帳」のような具体策を検討したことも明らかにしている。しかしこれも「大変な手数」ということで、結局、「うまい方法」を見出せなかったと語っている。ようするに、戦後の戸籍法改正時には事務負担を理由に、我妻の要望は実現されなかったというわけである。

青木の回想からも、我妻が戦後の改正時から戸籍の身分登録機能を重視していたことは明らかである。まさに、戸籍法は民法の手続法なのである。我妻は、民法改正に伴い、相続人確定の問題が生じることを見通し、戸籍にその機能を付加したいと考えていた。しかし、それは戦後の改正時には実務的に実現不可能とされ、断念せざるを得なかった。それから四半世紀を経て、戸籍実務へのコンピューター導入が現実味を帯びるなか、これにより、かつて断念した相続人確定の機能を戸籍に期待できるようになる。そこで我妻は、被相続人ごとに相続人を検索して確定する戸籍として、個人単位の戸籍の可能性を示唆したとみられる。

我妻の注文に応えられなかった青木もまた、上述のとおり、一九七三年の講演と一九七八年の座談会のそれぞれにおいて、現行の戸籍制度において相続人の確定が容易ではないことを「戸籍制度としての一つの欠陥」、現在に残る「一つの課題」と述べている。

こうしてみてくると、戦後の戸籍法改正のなかで、我妻が個人単位を受け入れなかったのは、「リベラルな個人別編製は採用されなかった」と来栖が語るように（和田 2010: 483）、保守派対策という面があったことは否定できないが、それがすべてではないといえる。たしかに、戸籍法改正の当時、民法改正の中心的役割を果たしていた我妻は、臨時法制調査会でも「家」制度廃止をめぐり保守派から激しい抵抗を受け、その対応に苦慮している。実際、起草委員会が当初の「民法改正要綱案」に掲げていた「民法上の『家』を廃止すること」という文言は、保守派の反対により、「民法の戸主及家族に関する規定を削除し親族共同生活を現実に即して規律すること」に修正を余儀なくされている（我妻編 1956: 50-56）。こうして要綱案から「家」廃止の文言が消えてもなお、保守派の執拗な追及は止まず、我妻は民法改正要綱を成立させるため、「民法改正要綱と家族制度との関係」と題する文書を臨時法制調査会の第三回総会（一九四六年一〇月二三・二四日）に提出し、そのなかで「本改正要綱は、特定の法律制度としての家族制度を廃止しても、道徳的理念としての家族制度は脆弱化されるものではない。否これによって却って新しき時代に即応した家族制度を発展せしめ得るという考えに立脚するものである」と述べている。(9) そこまでしてようやく、民法改正要綱の決定にこぎつけるのである。こうした状況において、個人単位の戸籍の提案をして保守派を刺激することは極力回避すべきと考えたであろうし、また、そのような提案をすれば保守派がどれほど抵抗するか、といったことも容易に予想できたであろう。よって、我妻が保守派を意識して個人単位の戸籍編製を拒否したことは、十分に考えられる。

ただし、我妻の認識において、基本的に戸籍は身分公証のための制度である。民法改正当時、我妻が戸籍に期待した最大の機能は相続人の確定であった。戸籍を個人単位化することで、その機能が果たせるのであれば、我妻も個人単位を採用したと考えられなくはない。保守派の抵抗を考えれば、現実にはかなり難しいとはいえ、採用の可能性がないとはいえない。しかし、我妻が期待するような戸籍の実現は、事務負担の問題から不可能であり、戸籍に相続人確定の機能が果たせないとなれば、身分公証のツールとしてベストとはいえないがベターなものは何か、が問われることになる。

そこで、「夫婦と未婚の子」単位が選択肢として浮上する。というのも、夫婦関係と親子関係は、公証を求められることの多い基本的な法的家族関係であり、また当時の慣行として、進学、就職、結婚などの際には家族関係の証明が求められ、そのために戸籍謄本が活用されていたからである。そうすると、身分公証としての戸籍の手段的側面を重視する立場からみれば、個人単位との比較において、「夫婦と未婚の子」単位は有用性が高く、これが評価されることも十分に理解できる。裏返していえば、我妻は戸籍のイデオロギー面に対する認識が弱かったということである。それで結局、相対的に利便性が高い「夫婦と未婚の子」単位が選択されたと考えられる[10]。

その後、コンピューター時代を迎えるなかで、検索機能への期待から、各人の相続人を確定することができる戸籍の実現可能性が高まり、前述の一九七一年の講演では個人単位への支持が示唆されたのである。この講演で我妻は、「戸籍制度を純粋の身分公証制度として徹底させる」ことを力説していたが、これこそ戸籍に対する我妻の一貫した姿勢である。つまり、民法学者たる我妻は、戦後の法改正時からそれ以降も、戸籍については身分公証の機能面を重視しているのである。

前述の引用では省いたが、一九七一年の講演では、「戸籍がよごれるなんという非近代的な考えは捨てなければならない」とも述べている。しかし、これも我妻の場合、戸籍のもつ「家」イデオロギー性の観点からではない。我妻は、「よごれるという考えが直ちにうそを書くことを導いてくるのです。それではせっかくの公証制度が破れるということになります」と続けている（我妻［初出 1972］2001: 157）。この語りからわかるとおり、戸籍の身分公証制度としての機能が損なわれないよう、旧来の戸籍感情は払拭せよ、と言っているのである。

ここまでを振り返って考えてみると、川島の個人単位の主張は、主として戸籍のイデオロギー性を根拠にしたものであった。これは、まさに法改正当時の時代状況を反映したものといえる。その当時、個人単位を受け入れなかった我妻は、一九五〇年代はじめ、家族制度復活論の台頭を目にし、戸籍のイデオロギー性への認識を深めるものの、それでもやはり身分公証の手段という戸籍観を堅持していた。その我妻が一九七〇年代に個人単位を評価する意見を述べているが、これは川島とは異なり、身分公証手段としての戸籍の機能を根拠にしたものである。いわば、時代状況によらない、戸籍の本来的機能に根ざした主張である。とすれば、この一九七〇年代の我妻の個人単位の主張は、現在なお問われるべき課題であるといえる。

第3章 「家族単位」成立の時代性
法務官僚の「回顧談」から

1 司法省事務官・青木義人のスタンス——最小限度の法改正

(1) 現場重視の考え方

戦後の戸籍法改正は民法改正とあわせて行われており、起草委員の中心人物は我妻栄であるが、実際の戸籍法の改正作業は、主として法務官僚が担っている。そのことは、我妻自身が戸籍制度創設一〇〇周年式典の特別講演で述べている。

戦後の民法改正の際にはこの大正三年に全面改正された戸籍法というものの改正をしなくちゃならなかったわけですが、これには非常に苦労いたしました。私はその当時、民法の親族編、相続編の改正という仕事をやらされておりましたが、そのほうに大きな力を入れたものですから、戸籍制度にはあまり力を割く余裕がありませんでしたので、もっぱら民事局の担当の方々の御苦心によることになったものであります。

我妻の認識としても、戦後の戸籍法改正は「非常に苦労」であったというが、その仕事は「もっぱら民事局の担当の方々」によるという。なかでも中心となって担っていたのは、戸籍を所管する司法省民事局第二課の青木義人である。ただし、改正作業の当初から青木が関与していたわけではなかったようである。戸籍法の歩みを振り返る座談会で、青木は次のように語っている。

（我妻［初出 1972］2001: 145）

青木　戸籍法の改正要綱をつくる段階のころは、二課はあまりタッチしていないんです。というのは、罹災都市借地借家臨時処理法やヘルプスさんに毎日追い廻されちゃって、民法関係の臨時調査会が戸籍法の改正要綱を作成されるのにほとんどタッチする余裕がなかった。そしていよいよ要綱ができて、さてとなったら、これは二課が担当せざるを得ない。ヘルプスさんのほうは原さん（原増司民事局第二課長―下夷注）が担当し、その方の負担を軽くしてやるから、戸籍法改正の条文化はおまえがやれと、こうなった（笑）。そりゃ、その前もときどきこれでいいのかという意見は求められてはいましたけど、積極的に要綱づくりにタッチしていませんから、それまでのいきさつはあまりつまびらかにしていないんです。

（座談会 1982: 456: 40）

青木は改正要綱案ができたころ、すなわち一九四六年九月ごろから改正作業の主たる担当者になっている。当初、青木は第二課の事務官であるが、その後一九四七年五月に第二課長に就いている[1]。第二課は戸籍の管轄部署であるが、終戦後の混乱期においては借地借家関係の立法作業があったほか、「ヘルプスさんに毎日追い廻され」て多忙を極め、要綱案ができるまで事実上、戸籍法の改正作業にはタッチしていないという。「ヘルプスさん」とは、ＧＨＱ公衆衛生福祉局で人口動態統計を担当していたレオナード・フェルプスで、日本語ではヘルプスあるいはフェルプスと記されている（以下、フェルプス）。

彼は人口統計の専門家であり、精緻な統計を得るために、終戦直後から数次にわたる人口動態統計の改革を実施している。日本の人口動態統計は、出生、死亡、死産、婚姻、離婚の五項目について行われるが、死産以外は戦前から戸籍上の届出に基づき集計する方法がとられており、戸籍制度と深く関わっている。そのため、人口動態統計の改正は当然、戸籍事務の改正を伴うことになる（青木 1951: 7）。青木はフェルプスについて、「当初は、ヘルプスさんが来てから振り回されたと言ってもいいんです。原課長は、こっちの役所よりもヘルプスさんと話している時間のほうが長かった（笑）。話が長くて三、四時間かかるのが普通で、しかも初期は連日のことでしたからね。とにかくヘルプスさんというのは強引な人でせっかちでしたね（笑）」（座談会 1982: 455: 38）と語っている。このように、青木はフェルプスの言動に相当困り果てたようで、やや厄介者扱いしているように語っているが、フェルプスが当時、出生届に出生証明書を添付させる措置をとった点については高く評価している。

青木　ただ、届け出の内容ですね。特に出生届けは、一二月がガタッと少なくなって、一月になるとパッと増えて、一二月と一月を比べると、一月は一二月の倍です。それからそれほど顕著ではないけど、三月の出生届けと四月の出生届けの間にも相当なひらきがある。これは、従来の人口動態統計についてヘルプスさんが強く指摘して、「日本人というのは不思議な人種だな。一二月には子供はあまり生まれないけど、一月になるといっぱい生まれる。（笑）」なんてひやかすんです。

これは、出生証明書を届け出書に添付させるという形で、解決されました。これは、当時の措置として一つの大きな功績ですね。

田中　当時の日本の乳幼児死亡率が高く、それとの兼ね合いで、生まれてからすぐは届けないで様子を見てから届けるというケースがあったのかなという感じがするんです。

青木　昔は一般に数え年で年齢をいっていたから、どうしても一月にしたがるんですよ。一二月に生まれたとすると正月には途端に二つになっちゃうもんな（笑）。それから、三月、四月は学校の入学の問題ですね。早生まれ、遅生まれになって、それでもう違ってくる。そのようなことから、生まれた日を若干おくらせることが常時行われたわけです。また一つ、届け出期間を怠ると処罰されるもんだから、届け出にあわせて出生の日を書くことが一般的に行われていたんですね。

（座談会 1982: 455: 36–37）

フェルプスは事実と異なる出生年月日を届けていた日本人の慣習を問題視し、出生統計の正確性を期すために、出生証明書の添付を義務づけている。たしかに、社会的な事情で、事実と異なる出生年月日が届けられている点は問題である。虚偽の出生届という点では、当時、出生年月日だけでなく、実子でない子を実子と届け出たり、嫡出でない子を嫡出子として届け出たりすることがしばしば行われており、そのような点についても出生証明書の添付は大きな影響を与えたといえる。なお、虚偽の出生届に関しては、第4章の「身の上相談」においても関連する事例がいくつも登場する。

フェルプスは日本滞在中に精力的に活動しており、青木はその対応で手一杯だったようだが、戸籍法の改正要綱がまとまり、いよいよ改正法案の本格的な起草作業に入ることから、民事局では青木をフェルプスの担当から解き、戸籍法の改正作業に専念させている。

こうして、青木が戸籍法の改正作業を担うことになるが、その基本方針は「最小限度の改正」であった。

青木 基本としては、最小限度の改正に留めたいと。従来の戸籍制度は非常に完備したもので、その辺はなるべくいじらないで維持していこうと考えていました。つまり、戸籍制度としては、従来の戸籍制度との継続性を重視しなきゃならんから、そのときの思いつきであれこれ手を加えるべきものではない。また、あの混乱期のことですから、戸籍実務に負担を増すことは最小限度に留めていくべきだ。ということで法改正は家の制度の廃止に伴う手当てだけに、できるかぎり限定するという基本的態度をとったわけです。

（座談会 1982: 455: 44）

法改正を最小限度にとどめるというのは、いかにも消極的な態度だが、その理由として二点があげられている。ひとつが戸籍制度の継続性であり、もうひとつが実務負担である。なかでも青木は、実務負担の問題を重視していたとみられ、一九七七年の講演では次のように語っている。

私の申し上げたいことは、現行の戸籍制度への移行の際、その立案を担当し、また実際の運用面についていろいろ配慮するにあたりまして、一番考えたことは、明治以来施行されてきた従来の戸籍制度の良い面を絶対に阻害してはいけない、従来の良い面はそのまま新しい民法のもとにおいても、そのまま受け継いでいかなければならない、こういうところに私としても一番の基本をおいたのであります。（略）いわばそれを裏返しにいたしますと、新しい民法のもとで、戸籍として改正しなければならないものは改正しなければならないけれども、それ以上のことは手をつけない、従来の制度を踏襲していくという考え方で出発したのであります。また、事実、終戦後昭和二一、二年ごろは、物資は欠乏し財政は破綻しかけているという困難な時でしたから、かような時期に戸籍事務にとり大きな負担となるような変革ができるわけがないのであります。紙一つにしたって容易に入手はできないという時に、戸籍というものをそう大きくいじるということは、実務面からいってもほとんど不可能に近いといわざるを得ないわけです。従って従来編製して全国市区町村役場にある戸籍、除籍、それをそのままにおいてその効力を認め、それを直ちに書き換えるということは、絶対に避けなければならない。従来の戸籍はそのまま一応後々まで引き継いでいくという考え方でありました。（略）あの当時は、いま申し上げましたように、財政面、物資面また人手の面など、あらゆる点において非常に困難な時期でありまして、なるべく第一線の戸籍の担当の方々に、必要以上のご負担をかけるということは極力回避しなければならないというのが、当時一番考えたことであります。

（青木 1978: 4–5）

青木は戸籍の継承性についても言及しているが、なにより「第一線」の戸籍事務担当者の負担を懸念しており、これを「極力回避しなければならない」と述べている。戦後の「物資は欠乏し財政は破綻しかけている」という状況で、戸籍制度の大きな改正は実務面で不可能という判断である。青木が不可能と断言するにあたり、その理由として具体的にあげているのが、「紙一つにしたって容易に入手はできない」という状況である。紙の供給事情については第6章で詳しく検討するが、青木が戸籍法の改正作業に着手した時期は紙が欠乏していた時期であり、大幅な法改正を行えば、戸籍事務が立ち行かなくなると判断したのであろう。たしかに、物資が不足する当時の状況では、わずかな改正ですら現場には影響が大きい。そうした事務負担の現実を青木は重視している。そのような青木の考え方は、講演のなかで、「戸籍」の名称について語っているところからもわかる。

一例を申し上げますと、名前のことですが戸籍という「戸」の字、これは家の制度が廃止されたらおかしいのではないか。従来、戸主といっているように、戸というものはやはり民法の家と裏腹をなしている言葉ではないか。従って、戸籍というのを民籍とか何とかいうような名前に変更すべきであるという議論もその当時相当あったのであります。なるほど言葉というものを変えることによって、いろいろと啓蒙的な方面の意味もありますけれども、同時にまた事務を執る人達なり、国民のそれに対する認識なりというものに、非常に混乱がくるという虞もなきにしもあらず、さらにまたこの一字の変更による事務負担も無視できないと、さような意味合いにおいて、その名前もそのまま維持することにいたしたわけであります。

（青木 1978: 5）

青木は、戦後の改正時に「戸籍」の名称が批判されたことを話題にしている。第2章で取り上げた川島武宜らの「意見書」でも、「『戸籍』という概念は『家』単位を表わす用語であるから、戸籍法の内容を改正するのに伴ってその名称を改正すべき」と指摘されている（民法改正案研究会 1947: 6）。これは、「家」意識の撤廃という観点から、「戸籍」という名称が残ることを非難するもので、戸籍の「家」イデオロギー性を重視してのことである。これに対し青木は、名称変更による「啓蒙的な方面の意味」について理解を示しつつも、それ以上に、事務担当者や国民の間に「非常に混乱がくるという虞」の方を重視している。というのも、この混乱は主に戸籍窓口で生じることであり、それは事務負担に直結するからである。

このように、青木は「家」意識の撤廃よりも、事務負担を回避するほうが先決問題という考えである。たしかに、制度変更による戸籍事務の負担は計り知れない。実際の戸籍事務は市町村の担当職員によって処理されるが、それは戸籍法や施行細則のほか、夥しい数の通達・回答・指示、すなわち先例に基づいて行われる。この通達・回答・指示とは、現場の戸籍事務で疑義が生じた問題に対して、法務省から発せられるもので、その大多数は技術的に極めて細かい内容である。戸籍事務担当者はこれを厳格に適用して、事務処理を行わなくてはならない（青木 1951: 20–21; 高妻 1992: 139）。

そのほか、事務処理において重要なものとして、戸籍事務協議会の決議もある（高妻 1992: 139）。戸籍事務協議会とは、市町村の戸籍事務担当者の任意団体であるが、その歴史は古く明治時代に遡る。当初は名称もそれぞれで、最寄りのいくつかの市町村の戸籍事務担当者が互いの問題を研究しあう仲間内の研究会であったという。それが各地に広がり、管轄の区裁判所単位の戸籍事務協議会が全国の多くの地で結成され、さらにそれらが連合して、地方裁判所単位の連合協議会が結成されている。そのうち、最初に結成された連合協議会は、一八九八年、東京区裁判所管轄の協議会であり、東京戸籍事務協議会では以後、東京区裁判所判事の監督の下、毎月例会が開かれている。協議会でなされる決議については、一九一二年三月一九日付の司法省民事局通牒により、「必ず司法大臣の許可を得ること」が全国の裁判所宛に通知されている（池川 1958, 1980; 岩田 1997）。このように協議会は任意団体ではあるが、歴史的に司法行政と綿密に連携して発展してきており、司法省の許可を得て行われた協議会の決議は、実務上重要な意味を持つものとなっている(2)。

こうして、市町村の戸籍事務の現場では、これらの先例や決議に即して、複雑で細かい事務処理が行われる。当然、事務負担が限界を超えれば、人の身分関係という重大な事柄に問題が生じ、取り返しがつかないことになる。青木が事務負担の回避を最優先にするのも理解できなくはない。前述の講演での、「戸」の「一字の変更による事務負担も無視できない」という発言からもわかるとおり、青木は現実の事務負担に細心の注意を払っている。つまり、戸籍のイデオロギー面ではなく、戸籍事務の実態を見据えて、改正法案づくりにあたっていたということである。

(2) 当時の戸籍事務

① 戦災戸籍の再製と窓口の混乱

では、実際、戦後の戸籍事務の現場はどのようなものであったのだろうか。当時の戸籍事務担当者の回想から、戦後の実情を探ってみたい。

戦後の戸籍行政は、戦争の事後処理という課題を抱えてのスタートとなる。第二次世界大戦によって、市町村役場も全国的に戦禍を被り、かなりの戸籍簿や除籍簿が滅失している。民事局第二課によると、戦災による滅失戸籍は三五万七〇八一、ほかに簿冊一二二冊、滅失除籍数は確認されただけで一一万七八六五、ほかに簿冊二八一一冊にのぼる（法務省法務局 1967: 296）。よって、戸籍が滅失した市町村では、その再製作業に取り組まなくてはならない(3)。

また、戦後の戸籍整理も重大な課題である。戦争により死亡した日本人は三一〇万人ともいわれているが、戦中戦後の混乱のなかで、死者の届出や報告漏れも多く、他方で生存しながら死者扱いにされた事例もあったという。さらに、海外からの復員者や引揚者が七〇〇万人以上にのぼるが、その戸籍が焼失していたり、届出済みの戸籍の記載がなかったり、誤って記載されていたりして、国籍および身分関係を証明できない事例も多数あったという（横山 1999: 6）。

このように、戦災による滅失戸籍の再製、戦没者の戸籍の整理、復員者や引揚者の戸籍の整備など、戦後の戸籍事務は緊急性を要するものばかりである。なかでも、空襲により焼失した戸籍の再製は、まず取り組まなくてはならない緊急かつ重大な課題である。一九七〇年の座談会では、一九四五年三月の東京大空襲で焼失した戸籍の再製について、当時の戸籍事務担当者がその苦労を語っている。たとえば、東京都墨田区役所の場合、本所区（現在の墨田区役所本庁分）の全部の戸籍を焼失し、指導監督庁である区裁判所の地下室に保管してあった副本だけがかろうじて残った状態だったという。その戸籍再製の困難について、元戸籍課長の斎藤兆一は次のように語っている。

斎藤　戦災だもんですから、地方に逃げていった者が、焼失証明と戸籍の証明がなければ、配給がもらえない。それで、逃げていってもすぐ引き返してきて、戸籍の証明をくれという。だが、証明の資料が全然ない。それで、何回も監督区裁判所に集まりまして、いろいろ相談して、とにかく申し出をさして、当時戸主といっておりましたが、戸主の名前だけでもいい、生年月日がわらなくても、男か女かわかって、名前がわかれば、それだけでもいいから、それを証明してやろうじゃないかというので、まずそれから始まったわけなんです。だから、ほんとに戸籍があったものか、単なる寄留であったのかわからないんです。本籍があったものか、なかったものか、これらを承認するために残っているものは副本だけで、早く見出しをつくろうじゃないか。ということでまず、その仕事からかかり始めたわけなんです。かかり始めても、その当時担当する人がいない。若い者がみんないない。集まってくるのは年寄りばかり。「まるで養老院みたいに、年寄りばかり集めてどうするんだ」と、いわれたくらい、年寄りばかり集まってきたわけです。

そして当時、副本は裁判所から持ち出しできないということで、三人とか五人派遣して、筆頭者の名前だけを写しにいった。そしてこれは裁判所のを写したんだという証明をしてもらって、もってくれば戸籍の申出を受けつけよう。それまでに、一年ぐらいかかりましたね。
斎藤　申出によって受け付けろ、それによって証明をしよう。と、それからが苦労なんです。そうしているうちに、地方から弁当がけで出てきて、裁判所で写して、それで申出をするのが、容易じゃない。日が暮れて、帰るに帰れないから、役所に泊めて、ごはんを食べさせてくれというようなことになって、それで裁判所と相談して、戸籍の副本を貸してもらうことにしたんです。証文を入れて。
斎藤　とにかく最初、何から手をつけていいかわからなかった。まず見出しをつくる。それから申出をさすのに、副本を写して出すということが、再製の始まりといいますか、再製資料のもとになったわけです。それに、出生とか死亡、その他の身分事項を、本人の申告に基づいて、書き入れていったわけです。それから、少し時期が落ち着いてきてから、どこそこから嫁をもらったんだ、養子をもらったんだという申告がでてきて、そこから謄抄本をとらして、つけて出させるという具合だったんです。
何しろ数が多いもんですから、一々、それをとってこいとか何とかいっていると、終戦直後の混乱期で汽車に乗るのもたいへんだ、切符もなかなか買えないという時期なもんですから、申告に来たものも困るし、戸籍を受け付けておった区役所側のものも困るし、また、戸籍事務になれた人が兵隊にいったり、いろんなことでいないために、何にも（ママ）戸籍のことがわからない者を集めて、申告者が書いて出したものを一々点検さすというような状況で、再製をはかったんですが、こういう再製のやり方は特殊なもんだろうと思うんです。
斎藤　何といっても、東京の昭和二〇年三月の戸籍再製では、どこの焼失区でもなみなみならぬ苦労をしたと思います。

（座談会 1971: 298: 20–22）

斎藤の回想からは、戦災で焼失した戸籍の再製がいかに困難か、その苦労がよくわかる。再製の方法も手探りで、戸籍の申出を受け付けるまで「一年ぐらい」かかったという。その後も混乱は続き、最終的には副本を裁判所から借りることができたようだが、副本といっても定期的に改訂されていたわけではなく、正確な戸籍再製の根拠となりうるものではない。副本の写しをもとに、「出生とか死亡、その他の身分事項を、本人の申告に基づいて、書き入れていった」という。しかし、その申告も真実ばかりではなく、虚偽の申告も相当あったようである。斎藤は座談会のなかで、「その当時の代書はそれでずいぶんもうけたものです」「代書が相当あくどい申告をさせているのがあるんです。あとで調べてみるとみんなうそです」「おめかけさんを本妻にし、養子を長男にして申告したのがざらにありますよ」とも語っている（座談会 1971: 301: 12–13）。

このように戸籍の再製は困難を極めるが、他方、戦中戦後の混乱期のなか、配給をはじめ生活のために、人々にとって戸籍の証明は必須である。こうして、申請者は相当な人数であるにもかかわらず、戸籍事務の担当職員は徴兵や疎開で十分に確保できないというアンバランスである。「年寄り」や「戸籍のことがわからない者」を集めての事務処理では、「なみなみならぬ苦労」であったというのも理解できる。

焼失区の事情はどこも同様であり、戸籍担当者の苦労は相当なものである。再製のやり方は区によって差があり、東京都文京区役所はより厳格に再製作業を進めたようであるが、そこでもやはり窓口での混乱が生じている。元戸籍課長の橋尾寿治は、その様子を次のように語っている。

橋尾　最初に申告を受け付けるようになったのは昭和二〇年一一月頃と記憶します。他の焼失区に比し幾分内容的に厳格であったためか窓口での摩擦が多かったようでした。一例を挙げれば「本所では書いて出せばすぐなのに、ああだこうだとうるさい」とか、あるいは「おまえらに戸籍を預けておくと、すぐに焼いちゃうから、自分で保管する」とか、あるいは「やかましくてしようがないから、日本の戸籍なんかいらない」といって、かんかんになり未申告のまま東側入口から去り、暫らくたつと、西側入口から再び窓口に至り「やっぱり困るのは僕だから」と申告に協力して呉れるいきさつもありました。窓口ではその都度「やかましくいうのは皆さんのためなんだ。そうすることが結果的には、皆さんの利益につながるんだから」と、説得に努め申告書の受付に対処した記憶は忘れられない。

（座談会 1971: 298: 24）

文京区でも焼失後すぐに戸籍再製が始まったわけではなく、最初の申告受付は一九四五年一一月頃であり、空襲から約八か月が経過している。戸籍の証明を必要としている住民の苛立ちは、自ずと窓口の職員に向かうことになる。いかんともしがたい状況のなかで、住民と職員の双方の苦労がみてとれる。語られている例のように、住民の側に「やっぱり困るのは僕だから」といった認識があれば、戸籍の再製に協力も得られるが、必ずしもそうした住民ばかりではない。再製の苦労話として、橋尾は芸者の置屋の事例について語っている。

橋尾　以前は芸者は大抵養女として入籍していたようです。十何人ぐらいあるらしいんだが、民法改正後は養女は家督相続（ママ）がなくみんな遺産相続に関係をもつことになるが所在その他実方等全然わからない。顔も忘れたり、名前も忘れたようなのがみんな養女として入籍されていたのですから。焼失戸籍については全部入れて申告しなきゃならんけど、「わからん」というんでね。「わからん」じゃない、わかろうとしないんですね。（略）とにかく大きな芸者屋ですから、抱えるのはみんな養女になっているわけです。そうしないと、営業上差支えがあるやに聞いています。抱え子は大抵未成年者ですからね。いまになってみると養女が多く入籍しているということは養親にとっては厄介な問題を含んでいる。いざというときには皆、遺産を相続することになるから。従って完全な戸籍の申告が困難であるが止むを得ない。その他数回に亘り追加申告により戸籍を補正したが、まだおそらく全部まで至っていないと思います。

橋尾　二人や三人でないことはわかっているのだけれど、関係者は「わからん」と言うんですね。名前も忘れてよく判らないというのですから、大体、芸者そのものが親子の関係を結んだと思ってないからね。

（座談会 1971: 300: 25）

日本の養子縁組（普通養子）は元来、「家」のための制度であり、要件も緩やかで手続きも簡単であることから、戦前から養子縁組が便宜的に利用されていたようである。戦前の「家」制度においては、家督相続であったため、戸主となる子さえ確定していれば、他に法的親子関係が形成されていても財産上の問題はさほど生じない。しかし、戦後は家督相続が廃止され、全ての子が親の財産を相続することから、戦前に安易に養子縁組が行われたケースでは相続問題が起こる可能性がある。よって、養子についても戸籍に正確に記載することが必要であるが、養子縁組を悪用していたケースでは、当事者から協力を得ることが難しく、戸籍の再製はいっそう困難であったとみられる。

上述の斎藤や橋尾の語りからは、苛立つ住民から非難を浴びたり、虚偽の申請があったり、申請に協力が得られなかったりと、第一線で戸籍行政にあたる事務職員の苦労がうかがえる。いったいどのような心境でこのような仕事をこなしていたのだろうか。座談会では、当時の戸籍事務担当者としての不安と矜持、さらに悲哀が語られている(4)。

橋尾 戸籍簿が焼失し、申告を受けた当時の心境では、一体戸籍が今後引き続き必要となるだろうかという疑問があってね。

田代 はい、その点は同感ですね。

橋尾 私はどうなるか、今後の日本がどうなるだろうかという不安、虚脱感で一杯でした。隣には進駐軍の兵隊が衛生の関係でもう来ていましたからね。その上何かというとすぐやられるし、とても当時の雰囲気では日本はもう戸籍なんてどうなるかなと思ったものでした。それはとも角やるからにはやはり将来のことを考えこの際少々やっかいでもできるだけ内容の充実した戸籍の申告に専念した。また申告に来る人もそうなんで、「もう戸籍のような大切なものはおまえたちにはまかしておけない」なんというのがそのころの口癖、「自分の戸籍は自分で持っている」「負けた日本の戸籍なんかもういらない」なんて申告に協力しない者もあった。大体戸籍簿の焼失は役所の不注意で焼いたように一般では考えるんですよ。それで、すぐ簡単に申告できればいいけれども、ああだ、こうだ、やっぱりいろんな資料を求められるし、もうめんどうくさくなっちゃうんです。だから気の短いのはおこって逃げちゃう。逃げちゃうけれども、じゃどっちが困るかというとやっぱり自分が困るんですね。配給の関係がありますしね。だからまた思い直して来たりします。毎日の窓に《（ママ）》はとにかくけんかの連続でしたね。その衝にあたったのは私。もう若者にはまかしておけないんですね。窓口が混雑して仕事が進まないんですよ。

斎藤　あのときは区会議員なんかもずいぶんあくどいのもありましてね。紙切入《（ママ）》れにいろいろなことを書いて持ってきて、これはおれの知った人間だから間違いねぇんだから、これはやれ、というふうに突きつけておいて帰っていくのもございました。もうとにかく悩みましたね。担当者はいないし、やかましくはいわれるし、うしろでは区長が、なぜこんなに大ぜい人を並べているんだ、早くさばかんかと言ってやられますしね。もう全く、泣きつらにハチといいますけれども、ハチや、もうクマバチの騒ぎじゃないぐらい悲しかったですよ。

（座談会 1971: 301: 13–14）

当時、橋尾は文京区の戸籍課長として、前述のとおり、戸籍の焼失区のなかでもより厳格な手続きで再製に取り組んでいた人物である。しかし、その橋尾も国の将来に対する「不安、虚脱感で一杯」であったという。戸籍についても、「日本はもう戸籍なんてどうなるかな」と感じていたというが、それでも、将来のために「できるだけ内容の充実した戸籍」となるよう専心したとの心境を語っている。そこには、まさに「戸籍人」としての気概が示されている。「戸籍人」とは、正確な定義づけはなされていないが、単に戸籍事務を担当する職員をさすのではなく、戸籍に関する知識と見識、および戸籍制度の担い手としてのアイデンティティを持つ実務家という意味合いで、戸籍関係者の間で広く使われている言葉である。(5)

「戸籍人」としての自負がみてとれる橋尾と斎藤だが、戸籍課長という中間管理職の苦労はひとしおのようで、橋尾は役所の窓口は「とにかくけんかの連続」という状況下、若手職員任せにもできず、自ら矢面に立って住民対応にあたっている。また、斎藤は議員からの無理な注文や区長からの叱責などで、「泣きつらにハチ」どころではないほど「悲しかった」と心境を吐露している。

まさに、こうした現場での苦労を一身に受け止めた戸籍事務担当者の存在があり、戦後の戸籍制度が再出発したということである。

② 戸籍手帳のアイデア

このような戸籍窓口の状況を背景に、戸籍関係者の間から「戸籍手帳」というアイデアが出されている。戸籍手帳とは、戸籍謄本の内容が記載された携帯用の帳面のようなものである。制度化には至っていないが、藤沢市では実際に検討されていたようで、そのことが座談会でも話題になっている。(6)

田代　各人がみんな戸籍謄本を持つようにしたらいいと思うんです。(略)そういう制度がないものだから、戸籍がいったん焼失すると、国民の身分関係が分からなくなる。そしてそれが分からなくなると、それに乗じて、それにつけ込んでいろんな虚偽のことを申告したりして虚偽の戸籍を作らせる者も出てくるわけなんですよね。

橋尾　何か終戦後進駐軍総司令部のヘルプさん《（ママ）》だったかな、あれが来たころに静岡で戸籍手帳という案を出したことがあったですね。そしてみんなその戸籍手帳を持っていて、それで別に謄本なんかとらないでそれを提示して謄抄本に代えるというような方法です。ただあの当時紙だけでも相当な量を必要とする。

島田　藤沢市……。

橋尾　藤沢市か、そういうアイデアは実現しなかったけれどもね。そうした企画がなされる程、あの当時は戸籍の謄本を出すことはたいへんだったからね、ああいう戸籍手帳を自分が持っていれば役所にご迷惑をかけなくても済むのかもしれませんかね《（ママ）》。

（座談会 1971; 301: 17–18）

藤沢市で「戸籍手帳」のアイデアがどこまで具体化していたのか、また、試験的にでも実施されていたのかについては明らかではないが、橋尾も語っているとおり、当時、フェルプスも藤沢市の動きに高い関心を示している。戸籍手帳をアメリカの出生カードの日本版と考えたフェルプスは、司法省の戸籍委員会の第三回（一九四六年一二月一九日）でアメリカの出生カードについて紹介し、これと同様の制度を導入するよう提案している。

第三回司法省戸籍委員会（一九四六年一二月一九日）

ヘルプス氏　前回の委員会で誰かが国民全部に戸籍抄本のようなものを所持させてはどうかと提案したが、私が廻った一、二の市においても、これと同様の話が出た。（略）そこで差し当たり出生があった場合に、その届出をしたら、その子のために出生事項の外、学校に関することや職業関係等を記入する仕組にしたカードを交付するようにすればよい。（略）右のカードは、アメリカの出産証明書に似たもので、アメリカにおいては極くありふれたことである。アメリカではこれを出生カードと云っている。

（民事局第二課　1972–1973: 318: 34）

司法省の戸籍委員会については後述するが、フェルプスはその後の戸籍委員会でも出生カードについて説明し、制度導入を主張している。彼はこの委員会だけでなく、戸籍事務担当者をメンバーとする東京戸籍協議会でも出生カードを紹介するなど、出生カードの導入を熱心に働きかけているが、その狙いはこれにより人々に正確な出生届を出させることにある。東京戸籍協議会では具体的な検討もされているようで、例会の開催記録をみると、一二月の例会（一九四六年一二月二〇日）の欄に「当日、特に臨席したヘルプス氏から『アメリカのバース・カード制度』について、詳細な説明が与えられた」とあり、その後の例会では、出生カードと藤沢市の戸籍手帳があわせて討議されており、さらに翌年三月の例会（一九四七年三月二五日）では、このような制度の必要性について意見集約が図られている。(7) それによると、「戸籍法の裏付けのない限り、その必要なし」という意見が多いが、戸籍法で謄本・抄本としての効力が認められるという条件で、どのような形式にするかについては、「会員四〇名中、個人票を可とする者二六名、家族票を可とする者一二名、併用を可とする者七名」となっている。(8) このように、戸籍謄本と同じ公証力があるという想定では、個人単位が家族単位を大きく上回っている。この結果は、戸籍事務担当者からみても、身分関係の公証ツールとしては個人単位のほうが支持されている、と解釈することもでき、非常に興味深い。

フェルプスも個人単位の出生カードを推奨しており、第六回戸籍委員会（一九四七年四月二二日）で、「出生カードが完備すれば、簡単ではあるが、一種の身分証明の様なものになる」「入学や、配給の点を考えれば形式は個人的のものがよいと考えられる」と発言している（民事局第二課 1972-1973: 323: 55）。仮に個人単位の戸籍手帳、あるいは出生カードが導入され、これが戸籍謄本・抄本の代わりに日常生活で広く身分証明として利用されていたとすれば、次章以降でみる、戸籍をめぐる人々の苦労の様相も異なっていたかもしれない。

なお、フェルプスの主張した出生カードについては、第六回の戸籍委員会で継続審議になって以降、委員会の議事録にも記載がなく、そのまま立ち消えになったようである。同じく、東京戸籍協議会の開催記録にもその後、戸籍手帳の記述は見当たらない。いずれにせよ、この議論の発端が戸籍謄本の事務負担にあり、その対策として戸籍手帳のアイデアが実務家の間で真剣に検討されていたという事実は、当時の戸籍事務がいかに煩雑で、困難を極めていたかを示している。

③ 手作業の事務処理

そもそも当時の戸籍窓口の事務作業は、現在とは比較にならないほどの手間のかかる仕事であった。

前述のとおり、戦後の生活において人々は戸籍謄本・抄本を求めて窓口に押し寄せるが、いうまでもなく、その発行はすべて手書きの作業である。たとえば、当時の東京都港区の戸籍担当者は戸籍法五〇周年の記念誌に、「戸籍原本は、旧法時の大家族構成そのままで、その枚数（平均二・九枚）が多く、加えて謄本請求部数も多い場合もあり、墨壺、ガラスペン使用の手書き、又はカーボン複写による作成とあって、即日交付など、とても不可能で、戸籍抄本で三日、戸・除籍謄本などは一週間から二週間近くかかっていました」と綴っている（西村 1999: 1117）。そのような状況は全国どこでも同様だったようで、一九九一年の座談会では、東京都中央区、小樽市、名古屋市のかつてのベテラン戸籍事務担当者が思い出話として、次のように語っている(9)。

堀　能率面では、戸籍の謄・抄本を書くとき、数枚の請求があった場合には、カーボンで一生懸命書いていましたね。（略）ところが、謄本がいまと違いまして、一戸籍に一〇枚ぐらいあるのもありますからね。これを五通だ、六通だとなると、それこそ一人で書いていても何時間もかかるような状態でしたね。
清水　当然謄・抄本を請求したときには、請求して何日後に取りにいらっしゃいと、こういうことですね。
堀　まず、受付けますね。その状況を見まして、ひどいときには二週間とか、一五日とか、最初のときは二〇日ぐらいのときもありましたよ。
中山　確かに、毎日私どものほうでは、前日に受け付けた十数件、あるいは二十何件の戸籍謄・抄本の申請書ですね。それを全員に割り振るわけですね。で、翌日記載する。多い日は、五枚、六枚書いておりますと、ほとんど午前中が過ぎてしまいますね。

（座談会 1991: 581: 31, 33, 35）

謄本・抄本の作成に要する時間と労力の問題は、彼らの回想だけでなく、地方行政調査の報告書にも記録されている。一九五〇年五月に実施された神奈川県愛甲郡厚木町の行政事務実態調査の報告書をみると、謄本・抄本の作成に関して、「謄本については平均一件一時間、抄本については一五分位を要するが中には一戸籍の登載人員三五人に上るものがありこのような戸籍謄本を作成するには約三時間を必要とするとのことであった」と記されている（地方行政調査委員会議事務局 1950: 68）。このような転写の作業を戸籍事務職員は窓口対応をしながら行うことになるが、窓口での届出受理の様子も現在とは異なる。同報告書では、「多くは窓口で記載する者が多く、その説明指導に多くの時間を要する。届出書の大部分は本人が記載するが口頭の場合があり後者の場合には口頭を筆記し、記入し終ったとき朗読して聞かせ捺印せしめる（一日二、三件あり一件で四、五〇分とられることがあるという）」と説明されており、窓口業務の多大な負担がみてとれる（地方行政調査委員会議事務局 1950: 61–62）。

このような戦後の戸籍事務の現実を勘案しながら、青木は法改正の作業を進めていたものとみられる。

2 改正作業の過程——難題と緊急事態

(1) 心血を注いだ改正作業

先にフェルプスが出生カードの導入を提案した場として、司法省の戸籍委員会について言及したが、この委員会はＧＨＱの要請を受けて、民事局内に設置されたもので、一九四六年一〇月二四日から開催されている（和田 2010: 220）。委員は関東地区の戸籍実務家で、具体的には区裁判所の戸籍管轄の判事および書記、市（区）役所の戸籍課長などである。委員会には参列員として、司法省民事局の第二課長および事務官、内閣統計局の人口課長など、戸籍に関わる政府関係者も出席している。

委員会は全一九回開催されており、このうち第九回までが改正戸籍法の成立前、すなわち、改正作業中の開催である。青木は初回から六回までは民事局の事務官の立場で、第七回から第九回までは第二課長として毎回出席しているが、自身が手掛けていた戸籍法改正案や規則案については、この委員会の審議にかけていない[10]。その理由について、青木は一九八二年の座談会で次のように語っている[11]。

青木　戸籍法や施行規則の制定の過程において第一線の実務家の意見を徴するということについては、戸籍委員会を通じてはやっていません。

田中　そのようでございますね。

青木　戸籍委員会へはただその結果を報告するぐらいの程度で、立法過程における協力を願ったのは戸籍委員会ではなしに、また別途の人達にお願いしました。というのは戸籍委員会はヘルプスさんのお声がかりで造られたものですが、戸籍法本来の改正は民法の改正とともにリーガルセクションの所管です。ぼくとしては、これについて戸籍委員会を通じて横からヘルプスさんが介入してこられるのを、できるだけ避けたいという気持ちがあったのです。

（座談会 1982: 455: 42）

青木は戸籍委員会がフェルプスにより設置されたものであることから、GHQの公衆衛生福祉局所属で人口動態統計担当のフェルプスが、GHQ民政局所管の戸籍法の改正に介入してくるのを回避するため、戸籍委員会にはあえて法案や施行規則案を諮っていない。そもそも、この委員会は戸籍委員会という名称ではあるものの、設置自体が人口動態統計の運用を検討するためであったようである。

青木　戸籍委員会ができるころは、人口動態統計に対する法令その他の処置は大体済んでいるんです。これは原さん（民事局第二課長）が中心になってやられていたわけですけど、それが大体落ちついたころになってヘルプスさんが、その具体的運用について統計関係の方も一緒に入れて実務家の意見を聞くということで戸籍委員会の形をとってきたわけです。

（座談会 1982: 455: 38）

青木がフェルプスの介入を嫌う背景には、戸籍法の改正前からフェルプスが人口動態統計の整備を理由に、戸籍事務が扱う届出の変更に乗り出し、事実上、戸籍制度に強力に介入してきていたからである（青木 1978: 9）。青木は、実務家向けに執筆した、戸籍法改正に関する解説記事のなかで、「昨年（一九四六年―下夷注）七月における出生及び死亡届の届出地限定の措置以来、出生・婚姻・離婚及び死亡の四届出の様式の制定、出生届と食料配給、死亡届と埋火葬認許との結び付け、出生及び死亡届の完全性調査、現地指導官制度の樹立等、やつぎばやの諸改革によって、戸籍事務はますます複雑多岐たらしめられ、その間法制上においても戸籍法の数次に亙る改正を見、正に、戸籍は人口動態統計の側面からも、その面貌の一変を余儀なくされて来たといっても過言ではない」と記している（青木 1948: 5）。ここには、青木の不愉快な思いがにじみでている。このような経験から、青木は、フェルプスによって戸籍制度の根幹や戸籍事務が歪められることを警戒しているのである。

そのため、戸籍法の改正案や施行規則の改正案は、青木ら法務官僚が起草し、ベテラン実務家に必要なアドバイスを求めながら作られている。その作業のなかで、青木が最も重視していたのが、施行規則や戸籍記載例の改正である。青木はその様子を次のように語っている。

青木　民法の審議のほうが先ですから、その間に二課では、施行規則、記載例の検討に入りましたが、このほうが大変なんです（笑）。記載例となると、全面的にすっかり書きかえなきゃならん。ぼくの手帳では二月一二日ごろから十日間。そのときに実務家の方にお願いしたのは西井さんと上野さん、これは戸籍事務第一線のOBです。それから裁判所からは河合判事と落合事務官。それから民事局のベテランOBである赤塚さんらと、それから二課の皆さんのメンバーで施行規則、記載例の審議に入りました。[12]かなり苦労して、十日間ほとんど連日協議をしました。

ところが、二月二六日ごろに、私的なことを言うようだけど、ぼくはかぜをひいちゃったから、寮で休んで記載例の全体の整理を始めたんです。これがまた大変で、連日夢中で夜遅くまでやっとったもんだから、とうとう高熱が出て頭が上がらなくなってしまった。医者に診てもらうと肺炎だというんで、三月六日まで寝ていたんですよ。司令部の関係も気になるし、落ち着いて寝ていられなかったんだけど、しようがない。

（座談会 1982: 455: 45）

青木は施行規則や戸籍記載例の改正を重視しており、その作業を戸籍を管轄する区裁判所の判事や書記官、および戸籍事務の実務家とで行っている。その実務家とは、全国戸籍事務協議会の発足時から活躍していた西井昌司と上野為友である。西井は「戸籍の神様」、上野は「『戸籍』誌の名編集長」と称される人物で、戸籍事務に精通したベテラン中のベテランである（岩田 2010: 7）。当時、彼らは法務省から依頼を受け、東京都嘱託の立場で数十日間、法務省に通っていたという（座談会 1956: 88: 14-15）。ようするに、改正案の作業はすべて民事局内で行われたというわけである。

青木はこの作業に心血を注ぎ、肺炎になるほどの労力をかけているが、そのことは一九五六年の座談会で西井と上野が語っている。

西井　また、施行細則の方の起草に移られた時、青木さんは記載例については非常に苦心をされたのです。当時青木さんがたまたま病気になられて、風邪だったと思いますが、一時は四〇度からの熱を出しておられるときに――。
上野　記載例が天井に写ったというようなお話を――。
西井　寝ているときに記載例が天井にくるくるまわっておったというお話を聞いて、いかに記載例に心血を注いでおったかという事を、私も考えさせられたのであります。
（座談会 1956: 88: 15）

青木は、実際の戸籍制度の運用においては、戸籍法よりも施行規則や記載例のほうが重要になることから、その改正案作りに相当の力を入れている。そのことをよく示しているのが、過労で肺炎となった青木が、療養中も「記載例が天井にくるくるまわっておった」というエピソードである。戸籍事務のベテランである西井と上野は、改正作業にあたる青木の態度を高く評価し、「いかに記載例に心血を注いでおったか」と称えている。

このように、施行規則や記載例の改正には、膨大な労力を要しているが、それは青木が戸籍と戸籍の間に「つながり」をつけることを重視したためである。青木は一九七三年の講演で、次のように回想している。

現行戸籍法制定の際、この記載例を作るに当っては、たいへんな苦労をいたしました。あらゆる場合を想定して各人の戸籍上のつながりを失うことのないように細心の注意を払わなければならないからです。新憲法の施行も迫って、夜昼ぶっ通しで一週間かかりました。お陰で疲労のため高熱を発して十日ばかり寝込む仕末となりました。ようやく出勤すると、民法の改正は新憲法施行まで間にあわないから一時応急措置法でつなぐと告げられ、その間、戸籍関係は通達でまかなうほかありませんから、今度は長文の通達を起草するのに没頭するといった、まったくの苦難続きでした。

（青木 1974: 61）

青木はどのような場合であっても戸籍で身分関係がたどれるよう、各人の戸籍上のつながりをつけることに相当の苦労をしている。前述のとおり、起草委員の我妻は戸籍に相続人確定の機能を求めたが、青木も戸籍を身分登録簿と捉えており、身分公証手段としての機能を強く意識している。そのため記載例でも、親族関係のつながりが切れないよう苦心しているのである。新憲法の施行を控え、それに間に合うように、青木はこの作業を「夜昼ぶっ通しで一週間」行っている。しかし結局、民法改正が憲法施行に間に合わず、そのため戸籍法の改正も先延ばしされることになる。

(2) 民法応急措置法に伴う緊急対応

①「長いことで有名になった通達」による対処

戸籍法の改正とその運用が新民法に間に合うよう、肺炎になるほどの激務で改正作業を進めた青木としては、民法の改正が遅れることに納得がいかない。病気明けで登庁した青木は、その時のことを次のように語っている。

青木　それで三月七日に役所へ出ると、すぐ民法調査室の小澤さんのところへ飛んで行ったら、そのとき大変な話を聞きました。民法の改正はもうだめだと（笑）。司令部としては、新憲法施行に間に合うように民法の改正の検討をするのは不可能だ、といっているという話なのです。ぼくは困っちゃって、小澤さんに食いつきました。民法は何か簡単なものを作って若干の期間はごまかせるかもしれないけど、戸籍の実務のほうはそれではごまかせんぞと。しかし、これはもう幾ら言っても仕方のないことです。

（座談会 1982: 455: 45）

民法改正の延期を知った青木は、民法調査室の小澤文雄に激しく抗議している。民法調査室とは、司法省民事局で民法改正作業の事務局的役割を担っていた部署である（和田 2010: 10）。青木は小澤に対して、民法は「何か簡単なもの」でごまかせても、「戸籍の実務のほうはそれではごまかせん」と食いついたというが、これは新憲法下で戸籍実務の運用をどうするのか、という青木の切実なる訴えである。戸籍の窓口業務は止められないのであり、日々、住民が提出する出生届や婚姻届を受理し、戸籍の事務処理をしなければならない。当然ながら、新戸籍法とそれに基づく施行規則や具体的な記載例がなければ、現場は大混乱となる。

しかし結局、民法改正が憲法の施行に間に合わないため、一九四七年四月一九日、民法に関する応急措置法が公布される。これが、まさに青木が小澤に発した「何か簡単なもの」に相当するが、そこに戸籍に関する規定はない。その状況を青木は次のように語っている。

青木　民法の応急措置法については、民法調査室でその後も検討して、骨子の網羅的なものを固めてきたわけですが、私としては戸籍については政令で決めることができるという規定を応急措置法に一本入れてもらいたいという要求を出したんです。戸籍の扱いについて政令できめていけば、かなり根拠のある処置ができるからです。ところがあくる日の三月一一日に司令部から、あれはだめだ、政令で規定することはまかりならんと（笑）。

青木　とにかく政令に書けるぐらいにしてもらわないと、戸籍は一体どうしたらよいのかとかなり強く言ったんだけど、司令部では、政令にして何を書かれるかわからんという不信感があったのでしょうね。しかし、そうなったらいよいよお手上げですよ（笑）。とうとう通達だけでやるほかしようがないと観念しまして、通達の起案にとりかかりました。なるべく簡単にと思って書き始めたが、あの問題もある、この問題もあるということで、やればやるほど通達が長くなってね。結局、長いことで有名になった通達ですが、あれでもかなりはしょるつもりで書いたんですよ。

（座談会 1982: 455: 45–46）

新憲法が施行される以上、戸籍法が改正されるまでの間、戸籍事務の運用のための何らかの法規が必要になる。青木は民法の応急措置法のなかに、戸籍については政令で定めるという規定を入れるよう、強く要請したようである。しかし、GHQには認められず、通達で対処するしかなく、「長いことで有名になった通達」を出すことになる。これが一九四七年四月一六日付の民事甲第三一七号である。青木はこの通達をもとに、緊急事態に懸命に対処しているが、その様子は次のとおりである。

青木　三月三一日には応急措置法は成立していますね。その間に今の通達の方をやって、さっき申しました西井さん達と協議しながら四月二日に最終案を書き上げました。そして四月四日に奥野局長に報告し、局議をして、原案で決定してもらい、日付は四月一六日付けになりました。ただ発送は四月一九日ですね。さっき言ったように毎日新聞社で印刷をしてもらって全国に流したわけです（注、当時の記録によると約一万三〇〇〇通を全国に配布している）。この通達は、市町村の第一線の人達に新憲法施行と同時に運用してもらわなければならんので、それをよく理解していただくための余裕と期間が欲しかったわけだけど、憲法施行日は不動ですから、やむをえないことでした。当方としてはこれでも可能なかぎり急いだつもりですよ。そして四月二八日に裁判所の民事実務家会同を開いて、説明をし、それをまた市町村に伝えてもらうということで新憲法の施行を迎えたとこういうわけです。

（座談会 1982: 455: 46）

青木は通達を西井らベテランの実務家に相談しながら、急ピッチで仕上げている。そして、四月一六日付の通達を四月一九日に発送し、四月二八日に裁判所の民事実務家会同で説明を行い、市町村に伝えてもらうという段取りで、差し迫った新憲法施行に間に合わせている。まさに時間との戦いという様相である。

いうまでもなく、通達は全国の窓口に必ず必要なものであり、そのすべてに届けられていなければならない。その数は相当のものであり、座談会の青木の発言記録には、「約一万三〇〇〇通」と括弧書きで注が加えられている。四月一六日付の通達を三日後の四月一九日に全国発送するというスケジュールは、現在からみてもかなり無理があるものである。この短期間での大量印刷と全国配送は、毎日新聞社が行っている。それは、戦後すぐの届書（出生届、死亡届、婚姻届、離婚届）の印刷と配送を毎日新聞社が担当したことに由来する。

これにはフェルプスが関係している。終戦後、フェルプスが詳細な届書を求めたために、従来の届書が大幅に改訂されたが、その印刷配布という困難な事業を毎日新聞社が請け負っていたのである。その事情を青木は次のように語っている[13]。

田中　当時の届出の書式を見ますと、こんなにまでというぐらいずいぶんいろんなことが書かれておりますね。

青木　ずいぶんネゴシエーションもしたわけですよ。何でそんなものが必要かと。こっちは項目をできるだけ少なく整理したいということで一生懸命なんだけど、ヘルプスさんはあれもこれもと項目を打ち立ててくるもんだから（笑）、そこの一項目一項目のネゴシエーションは大変なもんでした。

伊井　だから、届出事項は、ちょうどいまの新聞紙くらいの大きさのやつにびっしりいっぱいありましたね。

青木　そうです。そのうえ、ヘルプスさんが今日でも考えられないようにその施行を性急に急がせるもんだから本当にまいってしまいましたね。あの届出用紙を全国に配るのは大事業だったんです。

青木　当時、用紙は全部割り当て制ですから、あれだけ大量の用紙の割り当てを受けることは大変なことです。しかも大蔵省の印刷局では手早く印刷できないんですよ。それで、どこかの新聞社の高速輪転機で印刷してもらうしかないということで。

伊井　毎日新聞社です。

青木　そう、毎日新聞に印刷してもらうという話になった。それで当方で割り当てを受けた用紙を廻して印刷をお願いしたわけです。そして発送についても、こちらの手で発送したんでは一〇月の施行までに間に合わんもんだから、毎日全国に発送する新聞のルートに乗せてもらった。だからサッと短期間に全国の市町村役場に配布できたんです。普通だったら、忙しい新聞社がそんなことを引き受けてくれるはずないわけで、その点、毎日新聞社には本当に感謝したものです。ただ新聞社も当時新聞用紙が不足していました。しかも輪転機で印刷中に刷り損ないによるロスが一%から二%出るらしいんです。そこでこっちが印刷してもらう分については、そのロスの見方を多くしますということでお引受けいただいた事情もあります。

青木　あの四つの届書で、しかも七カ月分相当のものを全国市町村役場に一せいに送ったけど、大変なボリュームですよ。

田中　そうでしょうね。しかも紙の質が悪い時代ですから。

青木　しかも新聞の配給ルートに乗せたもんだから、実に的確迅速に行ってね（笑）。おかげであのときは助かりました。応急措置法のときに長い通達を書きましたが、それを裁判所を通じて市町村に流すのにまた印刷をするのは大変な手数なもんだから、中央から全国の市町村まで行く部数を一括して送る必要が生じました。これも届書の印刷を頼んでいるから、「ついでにこれも」と言って、毎日新聞社に印刷してもらって送ったわけです。

（座談会 1982: 455: 38–39）

こうしてみると、フェルプスが発する難題を介して、毎日新聞社との関係性ができていたことで、応急措置法に対処するための通達の大量印刷と全国配布という、まさに緊急課題をクリアすることができたというわけである。毎日新聞社がこれらの届書や通達の印刷を請け負った事情からは、深刻な紙不足の実情がみてとれる。このエピソードは当時の紙問題の重大さを物語るものでもある。

②　「家」を「戸」に置き換えるという手法

こうして間に合わせた通達だが、それはどのような内容だったのだろうか。通達の発送後に開催された四月二八日の民事実務家会同で、民事局長の奥野健一は、民法応急措置法の要点について説明した後、これに対応する戸籍についても触れている。そのなかで奥野は、「家」および家督相続に関わる届出や取扱いがなくなるのは当然だが、「その他の点については、すべて従前通りの取扱を踏襲」するとの方針を示したうえで、「戸籍は、極めて技術的なものであることと全国的統一を要すること等に鑑み、今回細目に亙る取扱を一定してこれを指示し、その趣旨の徹底を図り、過渡的混乱を惹起することのないように」したい、と述べている(14)。

つまり、現場の混乱回避のために、細目にわたる詳細な通達が出されたが、そこに示された戸籍の扱いは、ほぼ従来どおりということである。実際、通達は「家」を「戸」、「戸主」を「戸籍筆頭者」に置きかえたものになっている。まさに「家」制度が戸籍制度として生き残った形であるが、座談会でその点を問われた青木は、次のように応じている。なお、質問者は、第1章で個人単位論者として紹介した島野穹子（座談会当時は民事局第二課補佐官）である。

島野　応急措置法下では、戸籍法の手当てとしては、「家」というのを「戸籍」に置きかえられたわけですね。民法上の家があった当時は、例えば婚姻によって女が男の家に入っていたのを、応急措置法下では、女が男の戸籍に入るということでずっと処理をされたと理解しておりますが。

青木　いわばそういうことですね。家というのはなくなっているけど、戸籍はなくなっていないんで。だから通達にも書いたと思うんですが、従来婚姻によって動いていたのは同様に認めていくと。だけど引取入籍とか親族入籍というのは応急措置法では認めないということですね。あのときは、通達でやるんだから、最小限度のことしかできませんでしたね。

（座談会 1982: 456: 30）

たしかに、まだ民法も改正されていない段階であり、応急措置法で「家」制度の廃止は明示されたものの、そのなかに戸籍に関する規定は何もない。こうした状況において、政令ではなく、民事局の通達で行うという制約から、条文の「家」という文言を「戸」に置き換える程度しかできなかった、という説明である。青木は一九五一年の自著においても、「応急措置法においては、民法の個々的条文の改正を行わず、また戸籍法についてはその改正を後日に期待してなんらの立法的措置を講じなかったのである。そのため、戸籍事務の処理については暫定的に旧来の取扱を踏襲することによってその混乱を防ぐほかなかった」と記している（青木 1951: 3）。

このような経緯から、内容には問題が残るものの、この通達が出されたことにより、戸籍行政の第一線での混乱が回避されたのは事実であろう。青木に協力した実務家の西井は、一九五〇年代半ばの座談会で当時の状況を次のように語っている。

西井　御存知の通り、憲法ができてから、これが五月に施行される。そこで、この手続法も、戸籍法もすっかりかえなくちゃならないということになっておったのですが、当時、実は私と上野編集局長とは、法務省の依頼で、数十日間法務省へ弁当持ちで通っておりましたので、多少その間の消息がわかるのです。ところが憲法を施行する間際になってから、（略）五月三日には間に合わなかった。そこで、急に応急措置法をつくった。（略）中味は条文が約十カ条、これで戸籍の事務の全体をまかなわなければならないということは、実務家は非常に困る。（略）そこで、特にこの急場を救うために、長い訓令が出たのです。民事甲三一七号という非常に長文な、しかも法律の解釈をきめたり、その適用を除き又は条文の読替えをした前代未聞の通達が発せられたのです。これでまず第一線は非常に助かったと思うのです。この議案には、当時の民事局第二課長の青木さんが非常に苦心されました。上野さんも、私も、この中のある項目については、御相談を受け、あるいは意見を述べたこともありましたが、とにかく、ああいうりっぱな訓令が出ましたので、まずもって一応第一線の仕事ができたということが、言えるんじゃないかと思います。

（座談会 1956; 88: 14–15）

内容はともかく、法律の解釈や条文の読み替えを行うという「前代未聞の通達」が出されたことで、「一応第一線の仕事ができた」という。西井の言葉からは、この通達が窓口担当者には貴重な手引きとなったことがよくわかる。新憲法の施行日は五月三日であり、通達の到着はまさにその直前である。新憲法の施行前後も窓口業務を休むことができないなか、届いたばかりの通達をもとに新憲法下の業務に対応した戸籍担当職員は大変なものである。

そのような実務家達の努力は、戸籍の実務雑誌からもみてとれる。たとえば、『戸籍研究』の第二号（一九四七年三月）には、東京区裁判所判事の河合が「戸籍事務切り替えの鳥瞰図」と題して、応急措置法の施行により五月三日以後変更となる戸籍事務の要点を「心得帳——七か条」にまとめ、戸籍事務担当者に向けてわかりやすく説明している。続く第三号（一九四七年五月）でも、「民法措置《（ママ）》法と戸籍」の特集が組まれ、戸籍事務職員向けに通達の内容が解説されているほか、表紙には、改正による事務の重要ポイントが一目でわかるよう、「廃止となる届の一覧」が大々的に掲載されている。なお、通達の解説記事では、「結局、『憲法や措置法に反しないように……』というだけで、突き放されたも同然。それでは不案内の山中を独り歩きさせられるようなもので、目指す頂上は見えていても、危っかしくて足が進まない。そこでせめて要所にだけでも標識を立てて、道しるべにしようというのが、今回の型破りの

長い通達となったわけである」と戸籍担当者からみた通達の意味合いが記されている。(15)

また、東京では戸籍協議会が研修を行っており、西井によると、「応急措置法ができると、東京都内の区役所の担当吏員全部と、それから郡部の吏員全部を集めて、研究会を催したのでありますが、それで不完全ながらも一応徹底した」という（座談会 1956: 88: 15）。こうした実務家達の自助努力は、明治時代から協議会を結成し、長年にわたり自主的に戸籍事務の研鑽を続けてきた伝統と、そのなかで受け継がれてきた「戸籍人」としての誇りによるといえる。

さて、青木の戸籍法改正の基本姿勢は、第一線の事務の混乱回避であるが、こうして、応急措置法が施行されている間は通達により、旧来の戸籍の扱いをほぼ継承することで、事務の混乱を回避したといえる。

3　ＧＨＱ提案に対する抵抗――家族単位の死守

(1)　東京一極管理の拒否

応急措置法が成立した後、司法省はＧＨＱとの間で、民法改正案と戸籍法改正案について協議を行うが、それとは別にＧＨＱとの間で戸籍をめぐる一つの出来事が起こっている。その正確な時期は明らかではないが、戦後来日したＧＨＱの顧問団から戸籍について提案があったというのである。(16) 青木はそのことを一九七三年と一九七七年の講演でそれぞれ次のように紹介している。

戦後二、三年たったとき、米国からＧＨＱの顧問が来日し、戸籍について一つの改革意見が出されたのであります。それは、今のように全国の市区町村役場でばらばらに戸籍事務がとられているのは非能率、不合理だから、英米のように日本でも東京一カ所に集中しろ、財政的にはＧＨＱができるだけバックアップするであろうというのであります。これにはわたくしたちも驚き、さっそく、その受け入れ難いゆえんを説いて、陳弁これ努めたわけであります。すなわち、全国の戸籍関係の簿冊を容れるためには、想像もつかないほどの大きな建物が必要だし、それに全国四万にも上る戸籍関係職員をどうするか、とても実行不可能である。それに国民としても身近の市区町村に自分の戸籍をおきたいという要望があるのを無視すべきではない、と反対したわけであります。しかし本籍地というものに対し国民の一部に現在も強い執着心のあることについては、とても先方には理解してもらえそうにない事柄ですから、これは差し控えたように記憶しております。結局、この改革意見は顧問団の意見ということにとどまり、ＧＨＱ自体の意見に高まることなく、沙汰やみとなりました。

（青木 1974: 59）

むこうの方では、それぐらいの物的、人的な面はそれ相当の手当さえすれば、絶対不可能なことではないではないか、つまり、やろうと思えばやれぬことではないではないかと、いろいろ話がありました。しかし、私としては、そのほかに、さらに重要なこととして、さようなことになれば国民から戸籍を引き離してしまうという結果になると感じたものでした。いわば、国民の身近なところに戸籍が置かれて、その事務が執られているということによって、初めて戸籍が国民のものの戸籍になっているのであって、それを切り離して東京に一個所に集中するとなると、それは一面では合理的なところもあるかもしれないが、反面いろいろ重大な障害が沢山でてくることは、明らかだと思ったわけであります。幸にしてこの提案は先方でひっこめていただきまして、正式のＧＨＱの意向とはならずに、すんでしまいました。

（青木 1978: 10）

青木はＧＨＱ顧問団から、東京での戸籍の一括管理という提案を受け、思いもよらないことで驚いたという。アメリカ側の主張は、戸籍事務の効率性、合理性という点にあり、そのために必要な財政的な手当もするという。青木は戸籍を収容する建物や事務処理の人員の問題をあげて反対しているが、顧問団は「絶対不可能なことではない」「やろうと思えばやれぬことではない」と、一極管理を強く求めている。青木も相当粘ったとみえて、最終的には顧問団のほうが断念したようである。

青木は顧問団に対し、建物や職員の問題のほか、「身近の市区町村に自分の戸籍をおきたい」という国民感情もあげて抵抗している。このことを戸籍事務の効率性や合理性よりも重視しており、「国民から戸籍を引き離してしまう」ことになると、「いろいろ重大な障害が沢山でてくる」と確信している。講演での語りからわかるとおり、一部の国民の本籍地に対する執着心も含め、戸籍に対する国民感情こそが、青木が一括管理に反対した最大の理由である。

しかしそれは、青木が、国民の「家」意識を温存しようと意図していたからではなく、人々の戸籍観念にそぐわない制度改正は、結果的に戸籍制度の運用に支障をきたすことになる、と考えていたからであろう。身近な市区町村での戸籍の運用は人々の生活に定着しており、東京一括管理はそれを劇的に変化させることになる。そうすると、一括管理を受け入れがたい人々と市区町村の現場職員の間に軋轢がもたらされる。さらに、人々の戸籍に対する信頼感や公証ツールとしての戸籍の利用に変化が生じる可能性もある。そうなると、戸籍の身分公証としての機能が失われていくことにもなりかねない。東京一括管理が及ぼす制度運用への影響を考え、青木としては譲れなかったのであろう。

また、青木が全国四万人の戸籍担当職員の処遇に触れている点も見逃せない。戸籍事務は細密で複雑な問題が多く、その対処には経験を有することから、市区町村の戸籍担当者のなかには役所内で異動せず、事実上、戸籍事務に専従していた職員も少なくなかった(17)。戸籍制度がこれらの戸籍担当職員によって支えられてきたことは、青木も十分認識していることである。法改正の表舞台には現れないこの顧問団のエピソードからも、戸籍行政の第一線の現場を重視する青木の基本姿勢がみてとれる。

(2) 個人単位の拒否

司法省とGHQとの戸籍法改正法案に関する交渉は、民法改正法案についての交渉が終わったあと、一九四七年八月八日から同年一一月七日まで一五回にわたり行われている(18)。会議に出された司法省の改正法案では、戸籍の編製単位は「夫婦及び民法の規定によってこれと氏を同じくする直系卑属」となっている(19)。会談録によると、交渉ではこの編製単位をめぐって、「三代戸籍」と「個人単位」が議論になっている。

まず、三代戸籍についてみると、GHQは親、子、孫の三世代が同籍となる問題を追及し、「家」の徹底的廃止という観点から、「三代戸籍の禁止」を強く要請している。たとえば、親の戸籍に入ってい る未婚の子が婚外出産をすると、生まれた婚外子も同じ戸籍に入り、親、未婚の子、その婚外子という三世代の戸籍になるということである。それに対し、司法省は三世代が同籍となる可能性を認めたうえで、子が未婚出産した場合には三世代が同居するのが日本の家族の実態であり、戸籍は実態に合うものにしたい、との考えを示している。そのほか、紙や手数といった物理的事情も理由にあげて、法案への理解を求めている。最終的には司法省がGHQの要請に応じ、「三代戸籍禁止の原則」をうたった条文が追加されることになるが[20]、この交渉の過程で注目されるのは、GHQと司法省の双方が個人単位に言及していることである。まず、第二回、第三回のトーマス・ブレイクモアと司法省側、第六回のアルフレッド・オプラーと司法省側の会談録に、次のようなやりとりが記されている[21]。

戸籍法改正法律案に関する総司令部政治部係官との会談録

第二回一九四七年八月九日

ブ　孫が祖父母と同一戸籍内に居るという状態は生ずることがないか。

司　原則としてさような状態は生じない。しかしながら、例えば、女の子が生んだ私生子はその女の子の両親と同一戸籍に入る。

ブ　そのような状態は「家」の名残ではないか。戸籍は、どうしても親子を単位として編成すべきものと思う。

司　当方では、戸籍を社会生活の実態になるべく合わせたいため、必ずしも親子を絶対の単位とすることをしなかった。

ブ　前に述べた通り、社会生活の実態に合うかどうかは、いずれの方法をとっても大差はない。徹底するとすれば、各人毎に戸籍を作る外はない。そこまでしないのならば、なるべく「家」の名残を払底して誤解を招かないようにしておくべきである。

司　この点は、新しい戸籍制度の根本的な重要な問題であるから、にわかに解答し得ない。更に考慮研究する。

第三回一九四七年八月一一日

ブ　封建的な田舎では個人の尊重が欠如する結果が起る。（略）米国では戦時中から各人についてのカードができ、係員はそのカードの該当個所にはさみを入れたり、穴をあけたりすればよいことになった。（略）日本で今すぐこれを実施することは勿論むずかしいことだから、多少昔の制度に似た制度をとることはよかろうが、前述のようにすること（親子を単位とすること―下夷注）が封建的な名残がなくてよいと思うのである。自分が困ると思うのは、祖父母と孫とが同じ戸籍に入っていたりして、何世数にも亘る人間が同一の戸籍内に居ることであって、戸籍はあくまで一世数内に限るべきである。

司　日本でも経済力が回復すれば一人戸籍にしたいのだが、現在ではむずかしい。なお、私生子ができた場合に、直に私生子とその母とで新戸籍を編製すること或は、私生子の母が他の男と婚姻をした場合に私生子のみの新戸籍を編製することは紙や手数の関係から、技術的にむずかしい。

ブ　技術的にむずかしいというためには、私生子及び私生子のある者の婚姻の統計的数字が必要である。

司　技術的な面は別としても、（略）私生子が母と二人だけで生活をすることは考えられない。それ故、理論的な問題は別として、私生子をその母及び母の両親と同じ戸籍に入ることにしておく方が一般の国民には理解しやすい。

ブ　理解しやすいというのは、今迄の「家」の思想が残っているからであろう。

司　或はそうかも知れない。しかし現在の一般国民にとっては婚姻したときには、戸籍が別になることだけでも大改革である。

ブ　しかし、戸籍の制度を改正することは、憲法或は民法の改正に附随する問題で、これを行うことは当然の要請である。

第六回一九四七年八月二〇日

オ　当方の一番反対する点は「家」の制度を残していることである。

局　民法改正法案によって、「家」はなくなった。そこで戸籍は一人一人別にして作るのがよかろうが、それは非常に手数がかかり面倒である。そこでどの程度で限るかということになるが、今度は婚姻を重視しているから、婚姻を主にし、婚姻をすれば戸籍を別にし、子供ができれば、その戸籍内に記載する。即ち、夫婦と子供とを一つのグループにしたままで、「家」の温存などは勿論考えていない。

（『現行戸籍法立法関係資料Ⅲ』1982: 38-40, 46）

ＧＨＱのブレイクモアは、親子孫の三代戸籍を許さず、親子二代の戸籍とするよう求めているが、その主張のなかで、「徹底するとすれば、各人毎に戸籍を作る外はない。そこまでしないのならば」（第二回）、「日本で今すぐこれ（個人カード方式―下夷注）を実施することは勿論むずかしいことだから」（第三回）と述べている。つまり、本来は個人単位とすべきであるが、日本の実情に配慮して親子二代までは同籍を認める、ということである。

司法省は、ＧＨＱの要請に抵抗し、例外的な三代戸籍を擁護する主張をしているが、その説明のなかで、「日本でも経済力が回復すれば一人戸籍にしたいのだが」（第三回）、「戸籍は一人一人別にして作るのがよかろうが」（第六回）と述べている。ここには、本来は個人単位であるべき、との考え方が示されている。つまり、司法省としても、個人単位を理想としているが、現状では紙や労力などの物理的事情により、それを実現することができない、というスタンスである。なお、この司法省側の発言者については、第三回は特定できないが、第六回は民事局長の奥野であろう。ちなみに奥野は、その後の国会審議で戸籍法改正案の提案理由を説明しているが、そこでも控えめながら個人単位に言及し、「考え方によりましては、各個人ごとに一枚ずつの戸籍簿を作るということも考えられます。併しながらこれは例えば父と母、それから子供と別々に一枚ずつの紙にいたしますと、相互の関係をおのおのの用紙に記入して、その他そういう相互の関係を悉くおのおのに記入するということは非常に煩雑でもありますし、相互の連絡が非常にむずかしくなります。又一方現在の紙の状態から見て、そういったようなことは到底事実上できないことになっております」と述べている（参議院司法委員会、一九四七年一一月二五日）。

さて、ＧＨＱとの上述の交渉では、ブレイクモアは日本側に譲歩し、個人単位を求めることはなかったが、その後、ＧＨＱの出席者がアーサー・マコーミックになったことで、状況が変化している。マコーミックは第八回と第九回の二回にわたり、個人単位を提案しているのである。

第八回一九四七年一〇月二日

会談要旨　第一に属する事項（戸籍に関する事務のうち戸籍簿のみに残る事項―下夷注）は非常に少いから戸籍というものを存置する必要はないではないか又存置するとしても個人個人の戸籍にしては如何というマッコーミック氏の問に対し司法省側から戸籍は家族員の身分関係を明にし、又、個人個人の登録からくる紙と労力を省くものであると答えたのに対し、マッコーミック氏は要するに一般人民が区役所又は市町村役場の戸籍係のみに行けば用が足り、又、そこですべての事（例えば裁判関係の事）がわかるから存置理由が在るのだろうという。

第九回一九四七年一〇月四日

マ　戸籍を個人個人について作製しては如何。

司　個人個人にすると紙や手数がかかる上、日本の番地は欧米流と異なって時には一番地が一地域を包含する事がある為、その個人個人を帳簿に載せた場合、いろは順に並べる事は、英米流のアルファベット式の様に容易なことではない。

マ　諒解した。

（「現行戸籍法立法関係資料Ⅲ」1982: 47-48）

第八回の記録は会談要旨だが、これをみると、マコーミックはそもそも戸籍の必要性に疑問を呈し、戸籍の廃止を主張するとともに、戸籍を存続させる場合には、個人単位の編製とするよう提案している。これに対し、司法省側は家族の身分関係の明示性や、紙や作業負担などの物理的問題を理由に、家族単位の戸籍を擁護し、個人単位を拒否している。それから二日後の第九回の会談でも、マコーミックは個人単位を再度提案している。司法省側は前回同様に紙や労力の問題をあげているが、さらに日本の番地の振り方についても取り上げ、個人単位にした場合の帳簿管理の困難さを理由に、個人単位に抵抗している。結局、マコーミックも日本側に譲歩し、個人単位をめぐる議論は終わっている。この二回の交渉には、司法省側から三名が出席しているが、その職位からみて、司法省側の発言は第二課長の青木によるものとみられる(22)。

4　青木義人の戸籍観——人々の生活に直結する制度

ＧＨＱとの交渉において、青木は個人単位の要請を阻止したが、そのことを一九五六年の論文のなかで、「一人ごとに戸籍を作るよう示唆されたことについては、前述のような理由で極力これに抵抗して原案どおりとすることの了解を得たのであった」と記している（青木 1956: 68）。この「前述のような理由」とは、「一人ごとに戸籍を作るのでは、各人間の親族的つながりを明らかにすることが困難で、利用上もいろいろと不便が多いし、また実務上もほとんど不可能に近い」ということをさす（青木 1956: 67）。

こうしてGHQに個人単位を断念させた青木だが、それは個人単位に対して理論的に反対してのことではない。むしろ青木自身は、本来は個人単位であるべきとの考えを持っている。たとえば、青木は改正法案の解説記事で「今後の戸籍は、各個人の身分登録たる性質のみを有することとなるのであるから理論的にいえば各個人ごとにそれぞれ戸籍を編製するのが、その本質に副う所以かも知れないが」と述べている（青木 1948: 6）。また、戸籍法改正後に刊行した逐条注釈書においては、第六条（戸籍の編製）の説明のなかで、「（戸籍は―下夷注）個人の身分登録に過ぎないから、各個人ごとに戸籍を編製するのがその性質にそうともいえるが」と記している（青木 1951: 28–29）。

このように青木は、理論的には個人単位を妥当と認めつつも、その採用を拒否し、家族単位の改正案を死守している。GHQ以外からも早くから個人単位への修正を求める意見は出されており、第2章でみたとおり、川島ら民法改正案研究会の「意見書」でも個人単位が強く主張されていた。しかし、青木にはそれに応じる気配が一切ない。青木は一九七四年の講演で次のように語っている。

一部の学者からは、数人を一つの戸籍に書くことは家を温存するように受け取られ、国民の頭から家の観念を払拭するためには好ましくない、むしろ一人ずつの戸籍にして国民の頭の切替えを目指すべきだ、また家に代って氏が登場するのも問題だと激しい反対意見が出されましたし、その後もそういう批判が絶えませんでした。しかし一人ずつの戸籍にばらばらにすることは、戸籍の取扱いとしてはたいへん不便になるし、戸籍事務にも混乱を来す恐れがありましたので、結局、大多数の家族の実情に合う基準の下で数人同一の戸籍を作ることとされました。

（青木 1974: 63）

青木は、家族単位への「激しい反対意見」を了解しつつも、やはり戸籍事務の混乱を考慮して、家族単位を堅持しているのである。上記の語りの直前では、日本の家族が「夫婦と未成熟子だけのいわば核家族に向かう傾向」があると述べて、新戸籍法は「そのような一般家庭の共同生活に合う」基準を採用したとも説明しているが（青木 1974: 63）、青木の根本的な考えは、事務の混乱回避である。青木は編製単位について、最終的に次のように語っている。

新戸籍法では、以上の点が大きく変わったわけですが、戸籍自体についてのいろいろな仕組みややり方は、できるだけ従来のものを受け継ぐこととされています。日本固有の優れた面は依然として育てていかなければなりませんし、理屈に走った無用の改正によって徒らに国民をとまどわしたり、戸籍事務に混乱と負担を生じさせたりすることは極力避けるべきだからであります。

青木にとって、戸籍を個人単位にすることは「理屈に走った無用の改正」とみなされたのであろう。

（青木 1974: 64）

繰り返すまでもなく、青木の法改正にあたっての基本方針は、最小限度の改正にとどめるというものである。青木は理論的に個人単位に与するとしても、この最小限度の改正という基本方針を貫いているのである。青木はＧＨＱとの交渉を振り返るなかで、次のようにも語っている。

青木 なるべくなら、戸籍法は従前のたてまえを維持して、この段階であまり手を加えることは避けたい。先々のことは先々のこととして、差し当り家の廃止に伴う最小限度の改正にとどめたいという気持が根底にあったわけです。私どもは戸籍実務の面を背負っている責任があるのだから、従来の戸籍の取扱いを余りに大きく転回すると、戸籍実務に大変な負担をかけることになる。従来の考えになじんでいる人たちとの窓口での接触においても、何かと問題が生じかねませんからね。（略）あのころぼくは、戸籍の第一線の事務にできるだけ混乱を来さないようにしながら、この切りかえを乗り切っていくということが一番念頭にあったわけですね。

（座談会 1982: 456: 39）

これまでも指摘したとおり、青木が最小限度の改正にこだわったのは、戸籍事務の負担を最小限にするためである。それは、「戸籍実務の面を背負っている」という法務官僚としての彼の責任感によるものである。そのため、「戸籍の第一線の事務」における混乱を回避することが最大の課題となるが、なかでも青木が懸念しているのは、戸籍窓口で「従来の考えになじんでいる人たち」と戸籍事務員との間で問題が起こることである。たしかに、戸籍の第一線の事務における混乱として、これ以上のものはない。

青木がＧＨＱ顧問団による東京一極管理の提案を拒否したのも、また、ＧＨＱからの個人単位の提案を断固拒否したのも、これを受け入れれば、人々の戸籍感情と制度の溝により、窓口で相当の混乱が生じると考えたからであろう。もちろん、その混乱を経て、「国民の頭の切替えを目指す」との選択もありうるが、当時の戸籍窓口の様子や戸籍事務の実情を考えれば、個人単位を拒否し、家族単位にとどめたことは、法務官僚としては、しかるべき判断であったといえるのかもしれない。

しかしそれは、あくまで当時の人々の戸籍感情と当時の戸籍事務の実情を前提にしたものである。実際、青木は一九八二年の座談会で、離婚復籍（婚姻時に夫または妻の氏に改めた者は、離婚により婚姻前の氏に戻り、親の戸籍に戻ること）をめぐるＧＨＱとの交渉を振り返ったあと、次のように語っている。

田中　アイデアとしてはいろんなことがあり得ることですけどね。

青木　それは当然のことです。当時としてもいろんなことを議論はしましたよ。しかし、国民に直結する制度の改正において、一般国民の意識からかけ離れた机上の議論と《（ママ）》してもしようがない。あの当時としては、あの改正でも大変なショックを一般に与えたものですよ。ただその後、時代が進展して国民の法感情が変ってくるということになれば、さらに別の角度から改正を考えることにやぶさかであってはならないと思いますね。

（座談会 1982: 456: 39）

このように青木は、戸籍が「国民に直結する制度」であることから、その改正は一般国民の意識に即したものでなければならないと考えている。たしかに、戸籍制度は人々の生活に直接かかわる制度であり、窓口において人々が身を以って体験する制度である。

そうであればこそ青木は、時代が移り国民の法感情が変化すれば、「さらに別の角度から改正を考えることにやぶさかであってはならない」と釘を刺している。ようするに、戸籍制度は人々の生活に直結する制度である以上、その時代の人々の生活実態や意識にあわせて改正していかなければならない、ということである。戸籍制度に関しては、「机上の議論」ではなく、現実世界を生きる人々をみて考えよ、というのが青木から次代へのメッセージである。

しかし、このような青木の考え方はその後の戸籍制度の改正に活かされることなく、家族単位がゆるぎないものとして定着していく。戦後の法改正当時の現実のもとで選択されたにすぎない家族単位の戸籍が、その後、人々の人生にまで影響を与えるものとなるのである。

第4章 戸籍と格闘する人々
婚外子にまつわる「身の上相談」から

1 虚偽の出生届——戸籍の「汚れ」という観念

(1) 配偶者の子として届出

前章まで戸籍制度の作り手の側に焦点をあててみてきたが、ここで目を転じ、本章から作られた制度の下で生きる人々の側に焦点をあててみたい。戦後の日本社会において、家族単位の戸籍は、人々の生活や人生にどのような影響を与えたのだろうか。新聞の「身の上相談」欄に掲載された、戸籍にまつわる悩み事を手がかりにみてみよう。

戸籍制度は日本人の身分関係を公証する制度であるが、それにはまず、出生届が受理され、戸籍に登録される必要がある。子が生まれると、親は出生届を子の出生から一四日以内に提出しなければならない。出生届が受理されると、夫婦の間に生まれた子は嫡出子として夫婦の戸籍に入り、婚外子の場合は非嫡出子として母の戸籍に入る[1]。未婚の女性が、自身の親の戸籍に入ったまま婚外子を出産すると、親の戸籍から除籍となり、その女性を筆頭者とする戸籍が作られ、生まれた子はそこに入る。ようするに、戸籍の単位は二世代までとなっているため、未婚出産の場合は母と子からなる戸籍が新たに作られる、ということである。

身の上相談には、婚外子の出生届に関わる悩みが寄せられている。戦前から非嫡出子は法的にも社会的にも差別されており、生まれた子が非嫡出子とならないよう、虚偽の出生届により夫婦の嫡出子として届け出ることが少なくなかった。しかし、戦後はこのような虚偽の届を出すことは、制度上は不可能になっている。というのも、第3章でみたとおり、GHQのフェルプスにより、出生届に出生証明書の添付を義務づける措置がとられたからである。出生証明書は、出産に立ち会った医師、助産師などが作成するもので、そこには子の出生年月日、出生場所、母親の氏名などが記載される。これを添付させることで、出生届の不正防止がはかられたというわけである。しかし戦後もなお、婚外子を嫡出子にするために、虚偽の届出が相当行われていたという（久留 1960: 217, 家崎 1979: 109）。

次の事例は、夫から虚偽の出生届の提出を持ちかけられた妻からの相談である。

四五歳の夫との間に一五歳と一四歳の男の子があります。夫は三年前より二三歳の女性と関係を結び子供が出来ました。現在、週に二回ほど泊りに行きますが子供まである仲なので私も黙認しています。夫はその子供を私の子供として籍を入れてくれと頼みますが、そんなことをしても法律的にかまわないものでしょうか。

（一九五一年七月二六日「夫には二号――子供の認知に悩む妻二人（b）」）

これは一九五一年の相談であり、一五歳と一四歳という子の年齢からみて、戦前に結婚した夫婦の事例である。夫は他の女性（愛人）と関係を続けており、夫婦としての貞操義務に反しているばかりか、愛人との間の子を妻の産んだ子として夫婦の戸籍に入れたいという。実際に生まれた子は愛人が育てており、夫は戸籍上でのみ、夫婦の子にするつもりである。

夫の真意はわからないが、子が戸籍に非嫡出子として記載されることで、差別や偏見を受けることを憂えたのであろう。また、夫の愛人の意向も定かではないが、男性が妻の子として届け出れば、愛人の戸籍には未婚で子を産んだ事実が記載されず、いわゆる「戸籍が汚れる」こともない。さらに、夫としても、子を「認知」する必要がなくなる。認知とは、婚外子と生物学上の父親の間に、法律上の親子関係を成立させるもので、認知がされていなければ、子は父親から扶養を受ける権利や遺産を相続する権利を得ることができない。自分の子である以上、父が子を認知することは当然であるが、認知をすれば、自身の戸籍の身分事項欄に認知の事実が記載される。よって、妻の子として届け出れば、認知の必要もなく、夫自身の戸籍も汚れることがない。

夫の妻子は、夫を筆頭者とする戸籍に入っており、その意味では虚偽の出生届は夫の婚姻家族にとっても、自分たちの戸籍が汚れるのを防ぐ手立てになる。この事例の夫、妻、愛人のそれぞれがどこまで戸籍の汚れを意識していたかは明らかではないが、夫婦の子として虚偽の出生届を出せば、夫の愛人とその子、夫とその妻子のすべての戸籍を汚さずにすむ、というわけである。

しかし、夫婦の子として届け出るためには、妻が出産したことを証明する出生証明書が必要となる。事例の夫がそのような出生証明書を準備できていたのかどうかわからないが、夫は四五歳で妻子と愛人の両方を扶養するだけの経済力を有しており、一定の社会的地位にあるものと推測される。そうした社会経済的地位を背景に、不正な出生証明書を調達する手段を得ていたのかもしれない。

夫婦の勢力関係を考えると、妻のほうは夫の愛人関係を黙認したまま夫婦であり続けており、妻が夫と対等な関係でないことは明らかである。妻が寄せた相談は、虚偽の出生届が違法行為にあたらないか、という法律相談のような質問になっているが、あえて身の上相談に手紙を寄せているところからみると、夫の愛人の子を夫婦の子として届け出ることの不合理を訴えたかったのであろう。虚偽の出生届が認められないのは当然だが、こうした相談が新聞で取り上げられることから、戦後もこのような虚偽の届出が少なくなかったことがうかがえる。

この事例は、届出前に夫が妻の了解をとろうとしているが、必ずしもそのような夫ばかりではない。なかには、妻が知らないうちに届出がなされていた事例もある。

次の事例は、夫が他の女性との子を勝手に夫婦の子として届け出ているケースで、そのような妻の立場に置かれている妹を案じた姉からの相談である。

妹の家庭のことで、ご相談します。妹には高校一年生の娘がいますが、妹の夫は娘が五歳のとき家出し、ほかの女性と同せいして子どもまで生まれました。その子の籍を、妹との間にできたようにして届出た上、相手の女性は自分の母の養女として籍に入れてあるそうです。これは違法ではないのでしょうか。妹は、その後の長い生活で経済的、精神的に苦しみましたが、離婚はしたくないといっています。（略）ともかく、高級マンションで暮らしている父親に、娘の教育費だけでも請求したいのですが――。

（一九七二年一一月三日「教育費を請求したい――家出して、ぜいたく暮らしの夫に」）

妹の夫は一〇年ほど他の女性と同居しており、事実婚状態でその女性との間に生まれた子と共に、家族として暮らしているとみられる。夫はその子の出生証明書をどのように工面したのかわからないが、妻が産んだように装い、夫婦の子として届け出ている。これにより、子は夫とその妻の嫡出子となり、父の戸籍に入り、父の氏を称することになる。ただし、このままでは父と子は同じ氏だが、一緒に家族生活を送っている女性（子の母）は、法律上はこの父子とは他人であり、その女性だけが異なる氏となる。

そこで、夫はこの女性を自分の母親と養子縁組させている。これにより、女性は夫の妹（あるいは姉）となり、戸籍は一緒ではないものの、女性も夫や子と同じ氏を名乗ることになる。こうして、虚偽の出生届と養子縁組届によって、夫と女性とその間の子は、事実を隠せば「婚姻家族」として生活することができるのである。

この相談に対する回答をみると、回答者（鍛冶千鶴子）は夫の行為を言語道断と非難し、虚偽の出生届のみならず、養子縁組についても夫の母親にその意思がなければ無効であり、刑法上の罪にもなる、と指摘している。そして、真実に反する戸籍の記載を消すために、家庭裁判所に調停を申し立てるよう勧めている。それだけでなく、裕福な暮らしぶりにもかかわらず、妻や子に生活費も養育費も支払っていない夫に対して、子の養育費を含めた生活費の分担を請求し、これについても家庭裁判所に調停を申し立てるようアドバイスしている。さらに、不誠実で無責任な夫には見切りをつけて、妻のほうから離婚することを考えるよう提案し、その際には慰謝料や財産分与の請求ができることも示唆している。

しかし、この妻に離婚の意思はないようである。それどころか、夫と他の女性の子が戸籍上、自身の子となっていることを訴えようともしていない。どうみても、夫婦関係に回復の見込みはなく、また、妻が夫から経済的援助を受けている様子もない。それでも妻が離婚しようとしないのはなぜか、さらに、虚偽の出生届を訴えていないのはなぜか、その理由は明らかではないが、夫婦には娘がいることから、「わが子のため」という母親の心理は考えうることである。そこに、娘のために「戸籍を汚したくない」との心理が無意識であれ、潜んでいる可能性はある。

離婚しなければ、このまま「婚姻家族」の戸籍を維持することができる。また、虚偽の出生届についても、夫の戸籍に認知の事実が記載されることを避けるには、異議を唱えないほうがよい。夫婦の娘は高校一年生であり、当時の社会状況からすると、その後の就職や結婚に戸籍が影響することは十分に予想できる。母親としては、夫婦関係が破綻していても離婚せず、夫の婚外子を夫婦の子とする虚偽の出生届も黙認すれば、娘のために綺麗な戸籍を守ることができる。

たしかに、戸籍を汚さないという点からみれば、このような虚偽の出生届は婚姻家族側にとっても有効な方策といえるかもしれない。しかしやはり、妻の感情はそう簡単に割り切れるものではない。次の事例は、夫の婚外子が妻の産んだ子として届け出られているケースで、長年そのような妻の立場にある母の感情を察した娘からの相談である。

父は入院中。母は四〇年余別居しています。私たち三人姉弟のほかに、父は二人の女性との子を四人、母の子供として入籍しています。私たち三人は三〇年余、父には会うこともなく母と生活し、今はそれぞれ独立し幸せになっています。母は生きている間に、戸籍を自分の産んだ子だけにしたいと、しきりに申し四人も、末の子が三〇代になっており、もう籍を抜いても心配はないと思います。父は離婚する気はなく、母とは一生このままで終わるでしょう。母もそれを望んでいます。

（一九八九年一一月二七日「異母兄弟の籍抜きたい――すでに独立した四人、いまだに母の子」）

すでに四〇年も別居しており、夫婦関係は完全に破綻しているが、夫は、妻との子三人のほかに自身の婚外子を妻の産んだ子として入籍させている。夫は、異なる二人の女性との間の婚外子をすべて夫婦の嫡出子と届け出ており、そこには婚外子を嫡出子にすることへの確たる意思がみてとれる。戸籍上、夫婦の子は七人となっており、そのうち、妻との子三人はいずれも婚姻しているようだが、虚偽の届による子四人については、未婚の子として夫婦の戸籍に入ったままであるのか、婚姻して夫婦の戸籍から除籍されているのか、定かではない。ただし、婚姻して除籍されていても、除籍された子の名前はバツ印がつけられた形でその後も戸籍に残る(2)。除籍された子の記載は、夫婦が戸籍の本籍地を変更（転籍）すれば消えるが、そうでなければ、戸籍に登録された全員が除籍されるまで消えずに残る。この事例でいえば、仮に七人の子がすべて除籍されていたとしても、夫婦の両方が死亡して除籍されるまで、七人の子の記載は残り続ける。

妻は「生きている間に、戸籍を自分の産んだ子だけにしたい」としきりに語っているという。それは、自分の残した財産が遺産相続の際に他の女性が産んだ子にも渡る、といった経済的な問題を危惧してのことではなく、妻としての感情によるものと思われる。遺産相続を危惧しているのであれば、遺言でいくぶんかの対処はできる。「生きている間に」という切実な言葉には、妻が長年抱いてきた、戸籍に対する遣る方無い思いがあらわれている。妻の苦悩は、自分が愛人の子の母に仕立てられたことにあるのはもちろんだが、愛人の子が「家族」の一員として戸籍に記載されていることにもある。そのことは、「戸籍を自分の産んだ子だけに」という言葉にあらわれている。

妻にとって、愛人の子は自身の家族とは認められない。にもかかわらず、戸籍に入っていることに、妻は長年、葛藤を抱えているのである。妻が夫の愛人やその子を忌避すること自体は通常の感情であろうが、家族単位の戸籍によって、その感情が深く胸に刻まれ、さらにそれが婚外子を排除する意識を作り出しているといえる。

こうした感情は、妻だけでなく、婚姻家族側の子にも生じている。夫（父）がもうけた婚外子に対する立場は、婚姻家族のなかでも妻と子では異なり、妻にとっては他人であるが、子にとっては父を同じくする兄弟姉妹である。しかし、受け入れがたい感情は妻と同様、子にもみられる。
次の事例は、戦後早い時期のものだが、夫が愛人との子を妻の子として届け出ているケースで、父が入籍させた子との関係を拒絶している息子からの相談である。

最近父の妾の子が戸籍上、自分達の弟妹になっているのを知りました（静臥の母は妾に子供のあることさえ知らないようです）。離れて生活しているし、お互い年もゆかないので今のところトラブルは起っていませんが、私達は彼等の生活態度に反感こそ持て、決して肉親感など持ってはいませんし、また持てそうもありません。妾の子は妾の子で平和な私達兄弟の仲間へ無条件に入れるわけにはゆかないと考えています。（略）父には気の毒な事情もあるので、こういうことはいえずに悩んでいます。

（一九五〇年一一月一三日「妾の子と同籍――将来の不幸を考え悩む」[3]）

夫は愛人との間の子を夫婦の子として届け出ているが、そのことを妻に知らせていないケースである。相談を寄せた息子は一九歳の学生で、父と愛人との子が自分の弟妹として、同じ戸籍に入っていることに強く反発している。回答者（大浜英子）は、虚偽の母子関係の記載を正す手続きについて説明しているが、くわえて、その子が父の子である以上、父の子として戸籍に入るのは当然であり、父はどの子に対しても責任を持たねばならず、また、子として父を求める気持ちもまたどの子も同じである、と諭している。そして、「お互いに一個の人間として尊仰《ママ》しあえるようにすればよいのではありませんか」と提案している。

しかし、この息子の異母弟妹に対する拒絶観は強固で、父を同じくする個人と個人の関係として捉えることなどできそうにない。彼は肉親感が持てないことを強調しており、先の事例の妻と同様、自分にとって家族と認められない存在が、家族として同じ戸籍に入っていることが受け入れられないのである。彼にとっての家族は、夫婦（両親）とその間の子（自分、自分と両親が同じ兄弟）だけであり、自分と血縁があっても父の婚外子は家族とはみなされない。よって、家族の戸籍に婚外子が記載されていることに我慢がならないのである。相談からは婚外子を戸籍から排除したいという強い思いがみてとれる。

この息子にも、また先の「戸籍を自分の産んだ子だけに」という妻にも、戸籍は家族が記載されるものであり、戸籍に記載されているのが家族である、という認識がある。このように戸籍と家族を同一視する考え方を、本書では「戸籍＝家族」観念と呼ぶことにする。これは、戸籍が家族であることの判断基準になっている、ということでもあるが、この「戸籍＝家族」観念は、これからみていく戸籍の悩みにしばしば登場する。

この事例は、親の戸籍に入っている未婚の息子からの相談であったが、既に婚姻し、親の戸籍から除籍されている子からの相談にも、同じような婚姻家族側の子の感情がみられる。

次の事例は、これまでの事例とは逆に、妻が夫以外の男性との間に産んだ子を夫婦の子として届け出ていたケースで、そのような母の行為を非難する娘からの相談である。

母は五七年（昭和五七年―下夷注）に父と裁判のうえ、離婚しています。実は戸籍謄本を見てわかったのですが、母は四九年に浮気相手の子供を産んでおり、それが戸籍上は父の子として長男と書かれています。いくら離婚したとはいえ戸籍が汚されており、私は母のしたことを認めることはできません。私は結婚しても姓は変わっていません。こんな場合、どう処置したらよいでしょうか。

（一九八六年二月二六日「浮気相手の子が『長男』——汚れた戸籍、離婚した母でも許せぬ」）

この事例の娘は、先の事例の息子と同じ一九歳だが、すでに結婚しており、父の戸籍からは除籍されているはずである。よって、娘が問題にしているのは、自分の戸籍ではなく、父親の戸籍ということになる。娘は、母親とその浮気相手との間の子が、父の戸籍に嫡出子として記載されているのを知り、「戸籍が汚されている」と憤慨している。母親は離婚により除籍されているが、嫡出子となっている子はそのまま父の戸籍に残っている、ということである。しかし、戸籍の汚れという点からみれば、「汚されている」というよりも、むしろ「汚されなかった」というべきかもしれない。

民法には嫡出推定の規定があり、妻が婚姻中に懐胎した子は夫の子と推定される。そのため、この事例のように妻が夫以外の男性との間に子をもうけた場合でも、嫡出子として夫婦の戸籍に入ることになる。ただし、夫は自身の子でないことを裁判所に訴えて、それを覆すことができる。これは嫡出否認の訴えと呼ばれるが、訴えを起こせるのは夫が子の出生を知ってから一年以内に限られている。このように訴えの期間が短く設定されているのは、子の身分を早期に確定する必要があるからである。

嫡出否認の訴えが認められると、子は出生に遡って、夫の嫡出子としての身分を失い、父子関係も否定される。戸籍にもその旨の記載がなされ、子の父欄に記載されていた夫の名も取り消される。その場合、子は母の非嫡出子となり、母の氏を称し、母の戸籍に記載されることから、母が夫婦関係を継続していれば、子は母の戸籍、すなわち夫婦の戸籍に妻の非嫡出子として残ることになる。

相談事例に戻ると、娘の父が嫡出否認をしなかったのか、できなかったのか、訴えたけれども裁判所に認められなかったのか、その実情はわからないが、結果的に嫡出否認はなされず、夫婦の嫡出子となっている。とすると、戸籍の汚れという点では、この娘の立場からみれば、戸籍上、母親に非嫡出子がいることが記載されず、戸籍が汚れなかった、ということになる。この事例は一九八六年のものだが、戦後四〇年経っても、「戸籍が汚されている」という相談がなされ、しかもそれが若い世代の女性からのものである点は注目される。いかに、戸籍の汚れという意識が社会に根強いか、ということである。

娘が「戸籍が汚されている」と表現したのは、母の婚外子が自分と同じ戸籍に入っていたことへの忌避感による。彼女は、父が異なる兄弟の存在を拒絶しており、家族とみなす意識は毛頭ない。むしろ、異父兄弟を戸籍から除外しようとしており、この娘にも前の事例の息子と同様、「戸籍＝家族」観念がみてとれる。

この事例では、既婚の娘が親の戸籍（実家の戸籍）のことを、すでに自身はそこから除籍されているにもかかわらず、あたかも自分の戸籍のように捉えている点も興味深い。それには、この娘が結婚後も改姓していない、という事情が影響していると考えられる。おそらく、彼女は自他ともに認める「家」の跡継ぎなのであろう。結婚の際、夫婦が妻の氏を称する選択をした場合、妻を筆頭者とする戸籍が新たに編製されるが、跡継ぎの娘としては、実家の氏を継承し、あわせて「家」の戸籍も継承した、と認識しているのであろう。さらに、娘夫婦の戸籍の本籍地が親と同じであれば、親の戸籍を継承したという意識はいっそう強くなる。こうして、この娘は親の戸籍を自身の戸籍と同一視し、それを問題にしているものとみられる。

ただ考えてみれば、結婚で改姓したとしても、子が親の戸籍に強い関心を示すことはありうることである。夫婦は結婚の際、妻か夫のどちらかが改姓しなければならないが、仮に離婚すれば、結婚時に改姓した妻（あるいは夫）は民法上、親の戸籍に戻り（復籍）、氏も婚姻前の氏に戻ることになっている。こうした仕組みをみると、結婚で改姓した場合でも、親の戸籍との関係が完全に切れたとは言い切れず、既婚の子が親の戸籍の汚れを気にするのも理解できないことではない。

なお、離婚後の戸籍については、本人を筆頭者とする戸籍を作ることもでき、また、一九七五年の法改正後は婚姻中の氏で本人を筆頭者とする戸籍を作ることもできるようになっているが(4)、民法の原則としては、離婚後は復籍である。

ともあれ、氏を基準にした戸籍の編製原理と、結婚や離婚により除籍されたり、復籍したりする仕組みは、既婚子を親の戸籍につなぐ働きをしている。こうして、自身の戸籍だけでなく、実家の戸籍も関心事となるのである。

(2) 親族の子として届出

婚外子については、配偶者の産んだ子として届け出ることのほか、親族の夫婦の子として届け出ることも行われている。その典型は、未婚で出産した女性の親（生まれた子にとっては祖父母）の子として届け出る場合である。

次の事例も、実母の両親の子として虚偽の届出がなされているケースで、子の立場からの相談である。

両親の子と信じて長年育てられてきましたが、中学生のころ友達や部落の人の話から、両親と思っていた人は実は祖父母であることを知らされました。つまり、正式な婚姻によらない出生のため祖父母を両親として戸籍に入れられたので、生みの母親は戸籍上からは姉になっているわけです。この姉夫婦に子どもができなかったため、一七歳のときに養子になることを前提に同居し、その後大学を卒業して現在にいたり、近く法律上の養子縁組みをします。（略）いままで生みの母を姉と呼んで過ごしてきたのですが、これからは正式に母と呼ぼうと結論を出したのです。しかし、祖父母や母たちは世間体もあり、私の考えに反対です。

（一九六〇年一二月二七日「戸籍上の姉が母――両親と思っていたのは祖父母だった」）

子の立場からの相談とはいえ、相談者は二四歳の指導的立場にある地方公務員の男性で、その年齢から判断して、虚偽の出生届が出されたのは戦前のことである。男性は、自身が指導的立場にあることを理由に、「母を母と呼ばずにきたことは恥ずべきこと」と考えて、相談を寄せている。

そのような理由から、法律上は姉となっている実母と養子縁組が成立するのを機に、姉ではなく母と呼びたいという男性に対し、回答者（美川きよ）は、相談の文面から、母の苦労を知りつつもなお許すことができないという、男性の心奥に秘めた頑なな思いを読み取っている。そのうえで、「あなたを生んだときの母上は（略）、自他をより傷つけぬ手段のために、わが子を弟と呼ぶ世間体をつくろう運命に泣く泣く従われたのだと思います」と述べ、男性に対して、自身の潔癖感や自己満足のために、「忍従の努力の報いで晴れてあなたを養子として同居できる母の喜び」を脅かしてはならない、と諭している。さらに、「あなたと似た家庭事情は多く、古い時代の人たちは、あなたの近親だけでなく、ほとんどの人が世間の目におびえたのだ」と指摘し、母親の立場への理解を求めている。

この回答からは、未婚で子を産む女性の両親が、娘の未婚出産の事実を他に知られないよう、また、生まれた子が非嫡出子にならないよう、孫にあたる子を夫婦の子として届け出ることが頻繁に行われていたことがわかる。そしてその背景に、婚外子に対する「世間」の態度があることも示されている。回答者の「自他をより傷つけぬ手段」という言葉からは、差別や偏見の対象が、未婚で子を産んだ女性や生まれた婚外子にとどまらず、未婚母子の親族にまで及んでいたことが伝わってくる。そうした事情もあり、親族内で未婚出産の事実を隠蔽する虚偽の届が横行していたのであろう。

婚外子の虚偽の出生届のなかでは、祖父母の子とすることが最もトラブルの少ない方法といえる。しかし、真実を知った子にとっては、母が祖母、姉が母となり、親族関係の錯綜や混乱をきたすことになる。さらにそれが、深刻なアイデンティティの問題を生じさせることも懸念される。また、この事例で回答者が男性の心理を見抜いていたとおり、子の心のなかに母を許すことができないという屈折した感情が根強く残ることもある。戸籍の「汚れ」を避けようと出生を偽る親の行為は、子の人としての存在証明を揺るがすものであり、その影響は深刻である。

また、子の祖父母を親として届け出ることで、世代間の年齢差がいびつになり、そのことから問題が生じる場合もある。たとえば、子が成人したときに親（実際は祖父母）はすでに高齢となっており、子は若くして老親の扶養義務を負わなければならない、といったことである。

次の事例は、結婚四年目で、夫の戸籍上の親の扶養問題を抱える妻からの相談である。

夫は複雑な家庭環境に育ちました。実母は、結婚を親から反対されたため、夫が生まれるとすぐ弟夫婦にあずけ、戸籍は親のもとへ入れて、行方不明になってしまいました。つまり、夫の戸籍上の親は実の祖父母で、夫の育ての親は実のおじ夫婦というわけです。（略）祖父も病死し、祖母は生活に困って私どもの世話になりたいといってきました。（略）祖母はどこにも行く先がないわけで、孫にあたる夫がめんどうを見るより仕方ありません。祖母もかわいそうですが、私どもも生活は楽ではありません。

（一九六八年六月一日「行く先ない夫の祖母――戸籍上は母親、私たちも苦しい」）

女性の夫は、戸籍上は祖父母夫婦の子となっているため、援助を求めてきている祖母は、女性にとって夫の法律上の母親ということになる。女性は、結婚四年目にして早くも、生活困窮している義母の扶養問題に直面している。この事例は一九六八年のものであり、当時は年金制度も不十分で、老親に対する子の扶養負担は大きかったといえる。その後の社会保障制度の整備により、このような経済的な面での負担はいくらか軽減されたと思われるが、介護が必要になった場合の家族介護など、心身が不自由になった際の世話という面では、いまなお家族の負担は大きい。そうなると、祖父母の子として届けられた本人はもちろん、その配偶者にとっても悩ましい問題となる。

戸籍は身分関係を左右することから、虚偽の出生届を出された子は先の事例にみられたような家族関係をめぐる心理的な問題を抱えることになるが、そればかりではなく、家族間の権利義務に関わる生活問題を抱えることにもなる。それほど重大なことであるにもかかわらず、非嫡出子として記載されることを回避するために、虚偽の届出という選択がなされている。

そうした場合、祖父母の嫡出子とすることが最も選択されやすい方法ではあるものの、子の祖父母以外の親族関係のなかで、夫婦の子として届出がなされることもある。

次の事例は、叔父の婚外子を夫婦の子として届け出た姪（夫婦の妻）からの相談である。

叔父から「無二の親友からの頼みだけれど、これから生れる子をもらって育てる気はないか」と言われ、夫の妹が助産婦をしているので、子どもの幸福のためにと、妊娠手帳も私の名を《（ママ）》つくり、一月末男子が生れたので、早速長男として入籍しました。ところが、その子は七〇歳になる叔父と若い女性との間の子と知り驚きましたが、入籍もしたので育てることにしたところ、叔父は手放したくなくなったのか、妹宅からその子を連れて行ってしまいました。最初から、入籍だけが目的だったのです。私たちとしても、こうした子どもとつながりのあることは末恐ろしく、わが子である長女のためにも戸籍のまっ消をしなければならないのですが、虚偽の届出をした当の妹、並びに私たちはどんな罪を受けるのでしょうか。

（一九五七年五月一六日「七〇歳の叔父の実子――長男として入籍させて連れ去る」）

虚偽の出生届は、叔父から養子話を持ちかけられた姪夫婦が、正式な養子縁組としてではなく、生まれたばかりの子を実子として届け出て養子にする、いわゆる「藁の上からの養子」のつもりで提出したものである。これが実行可能となったのは、夫の妹が助産師だったからである。妹は「子どもの幸福のため」として、すなわち、戸籍のうえで非嫡出子とならないよう、助産師の立場で虚偽の出生証明書を作成したのである。

叔父とその相手女性は、子が非嫡出子となることを回避するために、姪夫婦の戸籍を利用し、他方、姪夫婦とその妹の助産師は、非嫡出子として記載されることを不憫に思って、虚偽の出生届の提出に加担している。まさに、虚偽の出生届はそれぞれの立場で、子が戸籍上、「婚姻家族」の一員として登録されるよう考え抜き、行動した結果である。

相談を寄せた女性は、婚外子への同情心から自身の子として届け出ているが、叔父がその子を連れ去ってからは一転して、「こうした子どもとつながりのあることは末恐ろし」いと、その子を蔑むような見方に変わっている。婚外子に対する同情も蔑視も、いずれも「婚姻家族」規範が内面化されていることから生じているといえよう。

この事例では、叔父が自身の子であることを隠して、養子話として持ちかけて姪夫婦に虚偽の出生届を出させたために、複雑な問題になっているが、叔父にしてみれば、親族の「戸籍を借りる」という軽い考えだったのかもしれない。この相談は一九五〇年代後半、戦後一〇年が過ぎ、高度経済成長期を迎えようとするときのものではあるが、この叔父は七〇歳であり、戦前の戸籍意識が抜けていないのであろう。ただし、このような「戸籍を借りる」といった発想は高齢者に限ったものではない。

次の事例は一九六五年のものだが、未婚女性が自身の婚外子を弟夫婦の嫡出子として届けようとしているケースで、夫の姉からそのような虚偽の出生届を出すよう依頼された女性からの相談である。

> 夫には私より一歳年上の姉がおり、一〇年来、Aという人の世話をうけています。昨年春、義姉から「もし子どもができたら、あなたの家の戸籍に入れてほしい」とたのまれました。そのときは簡単にうけあったのですが、夫に話したところ、そんな簡単な問題ではないことを知ってびっくりしました。ところが、最近義姉が妊娠し、Aが、うまれる子の戸籍を私どものところへ入れるならうんでもよい、といったとのこと。（略）責任の重さを考えて、話を断ったところ、姉は話が違うとたいへん立腹し、私生子でもよいからうむと申します。（略）私どものとった処置は、きょうだいとして情のない無責任な態度でしょうか。
>
> （一九六五年二月八日「戸籍に入れる依頼——義姉の子を断わったが」）

この義姉もその愛人の男性も、嫡出子にするために親族の「戸籍を借りる」ことをいとも簡単に考えている。女性も当初、義姉からの虚偽の出生届の依頼を安請け合いしており、戸籍の意味を理解していない。その後、女性は夫に諭されて、義姉からの要求を拒否しているが、それが親族として非情なことではなかったか、と悩んで相談を寄せている。回答者（大浜英子）は、「戸籍を汚すとか、汚さないとか、よく聞くことばです」と述べた上で、親になる覚悟もないまま他人の子を戸籍に入れることはとんでもない、と虚偽の届出を戒めている。

この事例で、義姉が軽々しく虚偽の届出を依頼したり、愛人男性がそのことを提案したり、問題の重大さを知って依頼を断った義妹が「きょうだいとして情のない無責任な態度」だったのではと心配していたり、といった三者の態度をみると、当時、非嫡出子を嫡出子にするために、親族内で虚偽の出生届を出すという発想や行為は、さほど特異なものではなかったことがうかがえる。実際、親族としても非嫡出子の存在は望ましいものではなく、親族内の戸籍に汚れが生じないよう、相互に監視と協力が行われていたのであろう。

また、この事例では未婚の母となる義姉もそうだが、それ以上に、愛人男性は子が非嫡出子になることを忌避しており、弟夫婦の戸籍に入れることを出産の条件にあげている。これは、父親としての責任放棄としか言いようがない。こうしてみると、親族夫婦の嫡出子として虚偽の出生届を出す隠れた慣習は、父親の無責任な態度を助長することにもつながっていたといえる。

(3) 婚外子を産む女性のこだわり

虚偽の出生届が問題をはらんでいることは明らかだが、婚外子を産む女性としては、生まれてくる子を非嫡出子にしたくない、という思いが非常に強い。そのため、虚偽の届出によって子に嫡出子の身分を与え、それから自分の養子にできないか、と模索する女性もいる。

次の事例は、他人の戸籍に入籍後、自分の養子にしたいと考えている未婚女性からの相談である。

事情があり正式に結婚出来ぬ人の子で、彼は現在他国に在り、二ヶ月後でなければ帰って来ません。生まれて来る子には私生子の烙印を押したくないと思い、いったん他人の籍に入れてから養子に迎えたという事にしたい《(ママ)》つもりでおりましたが、先週病院へ参りましたら母子手帳を持参せよとの言葉に行き詰ってしまいました。母子手帳とは出産届にまで続くものでしょうし、子供の将来を考えますとどんな方法を講じても私生子にはしたくないのです。

（一九五一年三月八日「事情ある子――私生子にはしたくない(5)」）

女性は妊娠三か月だが、子の父親とは正式に結婚できないという。そうであれば、女性は未婚で出産するしかないが、「私生子の烙印を押したくない」「どんな方法を講じても私生子にはしたくない」と、子が非嫡出子になることを強く拒否している。先の事例でも「私生子」という言葉が用いられていたが、この記事では見出しにも私生子の語が掲載されている。民法では、私生子という用語はすでに戦前、一九四二年の法改正で削除されている。その改正の趣旨は、「私生子が特別の名称を以て呼ばれることに依る精神的苦痛と社会生活上の不利益とを軽減する為」というものである（村上 1942: 4-5）。そこで、この改正法では、庶子（認知されている婚外子）と私生子（認知されていない婚外子）を包含する概念として、「嫡出ニ非ザル子」という表現が新たに用いられている。このように、差別是正を理由に法律から削除されたにもかかわらず、一九五一年の全国紙で私生子という語が見出しに使われていることには驚きを禁じえないが、それほどこの言葉が人々の間で一般的であったということである。実際、「人生案内」の記事の見出しをみると、一九七〇年代後半でも私生子（あるいは私生児）の語が使われている。

さて、この女性の「私生子の烙印」という言葉は、戸籍上での非嫡出子の扱われ方を象徴している。未婚出産の場合、母親を筆頭者とする戸籍が作られ、そこに子が記載されるが、子の父欄は空白となる。認知されればその事実とともに父の欄にその氏名が記載され、父欄の空白は解消されるが、氏を異にする父と母の氏名が父欄と母欄に並ぶことになる。さらに、当時は子の続柄の表記方法も非嫡出子は異なっており、嫡出子は長男、長女と記載されるのに対し、非嫡出子は男、女と記載されていた（一九九四年一一月以後、非嫡出子も長男、長女と記載されるよう改められている）。このように戸籍上、嫡出子と非嫡出子は明確に区別されており、非嫡出子であることは戸籍を見れば一目瞭然となる。それは、当事者には、あたかも「私生子の烙印」のように感じられるであろう。

事例の女性は、生まれてくる子がこの烙印を押されないよう、何とか他人の戸籍を借りられないかと躍起になっている。女性は、戸籍に非嫡出子として記載されることは絶対的な不幸であるかのように捉えており、嫡出子にするためであれば、手段はいとわないといった剣幕である。その方策を探そうとするも見つからず、ひとり途方に暮れて相談を寄せている姿は痛々しい。相手男性との間にどのような事情があるのかわからないが、この女性には婚姻外の関係で子を産むことへの後ろめたさ、その関係から生まれる子への負い目のようなものが感じられる。

回答者（大浜英子）は、女性の心情に理解を示しつつも、事実どおりに届出をして、認知によって父子関係を確定するよう諭している。そして、「社会の冷たい眼――ということもありますが、社会も変わりつつあって、それゆえに子供を差別するということは、これからの社会にはなくなります」と女性を勇気づけている。このように回答者は婚外子差別の現実を認めた上で、今後は差別が解消されるとの見通しを示している。これは一九五一年時点での回答者の予測である。しかしその後、実際の日本社会はその予測どおりには進展していない。

次の事例は一九六三年のものだが、前夫と死別後、妻子ある男性と三年間同居している女性からの相談である。

現在の夫には正妻と子ども四人がいます。（略）夫は時期が来れば必ず整理するが、今は罪もない子どもを傷つけたくないからこのまま待ってくれというので、私も先方のためを思ってがまんしました。（略）子どものいないことが寂しくてなりません。近くに住む兄も一人ぐらいは子どもをもつように――とすすめてくれますが、心配なのは戸籍の点です。(略) 次の方法は法律的に認められるでしょうか。①母子手帳では私の子とし、入籍のさいは夫とむこうの奥さんの間の子とし、すぐ再び私の籍に養子として入れる。②兄夫婦の子どもとして入籍する。なんとか将来子どもにキズがつかないようにしたいのですが——。

(一九六三年一一月一九日「戸籍のキズが心配——正妻でないが子がほしい」)

女性は事実婚状態の男性と一応の資産も作り、安定した生活を送っているようである。女性のほうは正式な婚姻を望んでいるが、男性は妻との離婚を先延ばししており、その理由は「子どもを傷つけたくないから」だという。しかし、すでに妻子と三年も別居しており、事実上は離婚状態である。とすると、子を傷つけないために離婚しない、という言葉の意味は、法的離婚を回避する、すなわち、子のために戸籍上は「婚姻家族」を守る、ということである。女性によると、男性の妻はアパート経営で生計を立てながら四人の子と生活しているが、離婚の意思はないという。

一方、女性は子を強く欲しているものの、「心配なのは戸籍」と言い切っており、子を産むとすれば戸籍上、非嫡出子にしないことが必須と考えている。それは「将来子どもにキズがつかないように」との思いによるもので、そのキズとはまさに戸籍上のキズといえる。それで女性は、相手男性の夫婦の子でも、兄夫婦の子でも、とにかく嫡出子として入籍できないかと真剣に思案している。結局、女性も男性もその妻も、いわば当事者全員が子の戸籍を案じるがゆえに、一方では子を持てない事実婚が続き、他方では形骸化した婚姻関係が続いているといえる。

これまでにもみたとおり、未婚出産を余儀なくされた女性たちは、いったん親族や他人の嫡出子として届け出ることを模索しているが、それはよほどの偽装工作をしなければできることではない。実際、先の事例の女性は病院で母子手帳を求められて行き詰まり、また、この事例の女性が考えている計画案も不可能なものばかりである。それほどまでに女性たちが追いつめられていたということだが、出生届という重大な問題を虚偽の届出で取り繕うこと自体、危険な行為である。万一、計画どおりにことが運ばなければ、子が戸籍を得られないという事態も起こりうる。

次の事例は、事実婚の夫婦だが、夫が無戸籍であることを知った妻からの相談である。

主人は五〇歳、いっしょになって二〇年になりますが、まだ籍ははいっておりません。実は、主人がガンになり、先日手術をするときに、万一のことを考えて私の入籍のことを話したところ、主人自身が無籍の人間であると聞いて、驚きあきれ、目の前がまっくらになりました。（略）主人は私生子として生まれ、母親は知りあいのＡに頼んで入籍してもらい、あとでしかるべき手続きをとるつもりでいたのがそのまま放置されてきたのです。（略）これから先のことを考えると、毎日二重三重の不安に苦しんでいます。

（一九七六年二月一〇日「主人は無籍の人間――私の籍入れ問題で告白」）

女性は事実上の夫婦として二〇年連れ添ってきた夫から、無戸籍の事実を告げられ、驚愕して相談を寄せている。二〇年も同居していながら、それまで夫に戸籍がないことを知らなかったというが、たしかに婚姻届を出していなければ、相手の戸籍をみる機会はそうそうあるものではない。この夫婦が事実婚状態にとどまっていた理由は示されていないが、夫にとっては、自身の無戸籍問題が障害になっていたものとみられる。夫は無戸籍であることを誰にも告げられず、妻にも気づかれないように暮らしていたのかもしれない。がん告知を受けて、ようやく妻に語ったという経緯から、婚外子として生まれ、無戸籍となった事実が、深い心の傷となっていることがうかがえる。この夫は、無戸籍であることの脅威にさらされながら生きてきたのではないか、とさえ感じられる。

夫が生まれたのは戦前のことで、母親は生まれた子を虚偽の出生届でA氏の嫡出子にした後、自分か他人の養子にするつもりだったとみられる。しかし、A氏の事情により届出が適切になされず、無戸籍となっている。結局、母親が虚偽の出生届によって嫡出子にしようとしたばかりに、子は戸籍がないままの人生を余儀なくされたといえるが、この母親もまた、他人の戸籍を借りざるを得ない状況に追い込まれていたのであろう。とすれば、子を無戸籍に至らしめた責任は、嫡出子として届け出ることを女性に強いる社会の側にある。無戸籍問題は近年になって社会的関心を集めているが、この事例からもわかるとおり、それは日本社会に長年存在し続けている問題である。

2　嫡出子にする手段の模索――戸籍に翻弄される女性たち

(1)　虚偽の婚姻届

婚外子を嫡出子にするために、虚偽の出生届以外の方策も実践されたり、模索されたりしている。そのなかには、虚偽の婚姻届を提出することで、夫婦間の嫡出子にしてしまうという強引な手段もみられる。

次の事例は、不妊の姉夫婦のために妹が義兄の子を出産したという特異なケースで、知らぬ間に義兄との婚姻届が出されていた女性からの相談である。

私の長姉夫婦は結婚して七年になるのに子供がなく、一昨年義兄は生活の余裕が出来たので子供が欲しいと言い出しました。しかし、他人の子をもらうのはいやだ。どうしても自分の子供が欲しい、そのため将来の責任は負うから私に子供を生んでくれと泣いて頼み、私の両親もそうしてくれと頼むので、私さえ犠牲になれば姉夫婦が幸福になると思い承知して、昨年男の子を生みました。ところが、私が籍の上で知らぬ間に義兄の妻になり、姉は義兄の姉となっていることがわかりました。義兄は籍も抜いてくれず別れさせてもくれません。

（一九五三年一一月八日「戸籍面は妻に――頼まれて兄の子を生む」）

女性は姉夫婦や自身の両親から強要されて、義兄の子を代理出産している。それだけでも問題のあることだが、さらに女性が知らない間に義兄との婚姻届が出され、生まれた子は義兄と女性との間の嫡出子となっている。女性に婚姻の意思はなく、義兄が子を嫡出子にするために虚偽の婚姻届を出したことは明らかである。

当然のことながら、この婚姻届が受理されるためには、姉夫婦はあらかじめ離婚していなければならない。それで、姉夫婦は便宜的に離婚届を提出したとみられるが、その後、姉は義兄の親と養子縁組をしている。これにより、姉夫婦は法律上、夫婦ではなく姉と弟の関係になり、戸籍も別になるが、離婚後も姉は義兄と同じ氏を名乗ることができる。姉も義兄も離婚する意思はなく、子は姉夫婦が引き取って育てており、姉は法的には子の伯母であるが、名乗る氏は子と同じである。こうして、姉夫婦は外見上、同じ氏を称する夫婦と子、すなわち「婚姻家族」を装うことができるのである。

戦前であれば、虚偽の出生届で姉夫婦の嫡出子にしていたと思われるが、すでに述べたとおり戦後は出生証明書が必要となっており、それが偽造できなければ難しい。そこでこの事例では、いずれも虚偽の離婚届、婚姻届、養子縁組届を届け出て、親族ぐるみで戸籍操作を行っている。

そもそもの問題は、「どうしても自分の子供が欲しい」という夫の欲求が、子を産めない妻を追い詰め、その妹に代理出産を強いる権力として作用している点にあるのはいうまでもない。が、事態をいっそう深刻にしているのが、生まれた子を嫡出子にするために親族をも戸籍操作に駆り立てる、異常なまでの嫡出子へのこだわりである。嫡出子であることに絶対的価値を置く考え方、いわば「嫡出子至上主義」とでも称されるような観念に関係者全員が縛られている。

その背景にある問題として見逃せないのが、このような嫡出子至上主義に基づく戸籍操作が、いとも簡単に出来てしまう戸籍の仕組みである。この事例には、婚姻、離婚、養子縁組という重大な身分行為であるにもかかわらず、その成立に当事者の意思確認が行われないという家族法の問題と、虚偽の届出で簡単に戸籍に真実でない記載がなされるという戸籍制度（当時）の問題が凝縮されている。[6]このような法制度のもと、親族間で複数の戸籍操作が行われたため、事態がますます複雑になり、戸籍と家族関係に歪みが生じている。

異様な代理出産の事実をここでは不問に付して、生まれた子の戸籍について考えてみると、通常であれば、生まれた子はこの女性を筆頭者とする戸籍に非嫡出子として記載される。そして、父親である義兄が子を認知し、さらに、姉とともに夫婦で子と養子縁組をすれば、子は義兄夫婦（義兄と姉）の嫡出子となり、子の戸籍は女性の戸籍から義兄夫婦の戸籍に移り、子と義兄夫婦はみな同じ氏になる。つまり、虚偽の婚姻届を出さなくても、認知と養子縁組を行えば、義兄の実子であることを確定したうえで、義兄夫婦の嫡出子にすることができるのである。これであれば、戸籍と実際の家族関係にも齟齬がない。

しかし、この事例では一連の戸籍操作により、子は義兄と女性の嫡出子として記載されている一方で、実生活では義兄と姉の嫡出子であるかのごとく育てられており、戸籍と実際の家族関係が錯綜している。つまり、戸籍上は、離婚届出と婚姻届出の操作によって、「婚姻家族」が仕立てられ、実生活上は、養子縁組届出の操作によって、「婚姻家族」が装われているのである。こうして戸籍操作によって、偽りの「婚姻家族」が二重に作りだされているが、ここには、戸籍の汚れを一切回避し、かつ、「婚姻家族」規範下で差別や偏見を受けまいとする人々の強いこだわりがあらわれている。

この事例では虚偽の婚姻届出からほどなく、当事者である女性がこれに気づき、事態を問題にしているが、子を嫡出子にするための虚偽の婚姻届については、仮に届出の際は問題にならなかったとしても、将来、相続をめぐって紛争を引き起こすおそれがある。

次の事例は、夫の遺産相続のために戸籍謄本を取り寄せ、そこで初めて夫に自分以外の女性との間の嫡出子がいることを知り、相続紛争に直面している女性からの相談である。

夫とは、終戦後中国より引き揚げの混乱の中で知り合い、お互い助けあう立場から一緒になりました。（略）二男四女に恵まれ、親子ともどもそれぞれ懸命に働き、やっと親子で住めるささやかな家を建てたのでした。六年前、やっと一息という段になって、夫が病死。（略）先日、家の名義を亡夫から私に書き換えようとしたところ、とんでもないことを発見しました。夫は私と知り合う前、中国で日本人女性と暮らし、一女をもうけていたのです。調べてみると、その女性は亡夫と一か月ほど生活を共にした後なぜか単身帰国し、一女を産んだ様子。亡夫の義姉が仲介して、その子を夫の子として入籍、その女性はすぐまた離婚手続きをとって、別の方と再婚しているのでした。（略）相続放棄してほしいと申し込んだところ、考えておくという返事。後日になって「権利はある」といってきました。

（一九八二年五月一日「死んだ夫に〝戸籍上の子〟――相続放棄たのんだが、権利を主張」）

事情がはっきりしないが、回答者（鍛冶千鶴子）の見立てでは、子を嫡出子とするために亡夫の姉と相手女性が相談し、夫に無断で婚姻届を出したケースである。虚偽の婚姻届が提出されたわけだが、これにより父子関係が確認されないままとなり、長い年月を経て、遺族に相続紛争がもたらされている。

戦後の混乱期のこととはいえ、相談を寄せた女性は、夫が戸籍上は再婚で前妻との間に子があることを知らずに結婚したようである。夫は結婚する際に自分の戸籍謄本を目にし、婚姻届出の記載に気づかなかったはずはないが、離婚届も出されており、自身の婚姻に支障がないことから、重く受けとめなかったのであろう。また、嫡出子として記載されていた子については、離婚届出の際に夫の戸籍から除籍されたとみられ、そのため、夫は自分の子かどうかも確かめず、そのまま放置したのではないだろうか。その後、転籍や法改正などによる戸籍の書き換え（戸籍の改製）があれば、除籍された子の記載は新たな戸籍から消えるため、この事例の妻と子がこれまで自分たちの戸籍謄本をみて、そのことに考えが及ばなかったとしても無理はない。今回、妻が嫡出子の存在を知るに至ったのは、相続のために、夫が生まれてから亡くなるまでのすべての戸籍謄本を取り寄せたからに違いない。

妻の側からすれば、長年、家族で懸命に働いて築いた財産だけに、突然現れた夫の嫡出子に財産が渡ることは無念であろう。夫も、非嫡出子として届出がなされ、認知請求されていれば、子の存在を認識し、生前に相応の対処をしたものと考えられる。他方、今回「発見」された子の側には、戸籍上、子である自分の存在が放置されてきたことに許しがたい思いがあるのかもしれない。いずれにせよ、子を嫡出子にするためだけの虚偽の婚姻届が、遺産をめぐる不幸な争いを招いているのは事実である。

(2) 特別養子縁組

虚偽の届によって子を嫡出子にしようとするのには、子が非嫡出子になることを避けるためという面と、女性が未婚で出産した事実を隠すためという面があるが、後者の未婚出産の事実を隠すという面から、特別養子縁組に関わる相談が寄せられている。

日本の養子制度には普通養子と特別養子の二種類がある。いずれも養子縁組により、養子は養親の嫡出子としての身分を得て、養親の戸籍に入り、養親の氏となることに変わりはない。ただし、普通養子の場合、戸籍に「養子」と記載され、実親子関係も継続するため、子の戸籍の父母欄には養親だけでなく、実親の氏名も記載される。そこで、一九八七年の民法改正で導入されたのが特別養子制度である。特別養子縁組の場合は、厳しい要件があり、家庭裁判所の許可も得なければならないが、普通養子と異なり、養親子関係が唯一の親子関係となる。特別養子の場合は戸籍に「養子」と記載されず、実親の名前も記載されないため、戸籍で養子とわからないようにしたい、と願う養親には望まれる制度である。

ただし、厳密にいえば、戸籍上、養子であることがわかりづらくなっているだけであって、養子の事実がわからないわけではない。戸籍には「養子」の文字はあらわれないが、子の身分事項欄に「民法八一七条の二」の文言が記載されるため、民法の条文をみれば特別養子であることがわかる。また、養子の実親についても、戸籍上は記載されないが、まったくわからなくなるわけではない。特別養子の戸籍の処理は複雑で、特別養子縁組が許可されると、特別養子になる子について、実親の本籍地に養親の姓で、子の単独戸籍が新たに作られ、そこから養親の戸籍に入る仕組みとなっている。そのため、特別養子になった後の戸籍をみると、実親の記載はないが、戸籍には子の従前の戸籍、すなわち特別養子になるために作られた子の単独戸籍の情報が記載されるので、その戸籍から遡れば、実親の氏名を知ることができる。このように、実親をたどれるようにしながらも、戸籍上、実子のようにみせるために、込み入った手続きとなっているのが特別養子制度である。

次の事例は、子のいない若い夫婦が特別養子にする約束で新生児を引き取ったところ、実母が翻意し、紛争となっているケースで、この若夫婦の仲人の女性からの相談である。

お嫁さんは三年前、婦人科の手術をして子どもは望めません（略）ある方の娘さんが未婚の母になり、「その子をもらってくれないか」と病院から電話が入りました。家族で相談の結果、もらい受けることにし、娘さんの了解のもとに手続きをし、一週間後に赤ちゃんを連れて帰りました。そのとき、六か月後に特別養子縁組をすると娘さんの戸籍も汚れずにすむという申し出を承諾。とりあえず姓は娘さん、住所を若夫婦と同じにし、名前をつけて出生届をしました。ところが三か月を過ぎたころ、娘さんから「子どもを返して欲しい」という連絡があり、結局、地裁で調停になりました。現在まで三回出向いて「返せ」「返せない」の繰り返しです。

（一九九〇年三月一二日「誕生直後の子もらったが……——三か月後、生母に返還迫られ悩む若夫婦」）

トラブルの原因は、未婚出産の事実を隠蔽するかのごとく、特別養子縁組の約束が出産直後に行われ、産後一週間で女性から子が引き渡された点にある。女性も了解したうえでの子の引き渡しであったというが、これには女性の親をはじめとする周囲の意向が強く働いているとみられる。そもそもこのような特別養子縁組の約束がなされたのは、女性の戸籍が「汚れずにすむ」という理由による。

前述したとおり、特別養子の場合、戸籍上、子の親欄には養親が実親のように記載される。しかし、未婚で出産した女性の戸籍が汚れずにすむ、というわけではない。この事例の場合子が生まれると、女性を筆頭者とする戸籍が作られ、そこに非嫡出子として子が入籍する。その後、家庭裁判所の審判によって特別養子縁組が成立すれば、先に説明したとおり、子は女性の戸籍から除籍され、単独戸籍が作られるが、この際、子の除籍という事項が女性の戸籍に記載される。よって、婚外出産の事実が女性の戸籍の「汚れ」だとすれば、生後すぐに子を手放して特別養子縁組をしても、女性の戸籍が汚れることに変わりはない。

ただし、その後の戸籍の操作で、子の除籍の記載を消すことはできる。というのも、子が女性の戸籍から除籍された後、女性が他の市町村に本籍地を移せば、そこで新たな戸籍が作られ、そこには除籍された子に関する記載は引き継がれないからである。(7) こうして、戸籍の汚れを表面上みえなくすることができる、というわけである。

このような工面ができるものの、そもそも特別養子制度の創設に至る法案審議の過程において、子を出産した母の戸籍問題は十分に検討されていないという（菊池 1998: 91）。この事例では、女性の親が娘の戸籍を汚すまいと、出産前から特別養子縁組の準備を進め、出産後の本人の意思確認を十分に行わずに、一刻も早く、あたかも出産の事実を打ち消すかのように、子を女性から引き離したものとみられる。その場面を想像すると、「未婚の母」に対する社会の抑圧から娘を守ろうとする親の必死さが伝わってくる。この事例は一九九〇年の相談であるが、婚外出産した女性の戸籍を「汚れ」とみなす観念が、いかに日本社会に根深いものか、端的に示している事例である。

(3)　子の父との婚姻

未婚で妊娠した場合、その女性と子の父にあたる男性との関係はさまざまである。結婚できる関係もあれば、結婚できない関係もあり、それぞれのケースの事情は一様ではない。

次の事例は、事実婚状態で妊娠しているが、生まれる子を嫡出子にするために婚姻届を出すかどうか悩んでいる女性からの相談である。

先夫の子ども一人あり、小学六年生です。現在の夫は、年齢の開きも大きく、暴君で、私とは性格が合わないため苦労してまいりました。結婚後四年になってもまだ籍を入れてありませんが、これは第一に母が不賛成なためです。私は、父はなく母一人に育てられてきましたので、その母を捨てて夫の籍にはいる気がいたしませんでした。(略)私も妊娠しましたので、落ち着いた生活を送りたい気持ちが強くなりました。将来のことを考えるともう一人子どもがほしいと思うのですがそれにつけて気になるのは籍のことです。(略)妊娠と一緒に籍のことを母に相談したところ、子どもが将来、親なし子として肩身の狭い思いをするから籍をいれたら、との返事がありました。

（一九六一年三月一七日「籍を抜けば母一人——そのために内縁のままの主婦」）

女性は離婚しており、元夫との子の戸籍は夫の戸籍に残し、自身は離婚後に復籍したものとみられる。それで現在、女性と母親の二人の戸籍になっているのであろう。女性は、母親一人を戸籍に残して夫の戸籍に入りたくないとの理由から、これまで事実婚を選択してきたが、妊娠を機に、婚姻届を出すかどうか迷いが生じている。女性の相談の真意は明確ではないが、母親を「ひとり戸籍」にしたくないという思いと、自分の子を非嫡出子にしたくないという思いとの間で葛藤しているようである。しかしこの場合、夫の戸籍に入るか否かにかかわらず、子を産めば、女性は現在の戸籍から除籍され、母親は「ひとり戸籍」になる。それを理解したうえでの相談であるとすれば、産むか産まないかの悩みということになる。いずれにせよ、これは家族単位の戸籍編製がもたらす苦悩といえる。

女性の母親は、これまで女性の結婚に反対してきたが、妊娠を告げられ、生まれる子が「親なし子」となることを案じている。ここでの「親なし子」は非嫡出子をさしているが、そのことで差別を受けないよう、母親は結婚反対の考えを曲げ、女性に婚姻届を出すよう勧めている。こうしてみると、女性の悩みにも母親の返答にも嫡出子至上主義がみてとれる。さらにいえば、ふたりとも事実婚は容認しており、夫婦は法的に結婚しなくてはならないという婚姻規範はそれほど強いとはいえず、嫡出子至上主義が婚姻規範を凌駕している。この事例では、嫡出子至上主義が人々を「婚姻家族」の戸籍へと駆り立てているといえる。

回答者（大浜英子）は事実婚には否定的で、「夫の籍にあなたがはいるのは、妻であれば当然のこと」と述べ、それは母親を捨てることではないと指摘している。そして、戸籍が一緒であるか否かにかかわらず、子は親を扶養する義務があることを説明し、婚姻届を出すよう勧めている。回答者はこれに続けて、「正式に結婚した父母であることが、子どもに対する第一の親の義務」と強調し、「子どもは物心ついたとき、父母が並んで戸籍にのっていないと、ひけめを感じることもあります」と、子のために婚姻届を提出するよう強く促している。さらに最後にもう一度、「それは、あなたの子どもに対する義務です」と述べて、婚姻届を出すよう説得している。これもまた、嫡出子至上主義に依拠した「婚姻家族」規範といえよう。

このように回答者は、子を非嫡出子にしないことが親としての義務、と繰り返し訴えているが、それは老親への扶養義務の観念にとらわれた女性を解放しようとしてのことである。しかし同時にこの回答は、婚外子に「ひけめ」を感じさせるような、「父母が並んで」示される家族単位の戸籍を批判することなく、婚外子が生きづらい現実をそのまま是認したものとなっている。ここには、「家」制度的な家族観から近代家族的な家族観への転換を促すなかで、「子どものため」として嫡出子至上主義が前面に打ち出され、そこから「婚姻家族」規範が強化されていく、という構図がみてとれる。この事例は一九六一年の相談であり、時代性もあるが、「家」制度的な観念が残るなかで、それを払拭しようとするあまり、近代家族のあり方が価値づけられ、結果的に規範として強化されるということはしばしば陥る問題である。

次の事例は二〇〇二年のもので、子の父と結婚するつもりが不可能となり、さらに認知も拒否され、途方に暮れている女性からの相談である。

子どもの父親とは〝できちゃった婚〟をする予定でしたが、事情があって結婚できなくなりました。（略）子どもが成人するまで、養育には協力してくれるという口約束はできています。しかし、認知については考えていないと言い切ります。「自分が引き取って育てるなら認知するが、今のままでは戸籍上だけの父親で、おかしいから」というのが彼の言い分です。また、私がいずれ子どもを連れて再婚するような場合、認知していないほうがいいのではないか、とも言っています。父親に認知されていない子どもは進学や就職などの面で不都合があると言われていますが、どうしたらいいのでしょうか。

（二〇〇二年八月一九日「結婚かなわず、子の認知拒む彼——養育への協力は約束するが……」）

子は生後六か月という事例である。男性は「戸籍上だけの父親」、つまり、生活を共にしない父親では意味がないと主張して、認知を拒否している。これは責任放棄のための方便に過ぎないが、戸籍に対する一つの見方を示している。戸籍に関しては、「せめて戸籍の上だけでも」というように、実態はなくても戸籍上の関係に価値を置く戸籍重視の見方がある一方で、この男性のように、戸籍は実態を伴わない形式的なものとみなし、これを軽視する見方もある。

回答者（土肥幸代）は男性の言い分を身勝手で間違っていると断言し、認知されているかどうかで子の法的な身分に大きな違いが生じ、認知されなければ子は扶養や相続などの法的権利を得られないことを説明している。あわせて、認知されなければ、「戸籍の父の欄は空欄」となることを指摘し、さらに女性が子連れで再婚し、再婚相手が子と養子縁組をして養父になっても、「空白となっている生みの父親の欄が埋まるわけではありません」と重ねて父親欄の空白問題に言及している。そして、認知されなければ、「法的に不利であるばかりでなく、生い立ち不明の子という偏見を持たれかねません」と強調し、認知を求めるよう説得している。

この回答は、婚外子への差別や偏見が、戸籍の父親欄に起因していることを明快に示している。回答者は、認知を回避しようとする男性に女性が言いくるめられないよう、「生い立ち不明の子」という強烈な表現で、婚外子が直面する現実を率直に指摘したものとみられる。しかし、結果的にみればこの回答は、先の回答者が「父母が並んで戸籍にのっていないと、（子が――下夷注）ひけめを感じる」と指摘していたのと同様、戸籍制度のあり方を批判することなく、それによる婚外子差別の現実を是認するものとなっている。

この事例で女性が子の父親と結婚できなくなった事情は明らかではないが、子の父と結婚できないという女性からの相談には、子の父が既婚者の場合もあり、なかには子を非嫡出子としないために、生まれた子の出生届を出していないケースもある。

次の事例は、離婚調停中の男性との間に子をもうけたが、男性の離婚が成立するまで子の出生届は提出しないと決めている女性からの相談である。

彼は二年前家裁で離婚調停をして奥さんと正式別居し、奥さんと三歳の子供に毎月三万五千円の生活費を送っています。（略）私にも生後四か月の女の子がいるのですが、いまだに無籍のままです。いずれ私が彼と結婚できたとき、私の入籍といっしょに子供の出生届を出すつもりです。罰金その他、役場からしかられるのは覚悟しています。いますぐ私の籍へ入れて彼に認知してもらえばいいのですが、親から勘当同様にされ、いなかのため体面もあってできません。子供の将来のために、私たち二人の子供として証明される良い方法があれば教えて下さい。

（一九七四年五月二八日「子供の認知に苦心――もめ続ける彼の離婚話」）

女性が既婚男性と四年前から関係を持っているというケースである。男性の離婚が成立すれば、子の無戸籍状態は解消されるが、この女性との関係が夫婦関係を破綻させた原因となっているとみられ、そうである以上、妻が応じなければ離婚は難しい。これまでの事例でも無戸籍のケースがあったが、それは提出されるべき出生届が提出されず、結果的に無戸籍となったものであった。それに対し、この事例では女性が子を非嫡出子にしたくないという強い決意のもと、意図的に出生届の提出を控えている。

女性は本来、非嫡出子として届け出て、認知を受けるべきであることは認識している。しかし、親との確執や共同体における体面上、母子のみの戸籍を作ることができないという。すでに親から勘当同然というからには、実家を出て暮らしていると思われるが、当時、戸籍は公開されており、親族や共同体の監視下におかれていたといいえる。親の戸籍に入っている女性が子の出生届を出すと、出生届の提出を理由に親の戸籍から除籍となり、そのことが親の戸籍に記載される。親の戸籍を介して、婚外出産の事実が親族や共同体の人々の知るところとなるのであろう。そのため、女性は法的制裁を覚悟で、婚姻届と同時に出生届が出せるまで、子を無戸籍の状態に置いているのである。こうしてみると、戸籍の公開制度のもと共同体によって、女性が嫡出子至上主義に追い込まれ、その結果、子が無戸籍を強いられているともいえる。

回答者（鍛冶千鶴子）は、男性の離婚後に婚姻届と子の出生届と認知届を同時に出せれば最善であるが、前提となる離婚成立の見通しがたたない以上、現時点ではまず出生届を出し、母子の戸籍を作るしかないと指摘している。他方で、認知については、離婚交渉の進行状況により先送りするのもやむをえない、と述べており、認知請求が離婚交渉を難航させる可能性を示唆している。たしかに、男性の妻が、離婚交渉中に男性が認知したことを知れば、態度を硬化させることは十分考えられる。

つまり、回答者の提案は、女性を筆頭者とする戸籍に非嫡出子として子を入籍させ、当面、認知は請求せず、男性の離婚を早期に成立させ、その直後に認知届と婚姻届とを提出して、子を夫婦の嫡出子にする、というものである。これは、子の無戸籍状態を早急に解消し、かつ、早期に嫡出子にするための現実的戦略として提示されたものだが、法的父子関係よりも離婚の成立を優先しており、子の権利の観点からみれば苦肉の策といえる。

それでも、期待どおりに妻がすぐに離婚に応じるかどうかはわからない。妻にも三歳の子がおり、離婚協議のなかでは子が成人するまで離婚しないと主張したりしているようである。このように妻側にも子がいる場合、たとえ夫婦関係は破綻していても妻が離婚に応じないケースはある。

次の事例は、男性の離婚がなかなか成立せず、子を嫡出子にできないと苛立つ女性からの相談である。

私は現在の主人といっしょになって六年になり、四歳の女の子が一人あります。主人は五年前に、奥さんと女の子二人に《ママ》別れていります。(略) 私は主人といっしょに、一生懸命働き、なんとか切り抜けてきましたが、出ていった奥さんがいまだに、どうしても籍を抜いてくれないのです。(略) 私の子どもは主人に認知してもらってありますが、学校にいくようになると、困るのではないかと思います。前の奥さんの籍は主人と何年くらい別に暮らしていれば、抜けるのでしょうか。

(一九六七年一二月二八日「籍を抜かぬ〝先妻〟――私には子どももあるのに」)

女性とこの男性は六年間、事実婚関係にあり、対外的には「婚姻家族」として生活しているとみられる。子は認知されており、父との間に法的親子関係は成立しているが、身分は非嫡出子であることから、女性は子が就学するまでに男性と婚姻届を出し、子を嫡出子にしたいという。認知後に子の父親と母親が婚姻すれば、その子は出生に遡って嫡出子となるからである。これは準正と呼ばれる制度で、女性は準正により戸籍上も「婚姻家族」となれば、子が不利益を被らなくてすむ、と考えているのである。

しかし、問題は男性の妻が離婚を拒否していることである。男性と妻との夫婦関係はすでに破綻しているが、この事例も先の事例と同様、夫婦の破綻原因がこの女性との関係にあるとみられる。よって、妻が離婚を拒否している限り、離婚は困難である。妻が離婚に応じない理由は明らかではないが、妻の側にも二人の子があり、子のために戸籍を汚したくないと考えている可能性は十分にある。そうすると、この事例も先の事例も、わが子のために「婚姻家族」の戸籍を確保しようとする母親どうしの対立とみなされる。まさに、家族単位の戸籍編製が招いている紛争である。

3　認知がもたらす葛藤——妻および嫡出子の反発

(1)　戸籍に記載される認知の事実

前述の通り、婚外子の場合、父が認知の手続きを行うことで法律上の親子関係が成立し、これにより、子は父親から扶養を受ける権利や、父の遺産を相続する権利を得る。戸籍の面では、認知届が出されると、子と父の両方の戸籍に認知の事実が記載されることになる。

父の戸籍については、身分事項欄に認知の項目が追加され、そこに認知の日付のほか、認知した「子の氏名」と「子の戸籍」が記載される。「子の戸籍」とは、具体的には、子が入っている戸籍の本籍地と戸籍筆頭者のことである。婚外子が未成年の場合、その多くは母を筆頭者とする戸籍に入っていることから、父の戸籍に「子の戸籍」の情報として、婚外子の母の氏名が記載されることになる。こうしたことから、本来、認知は父子間の問題であるが、父の婚姻家族にとってもその戸籍に関わる重大な問題となる。いうまでもなく、戸籍が家族単位で編製されているからである。

次の事例は、戸籍をみて、夫に認知した子がいることを知った女性からの相談である。

> **一八歳を頭に七人の子供の母、引揚げ以来、五年間、主人と別居していましたが、借家が手に入ったので同居しようとの言葉に、上京して来ましたら主人には二号があり、一男があります。先日、戸籍を調べましたら、二号《（ママ）》と共に子供も認知してありました。何等の相談もなく認知しても、私にはそれを拒否することは法律上許されないでしょうか。**
>
> （一九五一年七月二六日「夫には二号——子供の認知に悩む妻二人（a）」）

一九五一年の相談であり、子の年齢からみて、戦前に結婚した夫婦のケースである。女性は夫が愛人との間に子をもうけたことも、その子を認知したことも一切知らされていない。戸籍をみて事実を知った女性は、夫が認知することを妻の立場として拒否したい、と訴えている。回答者（大浜英子）は女性の心情に理解を示しつつも、父が子を認知することは、妻の承諾の有無にかかわらず当然の義務である、と説明している。

女性の言い分としては、家族の戸籍に記載される重大な法律行為であるにもかかわらず、夫の意思だけで認知が行われることには納得がいかない、ということであろう。家族単位ゆえに生じる不満といえるが、このような戸籍のあり方により、認知が父子の問題としてではなく、家族の問題として捉えられているのがわかる。

次の事例は一九七八年の相談だが、先の事例と同様、夫に認知した子がいる事実を戸籍謄本をみて知ったというケースで、夫婦の子への影響を心配している女性からの相談である。

先日、必要があって戸籍謄本をとりましたところ、会社員の夫が他の女性との間に男の子をうませ認知して戸籍にのせていることを知りました。あまりのことに一時は母子で心中を、とも考えたほどですが、思いとどまり、今は子供の成長を心の支えにしております。そこで相談ですが、親の不始末はできるなら子供にはかくしておきたいのです。生まれた子は生後すぐ養子に出したとのことですが、戸籍はどうなるのでしょうか。家族の同意がなくても入籍できるものなのでしょうか。（略）私たちの言い分は聞いてもらえないのでしょうか。

（一九七八年二月二三日「夫の〝隠し子〟に衝撃――戸籍謄本で初めて『認知』を知る」）

夫婦には三人の子がおり、女性は子どもたちにこの事実を知らせたくないと、戸籍から認知の記載を削除できないか思案している。また、認知された子が自分たちの戸籍に入るのではないかと心配し、入籍には反対したいと訴えている。女性はわが子のために「婚姻家族」の戸籍に強くこだわり、戸籍の汚れを一切残すまいと懸命である。

回答者（鍛冶千鶴子）は、認知の事実は戸籍に記載されるが、認知と入籍は別問題であり、認知だけで子が父の戸籍に入るわけではないことを説明している。そして、すでにその子が養子に出ていることから、将来的にも女性と夫との戸籍にその子が入る可能性はないであろうとの見通しを示し、妻の懸念の払拭に努めている。ただし、「父をさがす権利をおとなの都合で子から奪ってはならないことも理解してほしい」と訴え、認知された子への配慮を求めている。

法的父子関係を示す認知の事実が父の戸籍に記載されることは当然のことであり、認知された子の立場からみれば、父の妻とは関係のない問題である。しかし、妻の側からすれば、自分たちの戸籍に認知の事実が記載されることへの抵抗感は強い。「戸籍＝家族」観念のもと、「婚姻家族」メンバーからみれば、「婚姻家族」をはみ出す関係が戸籍に記載されることは容認しがたいのである。

次の事例は、認知の事実が父の戸籍に記載されていることを知った娘からの相談である。

私と兄が子供のころに両親が離婚、二人は母に引き取られましたが、兄が姓が変わるのを嫌がったため、兄と私は父方の姓を名乗っていました。その後、私は結婚して姓が変わり、兄もこのほど結婚がきまりました。ところが、（略）兄が戸籍をとったところ、父には外に認知した子供が二人もいることがわかりました。さらに兄は、先日偶然会った親せきから、父が多額の借金を抱えていると知らされ、「父親の姓なのだから、肩代わりしたらどうか」と言われたそうです。私も、会ったこともないきょうだいと一緒に父の戸籍に載っていて、不愉快な気持ちでいっぱいです。彼らの面倒を見ることになるかもしれないのも心配で、旧姓を変えたいぐらいです。

（一九九九年八月一〇日「幼い時に別れた父が借金――兄は大丈夫？　認知した子までいた……」）

女性はすでに結婚しており、父を筆頭者とする戸籍から除籍されている。しかしそれでもなお、戸籍謄本をみて父に認知した子がいることを知り、「会ったこともないきょうだい」のことが同じ戸籍内に記載されていることに強い不快感を示している。女性は、父の借金の返済や異母兄弟の扶養に巻き込まれないよう、旧姓を変えて、父の戸籍から自身の記載を消そうとしている。実際に旧姓を変えることはできないが、女性としては、旧姓を母の氏に変えれば父の戸籍との関係を断つことができ、それにより一切の法的家族関係が解消すると考えているのである。ここでは「戸籍＝家族」観念がさらに強力になり、戸籍が法的家族関係を決定するといった観念が持たれている。

回答者（鍛治千鶴子）は、旧姓の変更が認められないことを指摘したうえで、氏や戸籍を別にしても親子関係は切れないこと、逆に氏や戸籍が同じであるからといって、そのことだけで父の借金返済や異母兄弟の扶養が強制されることはないことを説明している。ただし、相続に関しては、女性も父の相続人になるため、その段階で父の負債を相続しないよう手続きをする必要があるとアドバイスしている。

この事例は父に借金があることから、女性は相続を放棄するとみられるが、父に相続財産があるケースを考えると、父に認知された子の存在は婚姻家族側の子の相続分に直接影響する。よって、婚姻家族としては、遺産相続の紛争を避けるためにも、認知された子がいるか否かについて、あらかじめ知っておいたほうがよい。しかし、この事例も前の事例も、夫（父）は妻や子に認知の事実を伝えていない。いずれのケースも、妻子がその事実を知ったのは、たまたま戸籍謄本を目にしたからである。その意味では、家族単位にも利点があるといえなくもないが、家族単位であることが、婚姻家族側の婚外子に対する負の感情を増幅させているのは事実である。そしてそれは、認知の抑制という子の権利を脅かす問題に至る可能性もある。

次の事例は、認知の事実が子の父の戸籍に記載されることを心配し、認知を請求すべきかどうか悩んでいる女性からの相談である。

未婚の女が妻子ある人の児を生んだ場合、相手が知名の士であると、認知することによって相手（父）の戸籍に記載されるので、そのためスキャンダルとなり、社会的生命が失われ、そのため自分と子供に対して送られていた生活費が途絶える、またその家族の縁談等で戸籍謄本をとれば父の不行跡がばれて困る。母の気持は父がはっきりしている以上、私生児では子供の将来ならず《（ママ）》、母としての義務が果たせない、特に相手が老齢だったり、資産があれば、認知の問題は切実となる、認知はどうでも、幼児を抱えての母の生活は困難だから時期が来るまで現状を維持すべきか（略）。

（一九五二年五月二八日「日陰の母子――認知か、現状の維持か」）

一九五二年の相談でやや時代を感じさせる事例ではあるが、過去の時代の問題とは言い切れない。女性は男性の戸籍に認知の事実が記載されることで、彼の社会的地位が失われたり、男性の家族に認知の事実が詳らかになったりすることを懸念している。そのことが結局、自分たちの生活に跳ね返ってくるからである。女性は、子の将来にとって認知が重要であることは認識しているが、自身と子の生活を全面的にこの男性に依存しているため、男性からの扶養が途切れることをおそれ、認知を請求すべきか否かを迷っているのである。

認知の記載がスキャンダルになる背景には、当時、戸籍が公開されていたという問題がある。また、男性の婚姻家族の結婚に影響することも認知請求の抑制要因になっているが、これはまさに、家族単位の戸籍編製による問題である。

こうしてみると、戸籍の公開制度や家族単位の戸籍編製のあり方が、女性に認知請求を抑制させる圧力となり、結果的に子に不利益をもたらしているといえる。戸籍の公開制度については、その後の法改正で制限が課されているが、家族単位の戸籍編製が認知請求の抑制要因になっていることは、現在でも十分考えられる。

(2)　認知された子の入籍

認知により法的な父子関係が成立するが、認知されたからといって、子が自動的に父の戸籍に入るわけではない。したがって、子の氏も変わらない。子が父の氏を名乗るには、家庭裁判所の審判で「子の氏の変更」の許可を得て、その後、父の戸籍への「入籍届」を市区町村役場に提出する必要がある。家庭裁判所への審判の申立人は子であるが、子が一五歳未満のときは法定代理人が申し立てる。法定代理人は、通常は子の母がつとめる。しかし、ここまでみてきた相談事例からわかるとおり、認知された子の入籍に対しては、婚姻家族の側の抵抗が大きい。

次の事例は、夫が認知した子の入籍を拒絶している女性からの相談である。

三年前から夫は四歳年下の愛人と同せい生活に入り、昨年一二月女子誕生、夫が認知して愛人の籍に入れた模様です。実は先日、家庭裁判所から出頭通知を受け、大ショックを受けたのですが、その内容は愛人が法定代理人、申立人がその子供で、子の氏変更の件とありました。子供を私と主人の戸籍に入れる事のようですが、私は自分たちの戸籍には絶対入れたくありません。あとあとのこともありますし、気持ちの上からも入れたくないのです。夫が認知して愛人の籍に入れたままでは仕方が無いと思います。しかし夫の子であれば、私どもの戸籍に入れることについて私がこばみ通すことはできないのでしょうか。

（一九七六年七月二〇日「愛人の子入籍迫る夫——三年前から同せい、既に認知」）

女性は「私と主人の戸籍」「自分たちの戸籍」に、夫が認知した子が入ることを強硬に拒否している。その理由は、「あとあとのこと」と「気持ちの上から」であるという。このうち、妻としての気持ちについては想像に難くないが、「あとあとのこと」として女性が何を懸念しているのか文面からはつかめない。夫婦の間に子がいる様子はなく、わが子の将来のためということではなさそうである。

回答者（鍛冶千鶴子）は、女性が受けた精神的打撃に理解を示し、全面的に妻の立場に立ったうえで、家庭裁判所に自身の反対の意向を明確に伝えるべき、とアドバイスしている。実際このような場合、父の戸籍に入っている妻の同意がなければ、家庭裁判所はなかなか許可を出さないようである。

しかし、氏を基準にした家族単位の戸籍制度の下では、認知された子が父の氏を称するには、父の戸籍に入るしかない。子の側からみれば、認知によって法的に父子関係が認められているにもかかわらず、父の妻という、いわば第三者によって入籍を拒否され、父の氏を名乗ることができないことは理不尽に感じられるであろう。また、子は父の氏を名乗りたいというだけであって、母の戸籍から父の戸籍へ、すなわち父とその妻子の戸籍へ移ることを望んでいるわけではない。こうしてみると、家族単位の戸籍の編製が、婚外子側と父の婚姻家族側の双方に葛藤をもたらし、結果的に子が父の氏を名乗ることの障壁になっているといえる。

次の事例も前の事例と同様に、夫が認知した子の氏の変更について、妻が家庭裁判所から通知を受けたケースで、入籍に反対意思を表明した母を思いやる娘からの相談である。

父は五八歳で、二〇年前から愛人A女とくらし、一九歳をかしらに、四人の子どもがおります。私たちきょうだいも四人ですが、長女の私はすでに結婚してしあわせにくらし、弟妹三人が母といっしょにくらしております。（略）先日、家庭裁判所から母あてに、A女の子どもの入籍について通知がまいり、母は反対の返事を送りました。私たちきょうだいも反対です。母は残る三人の子どもの結婚や就職のために、戸籍はこのままにしておきたいと申します。（略）母が知らぬ間に籍をぬかれて、離婚となったり、あるいはA女の子を入籍させたりすることがあるでしょうか。

（一九六六年四月一二日「父の愛人に子供——入籍の通知めぐり母と悩む」）

父に認知された子の入籍に対する婚姻家族側の拒否感は、妻だけでなく子にも共通している。この事例は、すでに結婚して親の戸籍から除籍になっている長女からの相談であるが、妻と婚姻家族側の子全員が父の婚外子の入籍に反対の意思を示している。よって、このケースではおそらく裁判所は「子の氏の変更」を許可しないものとみられる。

父とA女の事実婚は二〇年に及んでおり、その子らは誕生時から父と一緒に生活している。おそらく、認知もされ、法的にも親子関係にあるとみられる。子の立場からすれば、実態的にも法的にも父子関係が形成されているにもかかわらず、父の氏を名乗れないことは納得がいかないであろう。

別居期間が二〇年ともなれば、夫婦関係が破綻しているのは明らかであるが、妻に離婚の意思はなく、未婚の子三人の結婚、就職のために「戸籍はこのままにしておきたい」と、「婚姻家族」の戸籍を維持しようとしている。他方、A女の子四人も長子が一九歳ということで、就職や結婚の年齢となっている。なぜこの時点でA女の子が氏の変更を訴えたのか、その理由はわからないが、就職や結婚を控え、未婚の母を筆頭者とする戸籍による差別を避けるために、父の戸籍に入籍しようとした可能性はある。そうだとすると、婚外子の側が入籍を求めるのも、婚姻家族の側がそれを拒否するのも、その理由は、子の就職や結婚に有利な戸籍を確保するためということになる。ここでもまた家族単位の戸籍が、より望ましい戸籍をめぐる争いへと双方の家族を駆り立てているようである。

さて、上記の二つの事例は、認知された子が父の戸籍への入籍を求めるケースであったが、子自身が入籍を望む場合もあれば、望まない場合もある。前述のとおり、認知と父の戸籍への入籍は別であり、認知された子が父の戸籍に入るには、家庭裁判所から「子の氏の変更」の許可を得なければならないが、これは戦後になってからのことである。戦前は、父から認知された子は庶子と呼ばれ、父の戸籍に入り、父の氏を称することになっていた。というのも、「家」制度のもとでは、父が認知した子は「家」の子として扱われるからである。

次の事例は、戦前に認知され、庶子として父の戸籍に入っている男性からの相談である。

私は生れるとすぐ戸籍に庶子として記載され、ずっと母の手で育てられて来ました。もし父（二年前死亡）の手に引取られていたらメカケの子と知らずに過ごせたかもわかりません。（略）他人から父の名や母の名を聞かれるのが一番つらいことでした。中学卒業の時、母の姓をなのりたいと相談したところ成年に達せねば……と言われ、今春高校を卒《お》え就職の際もまた悩みを新たにしましたが、いまのうちに養子として母の籍に入れてもらえたら私のこれからの人生も明るく楽しくなると思います。

（一九五五年九月二八日「僕はメカケの子——母の姓をなのりたいが」）

男性は一八歳の若者だが、一緒に暮らしている母親と姓が異なることに悩み、自分が父の戸籍と母の戸籍のどちらに入っているかという問題に苦しめられている。男性は中学卒業時にも母親の戸籍に移りたいと訴えているが、母親はそれを聞き入れていない。その理由は明らかではないが、前の事例のように、父の戸籍に入っているほうが子の将来の就職や結婚に有利という考えもあったかもしれない。いずれにせよ、この事例は、氏を基準に家族単位で編製される戸籍のあり方が、婚外子として生まれた子に対しても、計り知れない苦悩をもたらすことを示している。

第5章 戸籍の不条理
結婚・離婚・再婚にまつわる「身の上相談」から

1 結婚と戸籍謄本——身元調査の時代性

(1) 結婚詐欺からの自己防衛

結婚と戸籍をめぐる相談では、相談者や回答者が戸籍による身元調査について言及している事例が目立つ。戦後、少なくとも一九五〇年代・一九六〇年代までは、結婚の前に戸籍をもとに相手の身分関係を確認することは、特別なことではなかったようである。身の上相談には、こうした戸籍による確認を行わずに事実上の夫婦となった男性や女性からの悩みが寄せられている。

次の事例は、仲人の話を鵜呑みにして、相手の女性と一度も会わずに結婚した男性からの相談である。

結婚について仲人を信頼し、すべてを一任して、非常な良縁であり好条件なので両親とも相談の上、見合もせずに昨年五月結婚しました。(略)仲人のいい分とは全く違い、年齢も私より四つ年上であることがわかりました。（略）妻は過去二回離婚しておりますが、現在妊娠六か月になっているので、再三交渉しても前に離婚した役場から移籍出来ず困っています。（略）妻の家計のやりくりが悪く、何度意見しても聞き入れないので毎日が不安です。（略）離婚も考えていますが、がまんすべきでしょうか。

（一九五八年一月一三日「だまされた結婚――仲人が妻の過去をかくす」）

男性は離婚が成立していない女性と事実上結婚し、まもなく子が生まれるという状況で、この女性との離婚について相談している。回答者（山本杉）は人任せにして結婚したことに驚き、だまされた責任は男性自身にある、と叱責している。男性は、結婚の際も戸籍に無頓着だったといえるが、生まれる子の戸籍の問題についてもさほど深刻に考えていない。むしろ、妻の家計管理のほうを問題にしている様子である。回答者は、そのような男性の態度にも憤慨し、「籍の入らないことのほうが大問題」「法律的に、あなたは人妻に子どもを生ませることになる」と問題の重大さを指摘したうえで、子どものために最優先で妻の戸籍問題を処理するよう諭している。

男性が仲人とどのような関係であったのかわからないが、結婚相手の経歴どころか、結婚意思すら確認せずに夫婦生活に入るというのは、安易な態度としか言いようがない。結果的に妻は事実上の重婚で、男性は先行きを憂慮する事態に陥っているが、たしかに男性が結婚前に相手の戸籍を調べさえすれば、こうした事態は容易に回避できたといえる。

次の事例も相手が既婚者であることを確認せずに事実上の夫婦となったケースで、その後の入籍をめぐり夫といざこざが起きている女性からの相談である。

式はあげられないけれど籍は入れてもらえるつもりで一緒になりました。年老いたシュウトメにも一生懸命つくし、田や畑の仕事もやりましたが、なかなか籍を入れてくれず、心配になったので夫にたずねたところ、先妻と別居中でその籍が抜ければ入れてやるとのことでした。そのうち先妻との問題も片付き夫が書類をつくり、暇がないというので私が届けにいき入籍しました。（略）私のことを勝手に籍を入れたどろぼうだとののしり、慰謝料をやるから別れろといいます。

（一九六〇年二月一九日「やっと入籍した私――いじめられても別れたくない」）

女性は相手の男性が妻と別居中であることを知らず、入籍できると思い込んで夫婦生活に入っている。その後、婚姻届を出すことができたが、女性はその経緯について夫に言いがかりをつけられ、離婚を迫られている。回答者（大浜英子）は、相談の文面からこの夫が妻との生活を立て直す意思がないとみて、離婚を勧めている。女性は離婚を望んでいないようだが、先の事例の男性と同様、事前に相手の戸籍を調べていれば、こうした事態には陥らなかったといえる。

次の事例は、相手が元教員というだけで一切を信用し、相手の素性や家族関係を調べずに結婚した女性からの相談である。

夫は四四歳、先妻に病死され、まもなく私と再婚したわけですが、私は、以前夫が高校の先生をしていたために、信用して戸籍も調べず、いっしょになりました。結婚してから、先妻との子が三人もいることを知っておどろきました。（略）年の若い私は母親扱いされず、毎日いじめられて泣いています。夫も教師時代に何人もの女性をだましてお金をとり、訴えられて退職したそうで、退職金はその返済にあてたそうです。（略）昨年生まれた赤ん坊を引き取って別れようかと迷っていますが、（略）もし先生が私だったら、どうされるでしょうか。

（一九六八年五月二三日「戸籍も調べず結婚――連れ子が三人、いじめられ通し」）

女性は相手が妻と死別していることは知っていたが、その妻との間に三人の子がいることは知らずに結婚している。子といってもすでに二〇歳、一八歳、一七歳の青年で、長男には非行歴もあり、女性は彼らからいじめられているという。また、女性は結婚後に夫の過去の悪行を知り、結婚生活にも不満を抱いている。そこで、回答者に仮に自分の立場であればどうするか、と質問している。

それに対して回答者（小山いと子）は、「私だったら相手が以前高校の先生をしていようとも、現在大学の先生であろうとも、十分調べて結婚する」と述べたうえで、「これは疑うとか信用しないとかの問題ではなく、当然のこと」と明言し、結婚前の身元調査は至極当然、との認識を示している。そして、「あなたもせめて戸籍だけでも取り寄せてごらんになったら、いまほどにならずにすんだでしょうに。戸籍を調べるなんて、わずかの手数でできることです」と述べて、戸籍調査を行わなかった女性の態度を問題視している。たしかに、戸籍の閲覧も戸籍謄本の請求も、誰にでも認められていた時代のことであり、女性が事前に男性の戸籍を確認しておけば、先妻との間に子がいることは簡単に把握できたといえる。

ここまでの結婚に関する三つの事例は一九五〇年代、一九六〇年代の相談だが、いずれのケースも、一方は相手に事実を隠して平然と結婚し、他方は相手の婚姻歴や親族関係を知らないまま安易に結婚生活に入っている。こうした実態があるなかで、相手の身元がはっきりしていない場合には、結婚前に戸籍で確認する必要があったのであろう。

実際、結婚式を挙げたり、夫婦として生活を始めたりしたあとで問題に気づき、それから戸籍調査を行ったところ、相手の前婚が継続しているばかりか、相手にはそもそも結婚意思すらなかったことが明らかになるケースもある。

次の事例は、結婚式翌日に戸籍を調べたところ、夫が前妻といまだ婚姻中であることを知り、その後実家に戻ってきた姉のことを心配している妹からの相談である。

（姉は―下夷注）昨年末、なこうどの口ききで、財産もある裕福な農家で女の子（四つ）ひとりいる人のところへとつぎました。ところが、式の翌日、無名の人からの手紙で先妻の籍が抜《（ママ）》いてないことを知り、父がおどろいて市役所を調《（ママ）》べ、それが事実であることを確かめました。抄本を先方にみせると両親は平あやまりですぐに籍を抜くと約束しましたが、姉の夫がさせないのです。（略）ついにいたたまれなくなった姉は戻ってきたのです。憤慨した実家では、家裁に重婚の訴えを出しましたが、こっちの調査不十分が原因だから勝ち目はないとのこと、慰謝料も多くて五万円ぐらいと聞きました。

（一九六二年三月一三日「先妻の籍そのまま――いたたまれず実家に帰った姉」）

女性側は結婚式翌日に匿名の手紙を受け取るまで、相手の男性が婚姻中であることに一切気づいていない。女性側は仲人を信用して男性との結婚を決めているが、男性には先妻（法律上の現在の妻）と離婚する意思がないとみられ、この結婚は男性の両親が強引に進めたようである。

回答者（小糸のぶ）は、相手の態度を問題にしつつも、女性側が相手の事情を調べなかったことを批判し、「死別ならばともかく子どもまであっての生別ですし、（略）なこうど口だけを信用したのは軽率」と述べ、離婚経験者と結婚する場合は、相手の身元調査をするのが当然という認識を示している。さらに、女性側と家庭裁判所とのやりとりについても、「家裁でも『籍をよく調べなかったことがこちらの負け』といわれたのでしょう」と述べて、女性側に事前に戸籍調査を行う必要があった、との意見を繰り返している。一方で回答者は、男性側には道義的責任があるとして、女性に慰謝料請求を勧めている。ただし、一般に離婚慰謝料は少額にとどまることを指摘し、結婚前の戸籍調査の重要性を改めて示唆している。

この事例は、相手の男性はもとより、男性の両親も法的に結婚が成立しないことを女性側に隠したまま、事実上の重婚を強行しており、男性側はこぞって女性の人格を踏みにじっている。こうした現実があるなかで、当時においては、結婚前の身元調査は不可欠であり、それには戸籍を調査することが最も合理的な手法と考えられていたのである。

次の事例は、離婚したという男性の言葉を信じて一緒になったものの、その後の戸籍調査で男性が離婚していなかったことを知り、ショックを受けている女性の兄からの相談である。

妹は二年前離婚し、子ども一人を連れて、現在の夫と暮らすようになりました。その夫も再婚者で、前の妻には財産もわけてはっきり離婚したといっておりました。（略）ところが、いつまでたっても妹の籍を入れてくれないので、妹が調べた結果、戸籍上離婚となっておらず、しかも毎月一度、妻子のもとに生活費を届けに帰っている事実がわかり、まったく驚きました。その後いろいろ話し合ったそうですが、男には妻子と別れる気持ちはないとのこと。（略）妹の子どもがこの春幼稚園にはいったとき、男の姓を名のらせてあるのですが、これらのこともどうしたらよいのか。

（一九六九年五月一三日「したり顔で〝再婚〟――妻に生活費も届けている妹の〝夫〟」）

女性にも離婚歴があり、女性としては子連れで再婚したつもりであった。相手から離婚が成立していることも明確に聞いており、同居後には女性の郷里にも出向き、新しい夫として親戚への挨拶回りもすませたという。しかし、男性の方は、離婚もしていなければ、今後離婚する気もない。女性と同居後も妻子の扶養を続けており、はじめから女性と正式に結婚する意思はなかったとみられる。

回答者（福島慶子）は、女性が相手について一切調べずに結婚し、結婚後に戸籍を調べて事実を知ったことに対して、「事の順序が逆」と述べ、責任の半分は女性側にもある、と指摘している。そして、

「相手の人物の信用度や経歴、家庭状況や戸籍面も調べずに結婚するとは考えられないこと」と重ねて指摘し、結婚前に戸籍調査を行うことは常識との認識を示している。回答者の見立ては、男性の方は「おめかけを持つつもりで同棲しただけ」であり、女性は「結婚詐欺にひっかかった」というものである。

この相談は一九六〇年代終わりのものだが、男性優位の社会状況のなかで、結婚を望む女性の心理につけ込む男性が少なからずいたとすれば、結婚前に戸籍調査を行うことは、女性にとって自己防衛の手段として必要であったといえる。しかしそうであっても、戸籍で本人の身分関係が分かれば十分であり、その戸籍が家族単位に編製されている必要はない。

(2) 結婚の障害

結婚前の戸籍調査がどれほど普及していたのかは明らかではないが、一九五〇年代の相談のなかには、戸籍に私生子として記載されていることを理由に結婚を躊躇したり、諦めたりしているケースがみられる。

次の事例は、戸籍で相手の女性が婚外子と知り、結婚すべきか悩んでいる男性からの相談である。

二か月前知人の紹介で、結婚の相手としてNを知り性格、教養ともに妻として適当と考え、話を進めるつもりでいましたところ、最近Nが私生児であることを知りました。（略）私としてはそうした運命がNによってつくられたものでなく、負わされた不幸を幸福に換えてあげたいと念願しますが、戸籍面で私生児という言葉が生涯、いな次の代までつきまとい、世間から冷視されるかと思うとたまらなく、また特にうるさい田舎の評判を考えると、どうしてよいか判らなくなります。

（一九五三年七月一日「相手は私生児――結婚したいが戸籍は？」）

男性は、女性が婚外子であると知り、それを「負わされた不幸」とみなし、女性の身の上に同情している。しかし、男性にとって戸籍は重大な問題で、私生子として記載されていることがもたらす影響を懸念し、とくにそれが子の世代にまで及ぶことを心配している。たしかに、母親が婚外子であることが、その子に不利をもたらす可能性はある。たとえば、結婚前に戸籍調査が行われると、本人だけでなくその家族の身分事項もくまなくチェックされ、破談になることも考えられる。また、戸籍は共同体のなかで人々の興味の対象となっており、男性は「田舎の評判」も強く意識している。

男性にとって結婚の障害は相手女性の戸籍の記載だけであり、それをなんとか工面できないかと相談しているが、回答者（山本杉）は、私生子という呼び方は民法上すでに廃止されていることを指摘し、相手が私生子であることにこだわる男性の意識を問いただしている。そして、「戸籍の面だけをとりつくろって、社会を欺瞞するようないきかたより、私生児として堂々とその責任をとられたそのお母さんの気持が、（略）その娘さんの人格となって、今日、そのひとがらがあなたに大きなよろこびを与えていると思います」と、女性の母親の態度を評価している。ようするに、差別や偏見をおそれて、虚偽の出生届によって子を嫡出子にすることが多いなか、真実を届け出ることは勇気のある行動であったということである。

回答者は、男性に戸籍へのこだわりを捨てるよう諭しているが、このような戸籍へのこだわりは婚外子に偏見を持っている側だけでなく、婚外子自身にも内面化されている。

次の事例は、戸籍で婚外子であることが相手に知られたら破談になると考え、結婚を諦めている女性からの相談である。

私生子として生れ、母は私を置いて働きに出、（略）学校に通うようになって初めて母と生活を共にするようになりました。それもつかの間、二〇年（昭和二〇年――下夷注）に母は亡くなり、再び叔母の世話になって女学校も中退、理髪の修業に入り、どうやら一人前となり現在の店で働いています。今まで縁談もなく、これはと思う男性にもあいません。身内も叔母二人きりなので将来頼りになる方と結婚し、協力して小さな店でも持って行きたいと思っていますが、たとえそのような男性が現われたとしても、戸籍のことが判った場合はだめになってしまいます。（略）若い時ふしだらなことをした仏の母がにくらしいまでになってしまいます。

（一九五七年一一月二六日「私生子の女理容師――結婚し小さな店をと思うけれど」）

女性は二六歳の理容師である。結婚し、自分の店を持つ夢を持っているが、戸籍を理由に将来の結婚について絶望している。回答者（小糸のぶ）は悲観的に決めつけないよう諭したうえで、「世間にはそうした子供の戸籍面をつくろって、他の籍に入れる人も多いのに、私生子として堂々と届出て、結婚もなさらずに働きとおされたというお母さんは、（略）私はむしろそうした生き方に立派さを感じます」と述べ、前の事例の回答者と同様、真実を届け出た母親を称えている。

この事例も前の事例もどちらも戦前の出生であるが、私生子の名称は戦前一九四二年の民法改正ですでに廃止されており、仮に戸籍上に私生子の文言が残っていたとしても、それは改めることができる。とはいえ、戸籍をみれば、認知されていない非嫡出子であることは明らかであり、そのような戸籍の記載が当事者にとって結婚の障害として認識されることに変わりはない。回答者は相談を寄せた若者に対して、戸籍にこだわるよりも、真実を届け出た母親の態度に目を向けるよう説いているが、戸籍のあり方自体に問題が残る以上、社会の態度も当事者の苦悩もそう簡単に変わるものではない。

では、結婚前に戸籍調査が行われたとして、そこに何らかの問題が見つかった場合、結婚は破談になるのだろうか。おそらくケースバイケースであろうが、実際に破談になったという相談も寄せられている。

次の事例は、結婚相談所の紹介で順調に進展していた縁談が、戸籍を理由に破談になった女性からの相談である。

結婚相談所で紹介していただいた方と二、三回お会いしたところ、わたくしもこの方なら、と心に決め、先方でも気に入ってくださった様子に、やっと一人前の女性として成長できると喜びました。ところが、亡父の戸籍上のことで突然、破談の通知があり、私もこのときばかりは失望してしまいました。（略）こんどの事件いらい、もう結婚相談所へ行く気も失い、わたくしは幸福になる資格のない女かなどと考えてしまいます。

（一九六二年一二月二二日「突然の破談通知――もう相談所へ行く気力もない」）

女性はこれまでにも見合いを経験しているが、惹かれる男性にめぐり会えず、ようやく出会った男性であったという。結婚を期待した矢先、すでに死亡した父親の戸籍のために破談になり、女性は将来の結婚に希望を失っている。父親の戸籍のどのような記載が破談の原因になったのか、具体的なことは示されていないが、男性が女性の戸籍謄本をみて、その父の戸籍の記載事項に男性としては重大な問題を見出したということである。

前述のとおり、結婚前の戸籍調査が当然とみなされていた時代である。男性が独自に女性の戸籍謄本を取り寄せた可能性もあるが、当時、結婚相談所では登録者に戸籍謄本を提出させるのが一般的で、男性は相談所を通して女性の戸籍謄本を入手し、確認したものとみられる。

先の事例で、相手女性が戸籍に私生子として記載されていることから、結婚を躊躇していた男性が、「次の代までつきまとい、世間から冷視される」と気にしていたが、たしかにこの事例をみると、女性本人の戸籍ではなく、女性の父の戸籍が問題にされている。これはまさに、戸籍が世代を超えて、差別や偏見をもたらしている実例である。

次の事例は、破談になったケースではないが、結婚直前の戸籍調査で娘の結婚相手が婚外子とわかり、そのことに不満を抱いている母親からの相談である。

長女は二五歳、相手も同年で私どもとも家族ぐるみの交際を五年間続けたのちの結婚でした。ところが結婚間近になって彼の戸籍を調べたところ、私生子であることがわかり、ショックを受けました。そのせいか勤め先も大企業でなく小さな会社です。大学も私立なので、長女に夢を描いていた私には不満です。（略）当人たちは円満に暮らし、しあわせだと申しております。（略）嫁入り道具もそろえてとつがせたのにと思うとくやしくて毎日ノイローゼぎみです。

（一九六九年一一月二〇日「長女のムコは私生子――後悔でノイローゼ気味」）

女性は、娘の結婚直前まで相手男性の戸籍を調査しなかったことを後悔している。回答者（島崎敏樹）は、悔やむ女性に対して、人柄がわかり相手を信用するようになれば、「身元しらべのような他人行儀な調査など、いまさらしなくなってしまうもの」と理解を示し、「私生子とあとからわかったのは、うかつでもありましたが、自然な運びでもあったわけで、落ち度というほどのことではないでしょう」と述べている。つまり、結婚直前まで戸籍調査を行わなかったことは「うかつ」だが、この場合は人物を熟知していたため、「落ち度」ではない、と女性をねぎらっているのである。そこには、信頼できる人物であっても、本来は結婚前に戸籍を調べて、相手本人や家族関係を確認しておくべき、という認識がみてとれる。

おそらく、女性がもっと早い段階で戸籍調査をしていれば、婚外子であることを理由に、娘の結婚に反対していたであろう。こうしてみると、この娘はたまたま母親が「うかつ」であったために結婚できたが、結婚前の戸籍調査によって破談になるケースは少なくなかったかもしれない。これまでの事例もあわせて考えると、相手に騙されて事実上の重婚状態に陥ってしまうような場合には、結婚前の戸籍調査が結婚詐欺から身を守る手段として有効となるが、他方、事前の戸籍調査によって、婚姻歴のみならず、本人の出生事情や家族の身分事項までが結婚の判断材料とみなされると、戸籍調査が結婚の障害として機能するということである(1)。

しかし現在では、プライバシー保護の観点から、戸籍の事務手続きが従来よりも厳しくなっており、結婚相手の身元調査の目的で他人の戸籍謄本・抄本を確認することはできない。そのため、子どもの結婚を心配する親のなかには、娘や息子の交際相手に直接、戸籍謄本を要求する場合もあるようである。近年の身の上相談には、そうした行動にでる親からの相談も寄せられている。

次の事例は、五〇代の息子の交際相手を不審がっている八〇代の母親からの相談である。

息子は一年半前に同世代で離婚歴のある女性と知り合い、同居中です。彼女は過去を多く語らず、出身地しかわかりません。身分証明のため戸籍謄本を見せてと頼みましたが、「いつも実家は留守」と言って応じる気配はありません。せめて親やきょうだいの名前や住所を教えてと頼みましたが、何も教えません。(略)お人よしの息子は、この一年で洗脳されたように性格も変わりました。(略)金銭は彼女が管理していて、

それが目的で息子と結婚するように思えます。

（二〇一四年三月一四日「五〇代息子の彼女――身元不明」）

これは二〇一四年の相談で、比較的最近の事例である。かつてであれば、母親が息子の交際相手の戸籍謄本を取り寄せて、身元を確認していたケースであろう。制度上、そのようなことができないことから、母親は相手の女性本人に戸籍謄本を求めている。しかし、相手女性がそれに応じないことから、母親は息子が結婚詐欺にあっているのではないかと不安を募らせ、相談を寄せている。回答者（眉村卓）は、息子がだまされているのかもしれないとの認識を示し、母親の見立てに賛同しながら、それはどうしようもないことであり、息子の人生は息子のものと割り切って考えるよう、母親を諭している。

近年、晩婚化の進行が著しいが、日本では子どもの成人後も親子関係が強固に維持されることも多く、中年の子どもの結婚を高齢の親が心配する例は少なくない。この事例は、そのような現代的な結婚事情のなかで、親が息子の交際相手の身元確認に乗り出し、当人に戸籍謄本を要求したケースである。このような親の心配は息子にだけでなく、娘に対しても同様にみられる。

次の事例は、三〇代半ばの娘の交際相手に不信感を抱いている六〇代の母親からの相談である。

娘は三年前に離婚しました。子どもはいません。一年ほど前に交際している人がいるので会ってほしいと言われました。彼は四〇代半ばで離婚経験があり、子どもの養育費を払っているそうです。職を転々とし、今

は起業家として自宅兼事務所で仕事を始めたとのこと。経歴書に予定額の収入としてかなりの高額が書いてありました。知人の会社の役員をしていると言いましたが、うそでした。戸籍謄本も頼んだのに持ってきません。彼の誠実さを疑い、私と夫は会うことを断りました。

（二〇一四年六月二八日「三〇代娘の彼——素性が怪しい」）

これも前の事例と同様、二〇一四年の相談である。母親は娘の交際相手に会うことに慎重な態度を示しており、おそらく娘を介してであろうが、事前に男性の経歴書を取り寄せ、職歴や収入をチェックしている。さらに、男性の身元を確認しようと、本人に戸籍謄本を要求している。娘が一度離婚していることから、親として娘のために相手の男性を見極めたいということであろうが、娘はこのような親の態度に反発し、親子関係は悪化しているようである。それでも、母親は娘と男性との交際が続いていることを心配し、相談を寄せている。

回答者（大日向雅美）は、母親の心情に理解を示しつつ、「人となりを見ずに、経歴や収入を理由に反対したり戸籍謄本を要求したりするのは、相手に対して失礼」と指摘し、親が踏み込みすぎないようアドバイスしている。

先にみた一九五〇年代や一九六〇年代の事例では、回答者は結婚前の戸籍調査を当然とみなし、それを行っていなかった相談者に苦言を呈していたが、この二つの二〇一四年の事例では、回答者はいずれも戸籍謄本を利用して身元調査を行おうとする親の行為をたしなめている。この間、プライバシー保護の意識も高まり、人権擁護の観点から社会生活における戸籍謄本の利用が制限されてきた。そうした変化を反映し、結婚前の戸籍調査に対する社会認識も大きく変化したといえる。

とはいえ、晩婚化の進行、生涯未婚率の上昇、離婚や再婚の増加など、人々の結婚行動が著しく変化しているなかにあっても、こうして実際に、親が子の結婚相手に戸籍謄本を要求している事例をみると、戸籍に記載されている本人の出生事情や家族の身分事項を問題にする人々の意識が、完全に払拭されたとはいえない。そうであれば、現在も家族単位の戸籍が身元確認に利用される場面があったとしても不思議ではない。

2　嫡出推定にかかる子の籍――現在に至る問題

(1)　離婚成立前の出生

離婚や再婚に関して戸籍が問題となっている相談は、ほとんどが子の戸籍についてである。とくに、嫡出推定に関わる事例は深刻である。嫡出推定制度により、婚姻中に懐胎した子は夫の子と推定されることから、生まれた子は夫の戸籍に入ることになる。よって、夫との離婚が成立しないまま、妻が別の男性と事実婚状態で子を産むと、その男性が子の父親であることが明らかでも、夫が父親と推定され、子は夫の戸籍に入る。しかし、このようなケースのなかには、妻が離婚を望んでいても夫が応じないために、子の父である男性との婚姻届を出せないまま出産したという場合も少なくない。そのような事実婚カップルの場合、生まれた子の戸籍が悩みとなる。
次の事例は、地方都市の商家に嫁いだものの、夫の暴力に耐えかねて家出し、別の男性と事実婚夫婦として暮らしている女性からの相談である。

先夫は粗暴で大酒飲みで、二人の子どもがある身でつぎつぎと女性と関係し、女店員にまで手をつけるありさま。少しでも意にさからうと打つ、けるの乱暴で（略）。あまりの悲しさに自殺未遂までおこした私を、当時店員だった現在の夫が励ましてくれ、愛し合うようになり、七年前、二人で家出しました。（略）二人の子にも恵まれ、夫はやさしくまじめで、私ははじめて結婚生活のよろこびを知りました。しかし先夫がいまだに離婚に同意してくれないため、現在の子どもは戸籍上いまの夫の子と認められないのが悩みです。夫には何度も頼み、昨年第三者立ち会いのもとに頼んだのですが、脅迫同様に復帰を迫られ、私はこわさに逃げ帰りました。

（一九六七年六月二四日「離婚せぬ粗暴な夫――私は店員と家出、すでに二児」）

女性は二人の子を置いて夫のもとから逃れ、一緒に家出した男性と七年ほど事実婚状態にある。女性は夫に離婚を申し出ているが、夫は第三者を交えた協議でも離婚に応じず、女性に復縁を迫っている。一方で、夫は現在も愛人を囲っているという。夫が離婚に応じない理由は明らかではなく、残された二人の子を思ってのことかもしれないし、単に妻の再婚を妨害しようとしているのかもしれない。いずれにせよ、夫に夫婦生活をやり直したいという思いはなさそうである。

こうした状況のなか、女性にとって最大の問題は、事実婚状態にある男性との間に生まれた五歳と三歳の子の戸籍である。現在、この子らが夫の戸籍に入っているのか、それを避けるために出生届が出されていないのかわからないが、いずれであっても女性としては耐えがたいことである。とくに、子も就学年齢にさしかかっており、女性には子の戸籍と氏の問題が切実になっている。こうしてみると、嫡出推定制度には一定の合理性があるとしても、戸籍が家族単位で編製されていることで、子の戸籍問題が複雑化し、最も重要な子の法的父子関係が不安定な状態になっているといえる。

次の事例も、妻が家出して男性と事実婚状態にあるケースで、現在、その男性との子を妊娠している女性からの相談である。

前夫とは性格の違いでがまんできず、結婚四か月で逃げ出してしまったのです。それから五年たちますが、いまだに籍が抜けず困っています。前夫は「絶対籍は抜いてやらない」といって、会ってくれません。私も三六歳になり、現在の夫の子を二度中絶し、現在また妊娠中です。（略）生んだ場合、子どもだけでもいまの主人の籍に入れられるでしょうか。前夫は現在、住所もよくわからないのですが、私のほうから裁判などの手を打たなければしかたあるまいと思います。（略）私が同せいしていることが前夫にわかったら、私のほうから慰謝料を払うことになるのでしょうか。（略）大金は払えず、心配でたまりません。

（一九六八年五月三日「籍抜いてもらえぬ――同せい三年中絶はもういや」）

女性は離婚を希望しているが、夫は断固として応じず、交渉も拒否している。女性は五年に及ぶ事実婚状態のなかで、すでに二度中絶をしているが、それは戸籍を心配してのことである。女性は「子どもだけでもいまの主人の籍に」と願っている。となれば、離婚が先決問題であり、当事者間で協議ができない以上、家庭裁判所への調停申立が解決に向けた一歩となる。女性もそのことは十分理解しているが、女性には家出したことに対する負い目があり、相手からの慰謝料請求をおそれ、家庭裁判所への申立に踏み切れないでいる。しかし、その間に夫の現住所もつかめなくなっており、かえって問題解決が困難になっている。

このように、夫が離婚に応じず、女性がやむなく事実婚の状態で子を産む場合でも子は夫の戸籍に入るという仕組みのために、離婚問題で躓くと、その後に生まれる子の戸籍が深刻な問題となる。女性としては、その子を別れた夫の子として届け出て、その戸籍に入れることはどうしても出来ないのである。やはりここでも、ネックとなっているのは家族単位の戸籍編製である。子単独の戸籍が作られるのであれば、母親の心理的抵抗も低くなるであろうし、子の父の氏名欄についても対処の余地がある。

次の事例は、離婚が成立し、事実婚状態であった男性との婚姻届を提出することができたものの、子の戸籍について悩んでいる女性からの相談である。

二人の子を夫のもとに残して家を出てしまいました。そして、前夫の籍から抜けないまま三年前にいまの夫との間に子どもが生まれ、昨年二人目が生まれました。前夫との離婚届けを出したのは昨年暮れでした。そこで市役所に子どもの出生届けを出したところ、前夫の籍に入れた上、家庭裁判所に父子関係不存在の申し出をすれば、いまの夫の籍に入るといわれました。前夫はいまどこにいるかわからないのですが、私でも申し出られるでしょうか。上の子どもも来年から幼稚園ですし、なんとか二人ともいまの夫の籍にはっきり入れたいのですが（略）正式に裁判をする必要があるのか、あるとしても費用がなく悩んでいます。

（一九六九年一一月八日「戸籍上は〝前夫の子〟――離婚手続きせず再婚し二児」）

女性は二〇歳年上の夫とうまくいかず、勤務先の男性を好きになり、四年前に子を置いて家出したという。夫との離婚成立前に事実婚状態で二人の子を産んでいるが、その際に子の出生届を出していない。つまり、子を無戸籍の状態に置いていたのである。女性がなぜ出生届をすぐに出さなかったのか、子が夫の戸籍に入ることを恐れていたのか、別の男性との間に子をもうけたことを夫に知られたくなかったのか、その理由はわからない。

離婚が成立したことで、女性は出生届を提出したが、子が元夫の戸籍に入るとは思っていなかったのであろう。市役所の担当者は子の戸籍を現在の夫の戸籍に移せるよう、女性に家庭裁判所の手続きを教えている。その手続きとは、親子関係不存在確認調停と呼ばれるものである。父子関係を否定するには、夫あるいは元夫が嫡出否認の手続きをするのが原則であるが、夫が長期の海外出張や別居などで、妻が夫の子を妊娠する可能性がないことが客観的に明白な場合には、そもそも夫の子であるとの推定を受けないことになり、夫または元夫を相手として、家庭裁判所に親子関係不存在確認の調停を申し立てることができる。

市役所職員はこの方法を教えているのだが、女性はそれを実行していない。単に女性が怠慢であったのか、裁判費用をおそれて尻込みしたのか判然としないが、子は別れた夫の嫡出子として夫の戸籍に入ったままで、子の法的父子関係の問題も、子の戸籍の問題も放置されている。この事例でも、すでに夫の行方がわからなくなっており、一朝一夕には解決しそうもない。

結局、この事例も前の事例と同様、いったん子を夫の戸籍に入籍させなくてはならないという仕組みが、問題を複雑化させ、結果的に子に不利益をもたらしている。

(2) 離婚後三〇〇日以内の出生

離婚成立後に子が生まれた場合であっても、子の戸籍について問題が生じることがある。前述のとおり、嫡出推定制度で夫の子と推定されるのは、婚姻中に「懐胎」した子であって、婚姻中に「誕生」した子ではない。民法では、「婚姻成立の日から二〇〇日を経過した後又は離婚後三〇〇日以内に出生した子については、婚姻中に懐胎したものと推定する」と定められている。よって、離婚が成立したあとに子が生まれても、それが離婚後三〇〇日以内であれば、その子は元夫の子と推定され、元夫を父とする出生届を提出しなければならない。しかし、離婚前にすでに夫婦関係が破綻していることは一般的であり、離婚後に生まれた子の血縁上の父親が前夫と異なるケースは珍しくない。このような場合でも、子を元夫の戸籍に入れなければならないことから、問題が生じる。

次の事例は、離婚届提出から五日目に誕生した子の戸籍について悩んでいる女性からの相談である。

私は再婚したのですが、一番上の子が、いまの夫の子なのに前の夫の籍にはいっているので、困っています。（略）離婚の話し合いがなかなかつかず、離婚届けを出したのが昭和四〇年の秋で、それから五日目に上の子が生まれたのです。（略）いまの夫との結婚届けを出したのですが、その前に生まれた子どもは前夫の籍にはいってしまったわけです。ことしから幼稚園なので、いまの夫も心配して何とか籍をキチンとしてやりたいといってくれます。（略）前夫は行方不明ですし、私もいまの夫もろくに読み書きもできない人間なので、困っています。ある人に家庭裁判所にいけといわれましたが、私にはむずかしい手続きやお金のかかることは苦手です。そのほかのことならなんでもします。よい方法を教えて下さい。

（一九六九年五月一七日「戸籍上は先夫の子――離婚届けが遅れたために」）

女性が前夫の家を出てから離婚までに、約四年かかっている事例である。現在の夫との間の子が誕生したのは離婚成立から五日目ということで、「離婚後三〇〇日以内」に該当し、子は前夫の戸籍に入っている。先の事例と同様、女性は家庭裁判所で手続きをすれば、子の籍を前夫の戸籍から現夫の戸籍に移すことができると聞いたものの、それを実行していない。書類作成や費用の負担をおそれて、裁判所に行くことができないのである。しかし、子の幼稚園入園を前に、このまま戸籍問題を放置できないと考え、裁判所に行く以外の方法はないか、と相談している。女性も現在の夫も十分な教育を受けていないとみられ、親の社会階層により子の戸籍問題が放置されてきたケースといえる。見方を変えれば、社会階層にかかわらず、子の就学をきっかけに戸籍が切実な問題として顕在化する、ということでもある。

この事例でも手続きを怠っていた間に前夫が行方不明になっており、子の出生後、女性が直ちに行動しなかったことは問題といえる。しかし、そもそも子が誕生したときから、前夫の子でないことが明らかであるにもかかわらず、前夫の戸籍に入籍させる仕組み自体に問題がある。せめてこのような出生の場合には、家族単位の原則を緩める特別措置でもあれば、いずれのケースもこれほど事態が悪化することはなかったのではないだろうか。

次の事例は、女性が再婚予定の男性の子を妊娠しているケースで、姉がそのような立場にある妹からの相談である。

> 姉は二人の子を連れ、五月に離婚。（略）おなかの子は前夫の子ではなく、現在お付き合いをしているAさんの子です。Aさんとは半年後の一一月に結婚する約束をしています。（略）出産予定は一二月ですが、生まれた赤ちゃんはAさんの子として戸籍に載ることができるでしょうか。偽りなく、Aさんの子なので、前夫の子として戸籍に載ることは避けたいのです。前夫は病的なほど無口で、（略）だからといって、姉のとった行動も許されるものではありません。しかし、生まれてくる子に罪はありません。
>
> （一九八九年八月三日「赤ん坊の戸籍が心配——離婚前に再婚相手の子宿した姉」）

女性はすでに離婚が成立しているが、子の父親との婚姻届は、離婚から六か月後に提出予定である。これは民法（当時）により、女性は離婚から六か月間は結婚できない、と規定されていたからである。(2) よって、再婚禁止期間の経過後すぐに、子の父親との婚姻届を出すというケースである。しかし、子の誕生は結婚の翌月になることから、嫡出推定の「離婚後三〇〇日以内」に該当する。そのため、生まれてくる子は前夫の子と推定され、前夫の戸籍に入ることになる。女性の妹はそのことを心配し、「生まれてくる子に罪はありません」と子どもの福祉の観点から、子が前夫の戸籍に入籍させられることのないよう訴えている。

回答者（鍛冶千鶴子）は、前夫が自分の子でないという嫡出否認をしなければ、前夫の子として確定することを説明した上で、嫡出否認の調停を母親側から申し立てることはできるとして、子の出生と同時に家庭裁判所に調停を申し立て、そこで前夫を説得し、嫡出否認に応じてもらうようアドバイスしている。

この事例では、女性が回答者の提案どおりに調停を申し立てるとみられるが、たとえば、前夫からDVを受けていたケースや、前夫が女性への報復のために嫡出否認に応じないことが明らかなケースなどでは、女性側が家庭裁判所に申し立てることの負担は大きく、現実的には困難な場合もある。しかし、このような場合こそ、女性としては子を前夫の戸籍に入籍させたくはない。そうすると、当面、子の出生届の提出を見合わせる、という選択がとられることになる。これは近年、無戸籍問題の議論でしばしば言及される、いわゆる「三〇〇日問題」である。こうしてみると、三〇〇日問題は新しい問題ではなく、長らく離婚女性を苦しめてきた問題であることがわかる。離婚後三〇〇日を定めた嫡出推定制度については、ようやく法改正に向けた議論が始まったが、嫡出推定とは別に、家族単位の戸籍制度が子の出生届の提出を阻んでいる面も大きいといえる。

3 離婚・再婚と子の籍——家族と非家族の境界

(1) 離婚後の子の籍

多くの夫婦は、夫の氏を称し夫を筆頭者とする戸籍に入っている。当然、夫婦の子もその戸籍に入っている。そのような場合、夫婦が離婚すると、妻は婚姻前の姓に戻ることになり、夫の戸籍から出て婚姻前の戸籍に戻るか、婚姻前の氏で新たな戸籍を作ることになる。ただし、離婚の日から三か月以内に、いわゆる「婚氏続称届」を提出すると、婚姻中の氏を名乗り続けることができる。これは一九七六年の民法改正で導入された制度で、婚氏続称制度と呼ばれている。この手続きに元夫の承諾は必要なく、離婚した女性が期間内に届け出れば、婚姻中の氏で女性を筆頭者とする新たな戸籍が作られる。(3)

一方、子の戸籍は夫婦の離婚とは別問題であり、家庭裁判所に「子の氏の変更」許可を申し立てなければ、そのまま夫の戸籍に残り、氏も変わらない。つまり、離婚後、妻が子の親権者となり、母と子で暮らしていても、家庭裁判所の許可を得て子の氏を変更し、子の戸籍を移す手続きをしなければ、子は夫の戸籍に入ったままである。そのため、身の上相談には離婚した女性から、子の戸籍についての悩みが寄せられている。

次の事例は、離婚後、自身は婚姻前の氏に戻り、子の籍は夫の戸籍に残したままになっている女性からの相談である。

子供は夫の籍のまま、親権者には私がなりました。当時、新戸籍になっても婚姻時の姓を名のることができる、ということを知らなかったわけではありませんが、「夫の姓など名乗りたくない」という気持ちが強く、旧姓に戻ってしまいました。従って息子とは姓が違うわけで、今までさほどの不便を感じずにやってきました。が、この春は息子も入学。となると今後さまざまな不都合があるのではないか、と心配になります。どうにか私が前夫の姓に戻ろうと役所に問い合わせてみたところ、変更は離婚後三か月まで、と言われ、ショックでした。（略）次善の策としては、息子を私の籍に入れるというやり方があると思いますが、もう自分の名前の書き方を覚えている子に無用な混乱を与えたくない気もします。

（一九八二年一月二八日「前夫の姓に戻りたい――子どもと違う姓で不便」）

女性は三年前に離婚しているが、離婚時には、婚氏続称の手続きをあえて行っていない。女性は制度の存在を知っていたが、夫の氏を名乗ることを拒否し、結婚前の姓に戻っている。その際、子の氏については考えが及ばなかったのか、何も手続きを行っていない。子の就学を前に、親子で氏を合わせようとしているが、もはや女性の氏を子の氏にあわせて前夫の氏に戻すことは制度上不可能となっており、子の氏を女性の氏に改めるしか方法がない。しかし、女性はそのことが子に与える影響を懸念し、実行できずに悩んでいる。

離婚に至る経過については述べられていないが、「夫の氏など名乗りたくない」といった言葉から、夫との間で激しい争いがあったとみられる。離婚紛争を経てようやく離婚に至ったとすれば、離婚時に冷静に子の将来を考えて、氏や戸籍の問題を処理することができなかったとしても無理はない。
この事例の女性は、子の就学を契機に氏の問題を認識し、氏の関係から戸籍の問題に言及しているが、子の籍が元夫の戸籍に入っていること自体はとくに気にしていなかったようである。しかし、離婚した女性の多くは、子の籍を自身の戸籍に入れたいと考えている。
次の事例は、三人の子のうち長女のみを夫の戸籍に残して離婚した女性からの相談である。

一四年前に協議離婚し、長女は夫に託し、二女と三女は私が引き取って育ててきました。最近、長女と連絡が取れて何度か会いましたが、その話では、長女の両親の本家の人から、長女がいない方が財産が本家の所有になるから都合がいいと言われたそうです。（略）長女（二三）本人の意思だけで戸籍を私の方に移すことはできるでしょうか。（略）万一、父（私にとって別れた夫）が死亡した場合、財産を相続する権利は二女、三女にはないのでしょうか。もし相続できる権利があれば、何かのとき助けになると思うのですが。

（一九八五年四月一八日「私方に戸籍移せるか——一四年前、協議離婚で夫に託した長女」）

女性は二三歳の長女の籍を自分の戸籍に移したいという。回答者（鍛冶千鶴子）は子の戸籍を移す手続きや戸籍が相続権に影響しないことを説明したうえで、「なぜいま長女の戸籍を移そうと考えたのか」と問題提起し、「もし、縁を切りたいためというのでしたら、それは意味のないこと」と指摘している。
女性が相談を寄せたのは、長女が相続のことで父（女性の元夫）の親族から嫌味を言われたことによるが、この親族は、戸籍が抜けたら長女の相続権がなくなると誤解している。それは、「戸籍＝家族」観念のもと、戸籍が同じでなければ家族ではなくなり、さらに家族としての法的権利義務もなくなると考えているからである。

事例の女性が長女の戸籍を移そうとしているのも、長女と父やその親族との関係を切るためである。ただし、次女、三女の相続権には期待もしているようであり、戸籍を別にすれば法的な家族関係が切れるかどうかについては、認識にゆらぎがみられる。とはいえ、戸籍が同じであれば家族であり、戸籍が別になれば家族関係が切れるという考え方は根底にあり、この女性にも「戸籍＝家族」観念がみてとれる。実際、この女性は、離婚で戸籍が別になった長女とは、家族としての関係性が切れており、離婚後、久しく連絡もとれず会ってもいない。

次の事例は、離婚の際、子の戸籍を移さなかったことを後悔している女性からの相談である。

夫の浮気で七年間の別居生活を経て、八年前に協議離婚、二人の子供を引き取りました。現在長女は二二歳、長男は一九歳になります。私は、離婚の際に一人で新戸籍を編製し、婚姻した時の姓のままです。子供たちの親権者になったのですが、彼らの籍を夫の戸籍に置いたままで、なぜあの時一緒に手続きをしなかったのかと悔やまれます。子供たちも、私の戸籍に入ることを望んでいます。今からでも、私の戸籍に入籍させることはできますか。

（一九九三年九月七日「子供の戸籍移したい――夫と離婚後、親権だけ自分に」）

女性は子と戸籍が別であるが、離婚の際に婚氏続称の手続きをしていることから、女性と子は同じ氏を名乗っているケースである。子の籍が父と母のどちらの戸籍に入っていても、法的親子関係には影響しないため、呼称上の氏が同じであれば、子の籍を父の戸籍から母の戸籍に移しても、実質的には何も変わらない。しかし、この女性は子の籍を自身の戸籍に移すことを切望している。その理由は示されていないが、子の戸籍が別になっていることで、何らかの不利益が生じていたり、将来に起こりうる問題を懸念していたり、といったことはなさそうである。

女性としては、実質的な問題からではなく、子の籍が夫の戸籍に入ったままで、自分と子が一緒の戸籍になっていないことが我慢ならないのであろう。そこには、親子が同一戸籍になって初めて家族といえる、というこだわりがみてとれる。女性の子らも母親と一緒の戸籍を望んでいるというが、こうしてみると、女性と子らがこのように戸籍にこだわるのは、「戸籍＝家族」観念のもと、戸籍が家族であるか否かの境界を設定するものとして認識されているからである。この事例からも、人々の家族概念に戸籍が強く結びついているのがわかる。

(2) 再婚の障害

離婚女性にとって、子の戸籍が離婚した夫（子の父）のもとにあることが、再婚の障害になっている場合もある。具体的には、子の戸籍を前夫の戸籍から移すことができないために、再婚相手の男性と婚姻届を出せる状態であっても、あえて出さないケースである。

次の事例は、前夫が子の籍を移すことに応じないことから、再婚相手の男性と事実婚状態を続けている女性からの相談である。

一〇年前、Ａと結婚しましたが、Ａの身持が悪いため離婚しました。その時生後一〇か月の男の子があり、Ａが子どもの籍だけはぬかないというので、Ａの籍のまま私は半ば強引に実家に連れ帰り、無事育てました。そして、七年前に子どもを連れてＢと再婚、（略）ただ一つの悩みといえば私と子どもとがＢの籍に入れてもらいたくても、Ａが子どもの籍をぬかないことです。子どもが「どうしてボクの名前だけＡというの、いやだなぁ」といい、私は何と説明してよいか困っています。（略）親子三人バラバラの姓を持っていることは悩みの種です。

（一九五八年一〇月二四日「子の籍ぬかぬ先夫――再婚したが親子で姓がちがう」）

女性は子連れで事実上の再婚相手と同居しており、夫婦とその子として暮らしている。しかし女性は離婚により夫の戸籍から抜けて婚姻前の氏、子は前夫の戸籍のままで前夫の氏、再婚相手の男性は自身の戸籍でその氏、というように三人は別々の戸籍のために別々の氏である。離婚時に女性が子の親権者になっていれば、親権者として家庭裁判所に「子の氏の変更」許可の申立をすることができるが、前夫が子の親権者になっているのであろう。

なぜ、前夫が子の籍を抜かないのか、その理由は明らかではない。女性によると、別れてから一〇年間、一度も養育費は支払われておらず、父親としての責任も愛情も全く感じられないという。女性としては納得がいかないであろうが、如何ともしがたいことである。結局、前夫の戸籍から子の籍が抜けないために、女性は七年も事実婚状態を続けている。もちろん、離婚は成立しており、女性は再婚相手の男性と婚姻することが可能だが、子の籍を前夫のもとに残したまま、自分ひとりで再婚相手の戸籍に入籍することは考えていない。そこには、婚姻届を出して、子と一緒に男性の籍に入り、家族としての戸籍を作りたいという心情がみてとれる。このように、女性は「夫婦とその子」からなる戸籍が絶対と考えており、そのため結果的にみると、子の戸籍が女性の婚姻障害になっている。

次の事例は、子が改姓を嫌ったため、再婚相手との婚姻届の提出を見合わせていた女性からの相談である。

前夫と離婚して一〇年、二人の娘をかかえて全力で働いてきましたが、二年前、娘たちの賛成を得て再婚しました。当時、上の娘はとついでいましたが、二〇歳の末の娘が、私と共に夫の籍にはいって姓が変わることをいやがったため、将来娘が結婚するまでこのままにしておこうと、私の入籍も見送り、現在に至りました。ところが最近、娘の縁談がこわれ、その理由は〈嫁にいかない娘がいるのに、再婚するような母親の娘では……〉とのこと。（略）この際、夫の籍へはいりたいと思いますが、娘と私が一緒に入籍しておいた方が、将来の娘の結婚に有利か、あるいは娘は元の籍に残しておいた方がよいでしょうか。（略）世間の目のきびしさに驚き、思い迷っています。

（一九七三年一二月一八日「私の再婚が裏目に――こわれた娘の縁談」）

女性は離婚後、女性を筆頭者とする戸籍を作り、そこに娘二人も入っていたが、長女は婚姻で除籍され、女性と次女が入っているものとみられる。女性は再婚するにあたり、次女の姓を変えないために、次女の戸籍は移さない選択をしているが、その際、娘の結婚までは自身も再婚相手の戸籍に入籍しないと決意している。それは、母と子が同じ戸籍でなければ、娘の結婚に差し支えると考えたからである。さらに、娘がいわゆる「ひとり戸籍」になることを不憫にも思ったであろう。いずれにせよ、家族単位の戸籍によって、すでに成人している子の戸籍が母親の婚姻障害となったのは事実である。結局、その後、娘の縁談が破談になったことを契機に、女性自身は夫の戸籍への入籍を決意しているが、そこでも、娘と一緒に入籍するかどうか悩んでおり、娘の結婚への影響で判断しようとしている。

回答者（鍛冶千鶴子）は、母親の再婚を理由に娘の結婚が破談になったことに憤慨しつつも、女性が婚姻届を出さずに内縁関係を続けていることを問題視し、早急に婚姻届を出すよう促している。そして、娘が望めば家庭裁判所の許可を得て母親の氏に変更できることを説明したあと、「世間常識としては、あなたが再婚し、その家庭で娘もいっしょに生活していれば、あなたの夫との間にも親子関係があるほうが、家庭的にしっかりしていると見るのではないかと思います」「世間常識も無視できないというのであれば、養子縁組ということを考えてもよいでしょう」とアドバイスしている。つまり、子連れで再婚する場合には、養子縁組によって法的に親子関係を確立しておかなければ、世間から冷ややかな目で見られることもある、というわけである。

娘の結婚にもっとも有利な戸籍にしようと考えている女性からみると、自身の婚姻届と養子縁組届とを届け出ることがベストの選択となるのであろうが、姓が変わることを嫌っていた娘はどう考えるだろうか。これまでどおりの姓でいようと「ひとり戸籍」になるか、母の氏への変更を申し立てて母の再婚相手の戸籍に移るか、養子縁組をして夫婦の養子として母の再婚相手の戸籍に移るか。いずれを選択しても、親の離婚、再婚により自分の戸籍まで振り回される結果になるが、それが自身の結婚に大きく影響するとなれば、真剣に悩まざるをえない問題である。

(3) 連れ子の入籍

子の戸籍が障害になることなく再婚した女性の場合でも、再婚した後に子の戸籍問題に直面し、悩むこともある。

次の事例は、夫と死別後、子を連れて再婚した際、あえて子の戸籍を亡き夫の戸籍に残し、自身のみが再婚相手の戸籍に入籍した女性からの相談である。

戦時中夫を失い、娘と共に田舎へ移って終戦を迎えました。娘のためと思って再婚、最近まで幸福に暮らして来ましたが、再び夫に先立たれてしまいました。（略）娘も一六歳で、やがて結婚のことを考えてやらねばなりません。ところが気がかりなのは、前夫の家を廃家にしたくなかったため、私だけが入籍して再婚したので、戸籍上母となっていません。第二の夫なき後、娘を入籍させることが出来ましょうか、あるいは、私が離婚して名実とも娘の母となることが出来ましょうか、ご教示ください。

（一九五四年六月二七日「娘と違う戸籍――第二の夫にも先立たれる」）

女性は娘と戸籍が別になっていることについて、「戸籍上母となっていません」と嘆いている。娘の戸籍の母親欄には女性の氏名が記載されているはずで、戸籍上も母となっているに違いないが、女性の認識としては、戸籍が同じでなければ「母」と認められないのであろう。女性はそのことが娘の結婚に支障をきたすと考え、なんとか母子が同じ戸籍になる方法はないかと模索している。夫と死別したばかりの悲しみのなかで、娘の戸籍に悩んで相談を寄せているが、女性が再婚した理由も「娘のためと思って」であったことから、女性としては、これから先ひとりで娘を一人前にすることに、強い不安と責任を感じているのであろう。

戦後すぐの再婚時、女性は前夫の「家」の継承を重視しており、当時は「家」観念が強かったとみられるが、ここでは子どもを中心に考える近代家族観に変わっており、この間に女性の家族規範は変化している。また、戸籍が同じになれば、「名実とも娘の母となる」という言葉からは、女性が「戸籍上の母」にいかに強くこだわっているかがわかるが、これは戸籍が同じでなければ、完全な家族とはいえないという考え方であり、まさに「戸籍＝家族」観念そのものである。

回答者（大浜英子）は、「子の氏の変更」許可の手続きについて説明したあと、「あなたは娘と戸籍がちがうことを非常に苦にし、いかにもあなたが不注意であったかのようにお思いですが、その苦はおやめになった方がよい」と励ましている。たしかに、女性は戸籍を一緒にしたいと相談しているが、彼女の悩みは親子で戸籍や氏が異なることだけとは限らない。娘は亡き夫を筆頭者とする戸籍に一人で入っているとみられる。つまり、娘は「ひとり戸籍」になっており、女性はそのことが娘の結婚の障害になると懸念しているのではないだろうか。前の事例でも娘の「ひとり戸籍」を心配している様子がうかがえたが、こうした子の「ひとり戸籍」をめぐっては、他にも相談が寄せられている。

次の事例は、離婚後に再婚した際、自分のみが再婚相手の戸籍に入籍したため、息子が戸籍にひとりで残っている女性からの相談である。

子どもが幼いころ離婚し、私が親権者となって、母子二人の戸籍を作りました。(略) 七年前いまの夫と再婚しました。その際私の籍は再婚先にはいったので、子どもは戸籍の上ではひとりぼっちになりました。いまの社会では、片親だけでもよい勤め先には就職困難と聞きますが、子どももひとりの籍ではなお不利ではないか、と案じられます。(略) いっそのこと、私が内縁の妻となってもよいから、私の籍を元のように、子どもの籍といっしょにしようか、とも思いますが。

(一九六五年八月六日「戸籍で孤立した子――高校二年生で将来が心配」)

女性は子連れで再婚相手と同居を始めたが、子は女性の再婚をきらい、中学一年のときに祖母の家で暮らすようになり、現在も祖母宅から通学しているという。子は現在、高校二年生になっているが、女性は子が戸籍上「ひとりぼっち」になっていることから、就職の際に不利益を受けるのではないかと心配している。これまでは子の戸籍について悩むことはなかったようだが、子の就職が近づいたことから、戸籍に関心が向き、「ひとり戸籍」への懸念から相談を寄せたとみられる。

回答者（大浜英子）は、「『籍』にこだわりすぎ」と一蹴し、子が母の再婚に反対して、自分の立場をはっきりさせていることを指摘したうえで、女性に対して「子は子の道」「母は母の道」と諭している。たしかに、籍へのこだわりは意味がないが、人々にこのような無意味なこだわりをもたらしているのは戸籍制度である。回答者の言葉どおり、親と子はそれぞれ別の人生を歩んでいる。にもかかわらず、家族単位の戸籍はその発想を欠き、親と子の戸籍を氏で結びつけているために、離婚、再婚によって親は子の戸籍の問題を抱えることになり、結局、戸籍にこだわらざるを得ないのである。

「ひとり戸籍」の不利を心配する女性に対し、回答者は「籍の上で子どもがひとりだからといって、就職が困難なことはなく、子ども本人の実力と人柄が大事」と主張している。しかし、女性としてはその言葉をそのまま聞き入れることはできないであろう。いうまでもなく、これもまた家族単位の戸籍編製の問題である。「夫婦とその子」という単位が標準となっているなかで、「子ひとり」の戸籍が際立ち、そのことが差別や偏見につながることは当然予想される。再婚した親の立場からすれば、自身の行動が子の人生に悪影響を及ぼすことほど辛いことはない。もちろん、「ひとり戸籍」の悩みは親にとってばかりではない。当事者である子本人にとってはいっそう切実な問題である。

次の事例は、社会人になって戸籍を調べ、自分が戸籍にひとりで残っていることを知った女性からの相談である。

そろそろ結婚も考えなければならないので、家に帰り戸籍のことを聞いてみたところだれも教えてくれません。それで、戸籍を調べたところ、私一人しかのっていないのです。（略）実父母とも私たち姉妹が生まれたあと離婚し、その後互いに再婚し、現在子どもも五人ずつおります。私と双生児の姉は実母の方の籍にはいり、すでによそへとついでいます。（略）戸籍は私ひとりぼっちで、あとはみな消してあり、さびしく、一人になると泣けてきます。将来の結婚や再就職する場合の履歴書にも困ります。

（一九六七年九月二日「私は双生児だった――預けられ二〇年、戸籍も自分だけ」）

女性は勤務先の寮で生活しているが、女性の家族は彼女にその生い立ちや戸籍について真実を語っていない。女性は結婚年齢になり、自身の戸籍を調べはじめ、戸籍が「私ひとりぼっち」ということに衝撃を受けている。そこで、遠い親戚から誕生地を聞き、産婆を探し、実母にも面会したという。女性は、初めて自身の家族関係や自分が他人から他人に預けられて育ったことを知り、驚いている。すべての真実を知ってなお、深く嘆き悲しんでいるのが「ひとり戸籍」になっていることである。女性は自身が家族に見捨てられたと感じているようで、かなり孤立感を強めている。また、「ひとり戸籍」が結婚、就職の障害になると考え、将来に絶望している。

回答者（大浜英子）は、「これは別にあなたをみんながひとりぼっちにしたわけではありません」「履歴書は、その戸籍のとおりでよいので、少しもはずかしいことはありません」と励ましている。実際、女性の戸籍の経緯からみれば、両親が離婚し、母親を筆頭者とする戸籍に母と姉と三人で入っていたわけだが、母が再婚で除籍され、姉も結婚して除籍されたために女性が残っているにすぎない。女性が結婚し、相手の戸籍に入ることにでもなれば、全員が戸籍から除籍されて、その戸籍自体が除籍簿に綴られるだけのことである。よって、家族単位の戸籍制度の仕組みからして、「ひとり戸籍」は普通に起こりうることであるが、家族単位の戸籍制度ゆえに、「夫婦とその子」が典型として強烈に印象づけられ、子ひとりになっていることが人々には奇異に感じられるのである。

回答者は前の事例と同様、「親は親、姉は姉、あなたはあなたです」と力説しているが、女性にとって「ひとり戸籍」は受け入れがたいものであろう。結婚や就職にあたり戸籍謄本が活用されていた時代であり、差別や不利を想像するのも無理はない。当然、人々は「ひとり戸籍」を避けようとし、たまま「ひとり戸籍」になった子はそのことに苦悩するのである。

一方、それとは逆に、親の再婚家族と一緒の戸籍であることが子にとって負荷となり、子自身が「ひとり戸籍」を求めるケースもある。

次の事例は、複雑な家族関係のなかにあって、再婚している父親の戸籍から自分の籍を抜きたいと考えている女性からの相談である。

一〇年ほど前、家庭内のゴタゴタで悩んだり、その他のことも重なって精神障害を起こしました。現在七〇歳になる父の存命中に、私個人と家族の者の籍を離したいと存じます。家庭は複雑で、父の他に継母と異母兄、異母弟とがおります。（略）もう一〇年ほども皆とは没交渉です。が、父ももう年ですし、もし父亡きあと、私が再び発病でもしたら、と考えると、多少は経済的にゆとりのある実家に迷惑をかける羽目になるのでは、と気になるのです。このような場合、法的に離籍ができるものなのかどうか（略）。

（一九七八年七月二六日「複雑な家庭、父も老齢——精神不安、離籍したい独身女性」）

女性は、精神障害の服薬を続けながら就労しているが、同一戸籍の継母と異母兄弟に将来、迷惑をかけたくないという理由で離籍したいと相談している。回答者（鍛冶千鶴子）は、女性が離籍を希望する理由はそれだけでなく、「離籍してわずらわしい家族関係から精神的に解放されたい」ということであろうと、その心情を察している。

迷惑をかけたくないという理由であれ、関係を切りたいという理由であれ、いずれにせよ女性が離籍を求めるのは、同じ戸籍に入っていれば家族であり、戸籍を抜ければ家族でなくなる、という考え方に基づいている。これは、「戸籍＝家族」観念であり、さらに戸籍が法的家族関係をも規定するという考え方である。女性は継母、異母兄弟と問題を抱えており、彼らを自身の家族とはみなしていない。女性が危惧しているのは、実父が亡くなった後の戸籍である。女性にとって、戸籍は家族を規定するものであり、それが自分と継母、異母兄弟だけになることは、道理に合わないことなのである。

回答者は、「家族を忘れる象徴としてどうしても籍を抜きたいとお思いなら」と前置きしたうえで、分籍の手続きを勧めている。分籍とは、所属している戸籍から分かれて、新しく戸籍を作ることで、成人の子であれば分籍により親の戸籍から自分ひとりの戸籍に移ることができる。成人を待たなくても、誕生時から個人の戸籍が作られていれば、この女性は父親の戸籍に誰が入籍しようが、離籍しようが一切悩むことなどなかったはずである。家族単位の戸籍は、「婚姻家族」をはみ出す人々には不条理なものである。

次の事例は、夫婦それぞれが年少の子を連れて再婚したケースで、子らの戸籍の続柄を修正できないか模索している女性からの相談である。

五歳の男の子を連れて、当時四歳と三歳の男の子のいる現在の夫と再婚しました。戸籍では、私の連れてきた子は、夫の養子になっています。この子が昨春小学校へ入学するときの書類には、上から順に長男、二男、三男と書いて出し、法律上あまり重要でない書類には、今後もこうしておこうと、夫と話し合って決めました。（略）保険証には養子、長男、二男と書かれてあります。（略）せめて保険証のたぐいには事実を隠して、子供にカンづかれないようにしたいのです。できれば将来、子が戸籍謄本を見て養子であることや、実の母でないことを知ってショックを受けずにすむ方法はないでしょうか。

（一九七七年一月五日「戸籍の『養子』消せぬか――将来、子供にショック与えたくない」）

この女性は、子連れ同士の再婚で、再婚時に子と一緒に夫の戸籍に入り、夫婦と子三人で暮らしている。再婚した際、女性の子は夫の養子となっているが、その子の入学書類には夫婦の実子のように表記しており、子に対してだけでなく周囲に対しても、連れ子のいる再婚家族（ステップファミリー）であることは隠し、「婚姻家族」を装っているとみられる。しかし当然、戸籍には女性の連れ子は夫の養子、夫と先妻との子は長男、二男と記載されている。そこで、女性は戸籍上の子の続柄を夫婦の実子とみえるように、子の年長順に長男、二男、三男に訂正したいと相談している。これは、子にショックを与えたくないという親心によるもので、女性は、家族単位の戸籍が前提とする「夫婦とその子」からなる戸籍を子どもに与えたいのである。

ここでは、再婚により新たに形成された家族であることを伏せ、実態としても戸籍の上でも、それこそ名実ともに「婚姻家族」であることが追求されている。本来、戸籍は身分関係を公証するツールであり、家族としての権利義務を証明するための制度であるが、こうしてみると、本来の機能以上に家族のあり方や家族としてのアイデンティティを形成するものとして機能しているのがわかる。

次の事例も再婚夫婦の場合で、妻の連れ子を夫が養子にしているケースだが、特別養子制度が始まったことを知った妻からの相談である。

子供と実父との関係を絶つために、子供と現在の夫とを特別養子制度で縁組させたいと思います。前夫と離婚した理由は、前夫が会社の品物や、閉店した商店の品物をダンボール箱ごと持って来て隠しているのを何回か見つけたからです。本人に反省の様子がなく、直らないことから子供のことも考えて別れました。子どもは現在、後夫の養女になっています。こうした場合、特別養子にできるでしょうか。

（一九八八年一一月一日「連れ子を特別養子に——前夫に非行歴、制度的に可能か」）

女性は非行歴のある前夫と子の関係を絶つために、子を普通養子から特別養子に変えたいという。しかし、前夫が子の福祉にとって重大な支障になっている事実はないことから、回答者（鍛冶千鶴子）は女性の意図が「戸籍上、養子であることを隠したい」という点にあることを見抜いている。ようするに、これも前の事例と同様、子が夫婦の実子とみえるように戸籍を修正したいという相談である。一九八七年の法改正で導入された特別養子制度は、子の福祉を目的に、養子と実親との親子関係を切断し、養親との親子関係のみを法的に認めるという制度であるが、社会的な関心を集めたのは特別養子の戸籍上の扱いであった。特別養子の複雑な入籍手続きについては、第4章でみたとおりだが、特別養子は戸籍上、実子のように記載される。

このように、再婚により新たな家族が平穏に営まれ、しかも、養子縁組により法的な父子関係が形成されている場合でも、当事者は「婚姻家族」の戸籍にこだわり、これをなんとか手に入れようと頭を悩ませている。

(4) 前婚の子の除籍

ここまでの再婚の場合の相談では、主に、再婚した妻が自身の前婚の子の戸籍について悩むケースであったが、女性が離婚歴のある男性と結婚する場合、男性の前婚の子の戸籍が問題となるケースもある。

次の事例は、離婚歴のある男性と結婚したいと考えている未婚女性からの相談である。

彼は二四歳ですが、離婚歴があります。（略）奥さんに別の恋人ができて、家裁の調停で別れることに決まったというのです。正式離婚後も彼は大変で、月々五万円の養育費、慰謝料五年間で一〇〇万円（月額二万円）を払わなくてはならないのです。（略）彼は昼間会社、夜間水商売で必死に働いていますが間に合わず、私も自分の貯金から応援してきました。（略）このままではいつになったら一緒に暮らせるかわからず、不安です。（略）また彼の籍に残っている子どもの籍を抜けないのでしょうか。親権者は先方です。

（一九七九年五月二六日「慰謝料負担重すぎる——離婚した彼を応援しているが」）

女性はすぐにでも結婚したいようだが、男性が別れた妻と子に支払わなければならない養育費と慰謝料が障害になっている。それに加えて女性が懸念しているのが、男性の前婚の子の戸籍である。子の戸籍は離婚後も父である男性の戸籍に残っている状態だが、女性は結婚前に子の籍を男性の戸籍から抜きたいと考えている。ようするに、結婚したら自分たち家族の戸籍を作りたい、という意識である。養育費や慰謝料の支払いのように生計維持の支障となるような問題とは異なり、前婚の子の籍は実質的に結婚後の生活に何ら影響を与える問題ではない。しかし、これから結婚して男性の戸籍に入ろうとしている女性にとって、そこに男性の前妻との子の戸籍が残っていることは悩ましい問題となる。

これまでの事例でもみたとおり、離婚した男性の戸籍に前婚の子の籍が残っていることは、特別なことではない。夫婦の離婚と子の戸籍は別の問題であり、子自身か子の親権者が家庭裁判所から「子の氏の変更」許可を得なければ、あるいは、成人の子が分籍の手続きをしなければ、子の戸籍は動かない仕組みである。この事例は、子の氏の変更手続きがなされていないということであり、前妻が親権者である以上、父親であろうとも独断で子の籍を移すことはできない。前妻が応じなければ、「戸籍＝家族」観念をもつこの女性にとって、子の籍は結婚障害の一つであり続け、仮にそのまま結婚したとしても悩ましい問題として残ることになる。男性の戸籍から前婚の子の籍を排除したいという女性の心情は、戸籍上のみならず、子と父親の交流を切ろうとする方向に向かう可能性もある。

次の事例は、離婚歴のある夫と結婚した後、戸籍に前婚の子の籍が残っていることを知り悩んでいる女性からの相談である。

> 夫の話では、子供たちは二人とも先妻の戸籍にはいっており、私たちの間に生まれる子は長男か長女になるのだと言いますが、私が調べたところ、二人の子は夫の籍にはいっているのです。（略）先妻を知る人の話では、夫が長男であり、夫の実家がかなりな資産家であるため、先妻は二人の子の将来を計算しているのではないかと言います。夫は早く私たちの子がほしいと言いますが、こんな事情では生まれてくる子がかわいそうで、ためらいます。
>
> （一九七六年一月六日「先妻の子、夫の籍に――子を生みたいが、ためらい」）

女性は、夫の前婚の子が自分たちの戸籍に残っているために、子を持つことに踏み切れずにいる。この事例では、夫が子の籍はすでに前妻の戸籍に移っていると誤解していたために、前の事例のように結婚障害とはならなかったが、結婚後に妻が戸籍を確認したことで、子の籍の存在が明らかとなり、それが出産障害になっている。女性は「生まれてくる子がかわいそう」というが、その真意はわからない。ただし、女性が夫の実家の資産について言及していることから、戸籍に前婚の子が残っているために、生まれる子が相続で不利益を被ると考えているものとみられる。

回答者（鍛治千鶴子）も女性の意図をそのように察し、先妻の子が母親の戸籍に移っても、父子関係が切れるわけではなく、前婚の子も相続人となることを指摘している。これまでの事例にもしばしばみられたように、女性は「戸籍＝家族」観念のもと、戸籍が法的家族関係を決定するという考え方で、子が戸籍から出ると相続権もなくなるとみなしている。事例に登場している先妻の知人も、また知人の見立てどおりだとすると先妻も同様である。あたかも戸籍が家族のすべてであるかのような、戸籍万能主義ともいいうる観念が共有されており、それが結果的に女性が子を持つことの障害になっている。なんとも合理性を欠く事態だが、それほど強烈に戸籍が人々に影響を与えているということである。

また、この女性は自らの子を戸籍上、長男、長女とすることにこだわっているが、回答者は夫と前妻との子が長男、長女として残っていても、女性と夫との間に生まれる子は夫婦の子として、長男、長女と記載されることを説明したうえで、「長男だけが家をつぐという制度は法律上ないのですから、戸籍にこだわる考え方は改めるべき」と女性を諭している。たしかに、女性も意識を改めるべきであるが、「家」制度が廃止され、子の出生順位が法的に意味を持たないにもかかわらず、戸籍上、長男・長女、次男・次女と記載する戸籍制度にも問題がある。先ほどの子連れ同士の再婚ケースでもみたとおり、「家」意識にとらわれていなくても、再婚の場合にはこのような子の続柄の表記方法が、当事者に無用な葛藤をもたらしている。「婚姻家族」をはみ出す家族には弊害となる戸籍の仕組みである。

次の事例は、離婚歴のある男性と結婚し、まもなく出産予定というケースで、前妻が夫の戸籍に残っている子の籍を抜いてくれないと訴える女性からの相談である。

夫は三年前に協議離婚をし、前妻との間に三歳の女児がおりますが、母親が親権者となって育てております。戸籍だけは夫の方に「長女」として入ったままになっています。私どもが結婚するとき、その「長女」の籍を抜いてほしいと頼んだのですが〈離婚の慰謝料やそれまでにかかった養育料を払わなければ、籍を抜かない〉といわれました。（略）私としては自分の子がうまれるまでに、なんとかしたいのですが、方法はないでしょうか。（略）一時はあきらめたものの、やはりわが子を第一子として届け出たいのです。（略）親権者である母親の承諾なしには抜くことはできないのでしょうか。

（一九七三年八月二五日「先妻の子、除籍したい――近く自分の子が生まれるので」）

女性は、結婚の際も夫の前妻に子の籍を抜いてほしいと要求しており、自分たち夫婦だけの戸籍にしたかったようだが、夫が子の養育費も離婚慰謝料も支払っていないことから、前妻はこれを拒否している。前妻としては、子の戸籍を前夫の戸籍にとどめることで、前夫に支払い義務を果たさせようという作戦のようである。回答者（小糸のぶ）は、「籍を抜きたい、そして籍をきれいにしたいというようなお気持ちが少しでもおありなら、それはムリではないか」と述べて、戸籍にこだわる女性の態度に苦言を呈している。さらに、男性が養育費を支払っていないことを指摘したうえで、籍を抜くことを一方的に要求することについても厳しく批判している。

前にみた事例では、離婚した女性の多くが、離婚後に子と別戸籍になっていることに悩んでいたが、この事例の前妻は、あえて子と別戸籍を選択し、子の戸籍を父の戸籍に残すことで、前夫から養育費を引き出そうとしている。前妻の養育費の請求は当然のこととしても、その交渉において子の戸籍が道具となりうるのは、ひとつには、家族単位の戸籍編製という仕組みがあるからであり、もうひとつには、当事者双方に「戸籍＝家族」観念が共通して持たれているからである。ようするに、戸籍は家族が記載されるものという観念から、一方は、前妻の子を家族とみなせない以上、なんとしてもその籍を抜こうとし、他方は、子が扶養義務を負う家族であることを認識させるため、子の籍を抜いてなるものか、と譲らないのである。双方とも後に引かない様子だが、子の戸籍は本来、父が誰で母が誰かを証明するためのツールにすぎない。そう考えると、家族単位の戸籍制度と「戸籍＝家族」観念によって、無駄な争いが前面にせり出してきているといえる。優先されるべきは、子の戸籍の駆け引きではなく、養育費について協議し、早急に両者の合意を見出すことである。

この事例では前妻が扶養問題を解決するために、子の戸籍の移動を拒否していたが、そうした事情がない場合でも、前妻が前夫の戸籍から子の籍を抜くことに反発する例はみられる。なかにはその理由がはっきりしないケースもある。

次の事例は、夫が養育費を支払い続けているが、前妻が子の戸籍を夫の戸籍から移すことに応じないケースで、そのことに納得がいかない女性からの相談である。

半年前に結婚した夫は再婚で、前妻との間に二〇歳と一六歳の子がいます。（略）二人は、親権をとった前妻と住んでおり、社会人になるまでの養育費は夫が払っています。離婚した時点で戸籍は移したと思っていたのに、子供たちは夫の戸籍に入ったままです。そこで、夫と子供たちが話し合い、前妻の戸籍に移ることで了承してくれました。書類をそろえ、家庭裁判所で手続きをすませたものの、前妻が書類を破棄してしまったようで、まだ役所に戸籍変更の届けが出ていません。（略）届けを出さない限り、戸籍はそのままです。それが私には割り切れません。

（二〇〇三年四月一九日「離婚時に子の親権をとった夫の前妻――戸籍を移さないのはおかしい」）

女性は二六歳で、夫の年齢は示されていないが、前妻の子が二〇歳ということからみて、女性とはかなり年齢差があるようである。夫の離婚の経緯については明らかにはされていないものの、回答者（鍛冶千鶴子）は相談の手紙を読み、離婚は家庭裁判所の調停によるもので、親権者と養育費も調停で取り決めたものと判断している。つまり、当事者間で協議が成立せずに、どちらかが家庭裁判所に申し立てたということである。事例の女性が離婚原因に関係しているかどうかわからないが、調停が成立したとはいえ、前妻は離婚過程に不満を残しているのであろう。そのことが子の戸籍をめぐるトラブルに反映されているとみられる。

女性は、夫の離婚時点で子の籍は前妻の戸籍に移ったと思い込んでいたようだが、おそらく前妻が親権者となったことからそう考えたのであって、離婚調停では、前妻が子の氏の変更の手続きをするということまでは決めていなかったのであろう。女性としては、自分たち夫婦だけの戸籍にしたいと、前妻の子の除籍を強く望んでいるが、前妻はそれに猛反発している。養育費は調停で取り決めたとおり支払われており、前妻が子の籍を移すことを拒否しているのは、養育費を確保するためではなく、感情的な問題によるとみられる。ようするに、自分は夫の戸籍から抜けたけれども、子は夫の戸籍に残し、夫の家族として認識させようということではないだろうか。

双方とも「戸籍＝家族」観念をベースとするなかで、夫の前婚の子の籍は、再婚で入籍する妻にとっても、前妻にとっても譲れない問題となっている。いうまでもなく、問題の根源は家族単位の戸籍編製にあり、このような戸籍制度が当事者を不毛な紛争に駆り立てているのである。

回答者は、戸籍が相続に関係しないことや、子が結婚したり分籍したりすれば夫の戸籍から除籍されることを説明し、女性に静観を求めている。たしかに、当事者間に離婚のしこりが残っている状況で、子の戸籍を移す交渉をはじめると、それを契機に離婚をめぐる葛藤が高まる可能性がある。実際、子の籍がどちらにあろうと親子関係に変わりはなく、放置しても問題は生じない。しかし、女性の戸籍感情からすれば、やるせない思いであろう。

次の事例は、夫の戸籍に残っていた前婚の子の籍は移せたものの、それ以後問題を抱えている女性からの相談である。

半年前、婚姻届を出しに役所に行くと、主人の戸籍に前妻が引き取ったはずの子供さんが残ったままでした。

第三者の方に入ってもらって前妻の籍に移しましたが、それ以後、前妻や子供さんが電話をかけてくるようになりました。夜中に突然家に来ることもあります。前妻に問いただすと、「あなたには関係ない。あなたは主人の寂しさを一時的に慰めるだけの存在だ」と言われました。主人の両親には私のありもしない過去とやらを話しているようです。無視することもできず、いっそ別れてしまいたいと思うのですが。

（一九九四年九月一六日「借金押し付ける主人の前妻――夜中に突然家に来るなど嫌がらせも」）

女性によると、夫は前妻から一方的に離婚を要求され、離婚に応じたにもかかわらず、前妻の借金を慰謝料代わりに現在も支払っているという。詳細はわからないが、離婚過程に問題があるようで、前妻は離婚に納得していない様子である。離婚後も夫の戸籍に残っていた前婚の子の籍は、第三者を介して前妻の戸籍に移ったが、女性からみると、それを契機に前妻からの理不尽な嫌がらせが始まっている。回答者（落合恵子）は、第三者を含めた前妻との話し合いを提案するとともに、前妻に対して「毅然とした態度で接すること」を勧めているが、果たして円満に解決できるかどうかはわからない。結局、家族単位の戸籍の仕組みが、離婚紛争を再燃させる事態となっている。

このように、女性が離婚歴のある夫の戸籍に入籍する場合、女性は夫の前婚の子の籍を抜こうと必死になるが、すでに指摘しているとおり、籍を抜いても夫と子との法的親子関係に変わりはなく、実質的には何の影響もない。そう考えると、前の事例の回答者がアドバイスしていたとおり、子が結婚して戸籍を離れたり、子が成人後に分籍したりすることを期待して、成り行きを見守るのが賢明な態度といえるかもしれない。ただし、結婚や分籍は子本人に委ねられており、何年経っても子の籍が抜かれない可能性はある。

次の事例は、結婚二四年目になっても夫の前婚の子が戸籍に残っていることに気づいた女性からの相談である。

夫は先妻に二人の子供を渡して、私と再婚しました。私たち夫婦の間には二人の子供がいます。（略）今住んでいるところに本籍地を変えたいと考え、戸籍謄本を送ってもらいました。すると、もう三〇歳代になった先妻の子供二人が、いまだに未婚なのか、戸籍から抜けていないのがわかりました。たとえ未婚であっても、二〇歳を超え、養育義務は終わっています。先妻の子供を夫の現在の本籍地に残し、私たち家族四人だけで本籍地を変えることはできないでしょうか。

（一九九八年九月三日「先妻の子なお同じ戸籍に――家族だけの新戸籍をつくりたい」）

女性が結婚時に、夫の戸籍に前婚の子の籍が残っていることを知っていたのかどうかわからないが、結婚から二〇年以上も経っており、よもや前婚の子の籍が残っているなどとは予想していなかったのであろう。女性は前婚の子と夫の親子関係を切ろうとしているわけではなく、その子の戸籍を夫の現在の本籍地に残してよいという。ただ、自分たちの戸籍から前婚の子の籍は除き、家族四人だけの戸籍にすることを望んでいる。女性がその根拠としてあげているのが、前婚の子の養育義務の終了である。女性は明らかに「戸籍＝家族」観念を持っているものの、子に対する養育義務が残っている間は、前婚の子であっても家族として、戸籍にとどまることを容認する考えである。

回答者（鍛治千鶴子）は夫から前婚の子に分籍の話を持ちかけることを提案しているが、とくに本人が分籍の必要性を感じなければ、父親といえども強制することはできない。前婚の子が生涯未婚で分籍もしない場合、仮に夫が亡くなり、夫婦の子もすべて婚姻すれば、この戸籍には女性と夫の前婚の子だけが残ることになる。つまり、全く家族関係のない人々が一つの戸籍を構成するということである。そう考えると、家族単位という戸籍制度の無意味さを問わずにはいられない。

第6章 家族政策としての戸籍制度

1 「家族単位」の選択と作用——意図せざる結果

(1) 公証ツールとしての選択

本書では、戸籍の編製単位が「夫婦と未婚の子」となっていることを「家族単位」と呼び、家族単位の戸籍が戦後日本の家族規範に影響を与えたのではないか、との問題関心から、家族単位の選択とその作用について検討した。改めて、整理して考えてみたい。

第2章と第3章では、一九四七年の戸籍法改正をリードした起草委員会の主要メンバー、ならびに改正作業を担った法務官僚の回顧談を手がかりに、彼らがどのような意識で、個人単位ではなく、家族単位を選択したのか、探っていった。ここでは、彼らの戸籍に対する見方を押さえながら、振り返ってみたい。

まず、起草委員会で最初の案を検討した幹事の間には、戸籍の編製単位について両極の意見があった。

村上朝一による「家」単位と川島武宜による個人単位である。ふたりの主張には大きな開きがあるが、戸籍に対する見方も異なっている。村上は戸籍を身分関係の公証ツールと捉えており、彼の「家」単位の主張は、「家」制度の温存を意図したものでもなければ、人々の「家」意識に配慮したものでもない。「家」制度は廃止しなければならないが、身分公証の制度である戸籍制度の抜本改正までは必要ない、というのが村上の考え方である。そこに、戸籍が有するイデオロギー性という観点はない。

一方、川島は戸籍の「家」イデオロギー性を問題にしており、日本社会の基盤をなしてきた「家」制度を徹底的に解体し、人々から「家」の観念を一掃するために、個人単位の身分登録を主張している。このように、改正作業の当初の段階から、個人単位の主張がなされていたという事実は興味深い。ただし、川島の個人単位の主張には、本書でいうところの「婚姻家族」規範への関心や、戸籍が「婚姻家族」のイデオロギーとして機能しうることへの警戒感はみられない。もちろん、当時としては、明治以来の「家」イデオロギーを批判し、その徹底的解体を主張するだけで一大革新であり、「婚姻家族」が内包する問題を見通せなかったとしても無理はない。

結局、ふたりの提案はどちらも採用されず、その後の起草委員会での議論により、両者の中間ともいえる家族単位に落ち着いている。家族単位に導いたとみられるのが、起草委員会の中心的存在、我妻栄である。その経緯を示す客観的な歴史的文書は残されていないが、我妻の回顧談をみると、彼が家族単位を評価していたことは間違いなく、その影響は大きい。

結果的にみると、我妻は川島の個人単位の主張を受け入れなかった、ということになる。当時、我妻は改正民法の起草委員として、「家」制度を廃止すべく、これに執拗に抵抗する保守派と闘っていた。そうしたなか、個人単位の戸籍を提案すれば、保守派がさらに反発を強め、態度を硬化させることは容易に想像がつく。我妻にそうした状況認識があったことは確かである。よって、家族単位の選択には、保守派対策という面があったのは言うまでもない。

しかし、それだけでなく、我妻の戸籍に対する基本的な見方も大きく影響している。我妻は、戸籍の身分公証のツールとしての機能性を重視していた。なかでも、民法改正後の相続人の確定という機能を新戸籍に求めていた。しかし、それは技術的に実現困難であったことから、我妻は、すでに核家族化が進行していた実態をみすえ、現実の家族形態をより多く反映する家族単位が、身分関係の公証ツールとして機能性が高いと判断し、これを選択したのである。就職や結婚にあたり、本人だけでなく家族関係も重視され、その証明に戸籍が利用されてきた日本の社会事情を踏まえて、当時、家族単位は身分関係の公証ツールとして利便性が高いとみなされたのである。

戸籍を公証ツールとみていた点では、我妻は村上と同じ立場ということになるが、村上は「家」単位、我妻は家族単位と意見が割れている。たしかに、ふたりはどちらも戸籍をツールとみているが、村上はそれを運用面から捉え、我妻は利用面から捉えている。司法省の事務官であった村上は、戸籍の円滑な制度運用という観点から、旧制度を継承する「家」単位を支持し、一方、民法学者の我妻は、戸籍の実用性の観点から、家族の実態を反映する家族単位を支持したといえる。

ただし、我妻が家族単位を実用性の点で評価したのは、先に述べたとおり、当時の戸籍の技術的限界と身分公証の社会的現実を前提にしたものである。言い換えれば、法改正当時の時代状況のなかで、家族単位を相対的に機能的とみなして選択したにすぎない。

さて、起草委員会での議論を経て、家族単位とする改正要綱案がまとまったのち、戸籍法の改正作業を担当したのは司法省の青木義人であった。彼は家族単位の改正法案の作成に取り組み、その制度運用のための記載例などの改正にも心血を注ぎ、法改正の延期という緊急事態にも対処し、最終的にGHQの了承も取りつけ、家族単位の法案化作業を成し遂げている。とくに、改正作業の終盤、GHQとの改正案の協議においては、たびたび個人単位への修正を求められるも、これを断固拒否し、家族単位の改正案を死守している。

もっとも青木自身は、民法で「家」制度が廃止される以上、戸籍は個人単位であるべき、との考えである。しかしそれは、川島のように戸籍の「家」イデオロギー性を問題にしているからではない。青木も村上や我妻と同様、戸籍を身分関係の公証ツールと捉えている。青木は、「家」制度が廃止されることで戸籍制度の性格は変わり、戸籍は個人の身分登録制度になると認識しており、それゆえ、戸籍は個人単位であるべき、という考えである。青木と村上は、職階は違うものの同じ司法省の官僚であるが、「家」制度が廃止されても戸籍制度の抜本改革は必要ない、という村上に比べ、本来は個人単位であるべき、という青木のほうが、身分登録制度を理念的に捉えているといえよう。

このように青木は、本来的には個人単位にすべきと考えているが、実際の改正作業では家族単位を支持し、家族単位の改正法案を守り抜いている。それは彼が、作業開始当初から法改正を最小限に留めることを基本方針とし、それを最後まで貫いているからである。この基本方針は、改正に伴う戸籍事務の負担をできるかぎり回避するためである。

この点からみると、青木も村上と同じく、公証ツールとしての戸籍を運用面から捉えていたといえる。ともに法務官僚であり、制度の円滑な運用を最優先に考えるのは当然であろう。とくに青木は、戸籍事務の第一線である窓口での混乱を回避することを重視している。たしかに、法改正当時の状況といえば、貧弱な職員体制のなかで、戸籍謄本を求める人々は多く、その事務処理は手作業で行われていた。そのような実務の実情を知る青木が、個人単位を非現実的な選択肢とみなし、家族単位を支持したとしても不思議ではない。

こうした青木の現場重視の姿勢は、戸籍は「国民に直結する制度」であり、国民の生活や意識に即していなければならない、との認識による。つまり、青木は当時の人々の戸籍に対する意識と戸籍事務の実情を踏まえて、生活に直結する戸籍制度に混乱が生じないよう、家族単位の法案化に奔走したのである。見方を変えれば、青木もまた我妻と同じく、法改正当時の社会状況のなかで、家族単位がより機能的とみて選択したにすぎない、といえよう。

以上のとおり、家族単位の選択を決定づけた我妻と青木が残した言葉をたどると、家族単位はイデオロギーではなく、身分公証のツールとしての側面から、時代状況のなかでの機能性が評価され、選択されたものであることがわかる。

(2) 「婚姻家族」の規範化

では、家族単位の戸籍は、戦後の家族にどのように作用したのだろうか。第4章と第5章では、新聞の身の上相談に掲載された戸籍にまつわる悩み事を手がかりに、人々が家族単位の戸籍にどのように囚われていたのか、探っていった。ここでは、悩みの背後にある戸籍観および家族観を押さえながら、振り返ってみたい。

まず、婚外子については、子が戸籍に非嫡出子として記載されないよう、親や親族はあらゆる手段を駆使し、戸籍と格闘していた。なかには虚偽の出生届が提出されるなど、戸籍上の操作が行われている例もあった。出生届の不正は戦前からみられるが、戦後はこれを防止するため、出生届には出生証明書の添付が義務づけられている。しかし、戦後もこうした行為が続いており、それには助産師が出生証明書の作成に便宜を図っていた事実も関係しているようである。相談事例でも、助産師が母子手帳の偽造に手を貸していた。その背景に、当時は自宅出産が多かったという社会事情がある。

表6-1で子の出生場所の推移をみると、一九四七年はほぼすべての子が自宅で生まれており、一九五五年でも自宅での出生が主流で、病院などの施設で生まれる子は二割もいない。その後、病院などでの出生が増え、一九六〇年に施設と自宅の割合が半々となり、その一〇年後の一九七〇年には施設での出生が九五%を超えている。このように急速に「出産の医療化」が進み、自宅での出産は現在ではほとんどみられないが、戦後しばらくは一般的であり、そのなかで助産師が母子のために虚偽の届出に協力

していたものとみられる[1]。

虚偽の出生届では、婚外子をその母親の両親（本来であれば、子の祖父母）の嫡出子とすることが多い。この点は法務省も問題にしており、一九六一年にはこれを防止するために通達を出している[2]。通達では、「最近、出産能力のない高齢の母の出生した子として虚偽の出生届がなされる傾向がある」ことを理由にあげて、「今後母が五〇歳に達した後に出生した子として届け出のあった出生届」については、

表 6-1　出生の場所別にみた出生数割合（1947-1985 年）

（%）

年	施設内				自宅・その他
	総　数	病　院	診療所	助産所	
1947	2.4	—	—	—	97.6
1950	4.6	2.9	1.1	0.5	95.4
1955	17.6	10.8	4.5	2.4	82.4
1960	50.1	24.1	17.5	8.5	49.9
1965	84.0	36.8	34.3	12.9	16.0
1970	96.1	43.3	42.1	10.6	3.9
1975	98.8	47.4	44.2	7.2	1.2
1980	99.5	51.7	44.0	3.8	0.5
1985	99.8	55.5	42.4	2.0	0.2

出典：厚生労働省（2018）を用いて作成.

市町村長に監督法務局またはその支局の長の指示を求めた上で処理するよう求めている（家崎 1979: 113–114）。

出生登録を偽ることとは、子の一生に関わる重大な問題であるが、婚外子の母親もその親族も、非嫡出子の記載を戸籍の「汚れ」とみなし、これを回避しようと真実を曲げて届け出るのである。人の存在証明の真実性よりも、戸籍の「汚れ」を忌避する意識が上回り、当事者や周りの親族がこぞって嫡出子至上主義に陥っているのは、婚姻届を出した夫婦とその間に生まれた子のみからなる家族こそが正当な家族であり、「あるべき家族」である、とみなす「婚姻家族」規範が社会に浸透していることの反映である。

一方、婚姻家族の側は婚外子の存在が戸籍に現れることに

強く反発していた。夫が婚外子を妻の子と届けている場合はもちろんだが、戸籍に認知の事実が記載されること、さらに認知された子が入籍することに対する妻子の拒否感は非常に強く、婚外子を自分たちの戸籍から排除しようとしている。それはあたかも、戸籍に家族以外の者が侵入してくることを阻止しようとするかのようである。その根底にあるのが、戸籍は家族が記載されるものであり、戸籍に記載されているのが家族である、という「戸籍＝家族」観念である。そこでの「家族」は「夫婦とその間の子のみ」と捉えられており、まさに家族単位の戸籍が前提とする家族像にほかならない。ここにも「婚姻家族」規範がみてとれるが、「婚姻家族」の戸籍を守ろうとする意識は、婚外子の排除や差別へと向かっている。

こうした戸籍をめぐる意識や行動により、ますます「婚姻家族」規範が強化されていくことになるが、認知された子の入籍に関しては、家庭裁判所もまた「婚姻家族」規範を強化する働きをしている。というのも、認知された子が父の戸籍に入籍するのは、家庭裁判所が「子の氏の変更」を許可した場合ということになるが、家庭裁判所はその判断において、婚姻家族側の妻の意向を尊重するからである。

裁判所の判断はケースバイケースになされるが、基本的に婚姻家族を守ろうとするスタンスである。もちろん、裁判所からそのような方針が示されているわけではないが、一九七五年の戸籍関係者の座談会で法務省民事局付き検事（海老原良宗）は、父の非嫡出子の入籍が話題になった際、「本妻と本妻の子供の感情というか、立場というものも判断しなければならない場合もありますね。そして家庭裁判所では現実にそういうところを判断しているわけですね。非常に影響されやすい年代の子供さんがいるとします。そして本妻のほうも非常に反対しているといたします。そういうところに父親のほうが過ちでつくった子供を強引に入れるとすれば、そうすると家庭全体が破壊されるかもしれない」（座談会 1975: 22-23）と語っている。このように、家庭裁判所も「婚姻家族」規範に基づいて判断を下しているとみられる。

夫がもうけた婚外子に対する妻子の思いやその意向を汲む家庭裁判所の姿勢はさておき、こうしてみると、氏に基づく家族単位の戸籍制度が、人々の「家族」に関する認識枠組に影響を与え、「婚姻家族」が規範として浸透し、さらにその「婚姻家族」規範のもとで戸籍制度が運用されることにより、規範が強化されているのがわかる。

婚外子に続いて、結婚、離婚、再婚にまつわる相談をみたが、ここでも人々の悩みは深く、戸籍が家族単位であるがゆえの苦悩や紛争に翻弄されていた。結婚については、事前の戸籍調査を当然視する時代状況も見受けられたが、身元確認を要する場合であっても、本来は個人の婚姻関係がわかればよいのであり、家族単位である必要はない。しかし実際には、戸籍謄本の父親の記載事項で結婚が破談になるなど、家族単位の戸籍が個人の人生を阻むものとなっていた。これは、戸籍の理不尽さを示す例といえよう。

離婚や再婚に関しては、子の戸籍に関する相談が多く寄せられていた。女性の離婚が成立せず、事実婚状態で子が生まれた場合や、離婚後三〇〇日以内に生まれた場合では、生まれた子を前夫の戸籍に入籍させなくてはならないという仕組みが、問題を複雑化させ、結果的に子が不利益を被っていた。そのなかには、子が無戸籍になっているケースもみられた。これは近年、無戸籍問題として社会的に注目され、嫡出推定制度の見直しが議論されているが、嫡出推定だけでなく、家族単位の戸籍制度が子の出生届の提出を阻んでいる面も大きいといえる。

そのほか、子を「ひとり戸籍」にしたくない、子の籍を前夫の戸籍から自分の戸籍に移したい、自分たちの戸籍から夫の前婚の子の籍を除きたい、といった相談が寄せられていた。実際には、戸籍に子がひとりで残っていようと、子の籍がどちらの親の戸籍にあろうと、法的親子関係には一切影響しない。それにもかかわらず、子の籍の置き場所や置かれ方が当事者に深刻な悩みをもたらし、結婚や出産の障害となったり、紛争を引き起こしたりしていた。これもまた、「戸籍＝家族」観念によるもので、家族であれば戸籍を一緒にすべきであり、家族でなければ戸籍を一緒にすべきではない、との考え方に基づいている。

ただし、離婚や再婚の場合には、家族単位が前提としている「婚姻家族」を貫徹することはできない。そのため、できる限り「婚姻家族」に近づけることが目指される。そのことが顕著にあらわれるのが、ステップファミリーの事例である。当事者は戸籍上、連れ子を夫婦の実子のように記載できないかとその方策を真剣に探していた。まさに「婚姻家族」の戸籍を追求しているわけだが、そこにはステップファミリーに関する日本の家族観をみることができる。

野沢慎司によると、ステップファミリーには「スクラップ&ビルド型」と「連鎖・拡張するネットワーク型」の二つの家族モデルがある。スクラップ&ビルド型は、離婚によりそれまでの家族は消滅し、その後、子の監護親が再婚すると、その再婚相手が子の新しい父親／母親となり家族が再建されるというタイプであり、もうひとつの連鎖・拡張するネットワーク型は、離婚・再婚後も母と父の双方が子の親であり続け、継親は既存の親に代わる父親／母親ではなく、子の家族に新たに追加されたメンバーとみなされるもので、いわば世帯を超えて家族メンバーがつながっていくというタイプである。これまで日本社会は、ステップファミリーに関して、スクラップ&ビルド型の家族モデルに依拠してきたという（野沢 2011: 91-93）。相談事例でも、子に継父／継母であることを隠し、「夫婦とその子」として家族生活を送り、さらに戸籍上も前婚家族の痕跡をすべて消し、ストラップ&ビルド型の家族を完成させようとしていた。その根底にあるのも、まさしく「婚姻家族」規範である。

以上みてきたとおり、婚外出産、離婚、再婚の当事者は、「夫婦とその間に生まれた子のみ」の戸籍、あるいは、限りなくそれに近い戸籍を確保しようと懸命になっている。それは「婚姻家族」規範に縛られ、それに抗することもできず、もがき苦しむ人々の姿である。家族単位が想定する「婚姻家族」を営んでいれば、戸籍はまったく問題にならない。しかし、「婚姻家族」から少しでもはみ出すと、戸籍に悩み、ときに不毛な紛争に疲弊する。身の上相談に寄せられた戸籍をめぐる人々の苦悩は、「婚姻家族」規範がいかに強力であるかを物語っている。

戦後の戸籍制度は、身分関係を公証する単なるツールにすぎないが、それが家族単位であったがゆえに、「婚姻家族」の規範化に作用したといえる。しかし、家族単位を選択した我妻も青木も、戸籍にそのような機能をもたせる認識はなかったであろう。彼らこそ、戸籍を身分関係の公証ツールと捉えており、ツールとしての機能性の観点から、「夫婦と未婚の子」という単位を選択したにすぎない。我妻は、家族の実態を反映させようとはしたが、戸籍制度によって家族観を方向づけることまでは狙っていない。また、青木も戸籍をそのような視点ではみていない。したがって、家族単位の戸籍制度が「婚姻家族」の規範化に作用したという現実は、「意図せざる結果」である。

2 「婚姻家族」の規範化の背景——戸籍謄本の日常性

それにしても、単なる公証ツールがなにゆえ家族規範に作用するのか。やはり、そこには日本の戸籍制度の持つ歴史的性格が関係している。鈴木禄弥は、身分登録制度の比較研究の論文の冒頭で、「一見形式的技術的なものと考えられる制度がそれぞれの国の歴史的社会的基礎と結びついている」と指摘している（鈴木 1957: 273）。第1章で述べたとおり、日本の戸籍制度は、明治以降の日本の近代国家の基礎をなす家族制度に直結しており、歴史的に戸籍は家族のあり方と強く結びついていた。

このような基盤があるなかで、一九四七年の法改正により家族単位が採用されたことの意味は大きい。たしかに、「家」制度の廃止により戸籍法も改正され、法制度上、戸籍は家族制度と切り離されたが、氏を基準に親族を単位とする方式は維持された。つまり、戸籍制度の骨格は変わっていないのである。よって、「家」単位から家族単位への法改正は、見方を変えれば、戸籍の「家」を「婚姻家族」に差し替えただけのマイナーチェンジにすぎない。こうして、戦後も戸籍が親族単位を維持したことが、日本の家族に影響力を持ち続けたといえる。

しかも、新戸籍法によって「家」が「婚姻家族」に変わったあと、戸籍を梃子に「家」制度の復活を志向する保守派の動きがあり、それに対抗するために「婚姻家族」が強調されたという事情もある。また、そうした大勢に関わる問題とは別に、戦後も残る人々の「家」意識や「家」の慣習を是正するために、戸籍に関わる場面で「婚姻家族」が推奨されたという点も見逃せない。相談事例でも、「家」制度的な老親扶養意識から事実婚を続けている女性に対し、回答者は「家」観念から女性を解放しようと、婚姻届の提出をまるで義務であるかのように力説し、強く勧めていた。

このように、戸籍による「婚姻家族」の規範化は、日本社会における戸籍制度の歴史性を基盤としたものであるが、そうした歴史的基盤のうえで、さらに戸籍と家族に関わる現実の社会事情によってもたらされている。実際に戦後の人々が「婚姻家族」を価値判断や行為の基準とするに至ったのには、就職や結婚における戸籍謄本の活用という当時の社会事情が大きく影響している。現在と異なり、就職や結婚に戸籍謄本が当然のように利用されており、それが大きな意味を持っていたのである。

たとえば、就職について、高校生向けのガイドブックをみてみよう。一九五四年発行の『これから就職する学生のための就職の研究』は書名には「研究」とあるが、内容的には具体的なハウツーが記載された実用書である。ここには戸籍謄本が就職試験に必要な書類のひとつにあげられており、戸籍謄本は「就職する場合に必要であるばかりでなく、平常でも、自分の家の証明書のようなものであるから、一通は常備しておいたほうがよいもの」と説明されている（就職指導研究会 1954: 46）。

この本では戸籍謄本のほか、就職試験の必要書類として「家庭環境調査書」もあげられている。「家庭環境調査書」については、「各社が知りたいと思う項目をあげているのであるが、共通する部分もある」と説明されており、「家族の氏名」「同居者氏名」「続柄」「保護者の職業」「家庭の資産状況」「思想的傾向」「生活程度・文化程度」の項目について、それぞれ具体的な記載方法の注意が列挙されている。たとえば、「保護者の職業」の欄については、なるべく詳しく、〇〇会社〇〇係まで書くほうがよいと指摘したうえで、「あまり名誉にならぬ職業の場合や、地位の低い職業の場合に、書くことをためらって『無職』と書いておく人があるが、これはよくないことである。保護者が無職である場合には、会社側から人を派遣して調査させることが多い。調査させるのは親切な会社であって、調査もさせずに不合格にする場合もあるという」と記されている（就職指導研究会 1954: 45）。ここからは、企業が生徒の家族状況を詳細にチェックし、それを採用の可否の判断基準にしていたことがわかる。

企業の家族チェックは身分関係にも及んでおり、一九五九年発行の『必読高校生の就職相談』をみると、就職試験のために提出する戸籍謄本について、「家族関係が複雑な場合は、就職に不利な結果を招くこともありますから、一定の手続によって整理できるものは事前に処置しておく方がよろしい」と説明されている（高等学校進路指導研究会 1959: 165）。どのような家族関係が就職で不利になるのか、また、戸籍を整理するとはどのような処置をさすのか、具体的に示されてはいないが、ここには「夫婦とその間に生まれた子」以外の人物が含まれる戸籍は不利になる、という意図がみてとれる。

戸籍謄本は「家族環境調査書」などとは違い、家族関係の決定的な証拠となる公式の文書である。そのため、就職試験を受ける前に、戸籍謄本の記載内容をよく確認し、離婚や認知の事実、前婚の子や婚外子の記載などは、転籍や分籍の手続きによって消しておいたほうがよい、ということであろう。こうして、就職試験に戸籍謄本が求められる現実を生き抜こうとするなかで、若者とその親は「婚姻家族」規範を身につけていくことになる。

結婚についても、かつては戸籍謄本が身元調査に活用されていた。それは特異なことではなく、たとえば、公立の結婚相談所でも利用者に戸籍謄本を求めている。一九五〇年一一月発行の東京都『豊島区政広報』第一二号をみると、「結婚相談所開設について」の記事があり、そこには結婚相談所への申し込み方法も記されている。具体的には、「戸籍謄本、血液証明書、最近撮影の小型写真も添付されるから準備されたい」という記載である（豊島区史編纂委員会 1989: 91）。

結婚相談所に限ったことではなく、一般的にも、戸籍は結婚相手の身元確認のツールとみなされており、そのことは日常生活に重みをおいた家庭用百科事典にも記されている。一九六九年発行の『新家庭百科事典　第八巻　レジャー・法律・家計』で「戸籍」の項をみると、「戸籍とは身分関係を登録した公簿」と定義されたうえで、「一般の第三者にとっても、たとえば、娘を結婚させようとする人からみて、相手の男性の身分関係がどうなっているのかということなどは、重要な意味があるので、公簿に登録してこれを明確に公示することが必要なのです」と解説されている（講談社 1969: 347）。つまり、戸籍は、結婚相手の身分関係を確認するための重要な手段、というわけである。

このように、就職や結婚といった人生の重要なイベントで戸籍謄本が活用されることから、人々は不

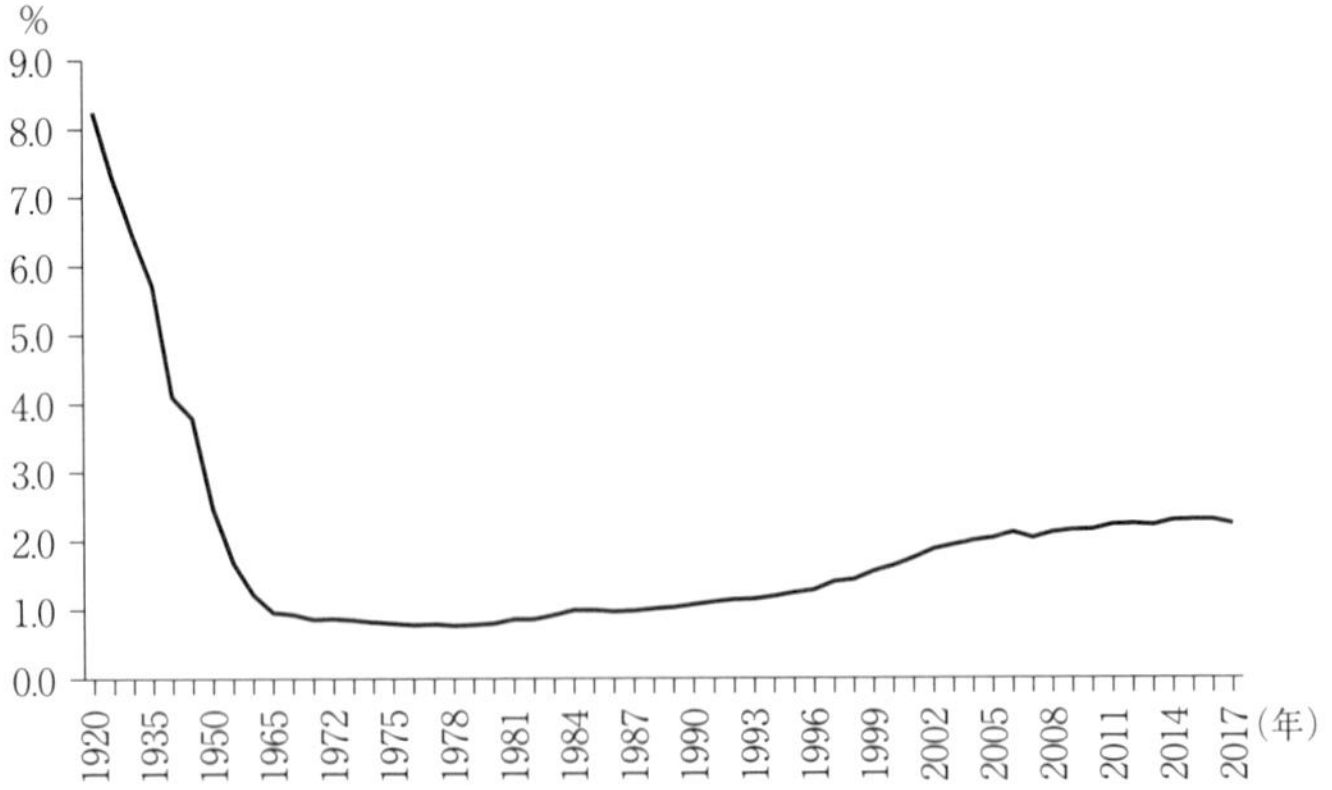

図 6-1　日本の婚外子率（1920-1997 年）

注：1947 年から 1972 年までは沖縄県を含まない．婚外子率は「出生総数」に占める「嫡出でない子の出生数」の割合．

出典：国立社会保障・人口問題研究所（2018）を用いて作成．

利を被ったり、差別を受けたりしないよう、「婚姻家族」の戸籍にこだわるのである。こうして、家族単位の戸籍は人々に「婚姻家族」という「あるべき家族像」を目に見える形で示し、それが人生を左右するものとして意識化され、規範化されていくのである。そして、戸籍制度に裏打ちされた「婚姻家族」規範は、広く人々の家族に関する意識や行動の基準となり、現実の家族を「婚姻家族」という「あるべき家族像」へと方向づけていく。

まさに、家族単位の戸籍制度は戦後日本の家族政策として機能した、ということである。もちろん、家族政策は戸籍制度ひとつではなく、戸籍制度を含むさまざまな制度や政策が束になったものである。しかし、身の上相談に寄せられた戸籍をめぐる苦悩と模索は、戸籍による「婚姻家族」規範化がどれほど強力で、そしてそれが人々にどれほど影響を与えていたか、つまり、戸籍制度が家族政策としていか

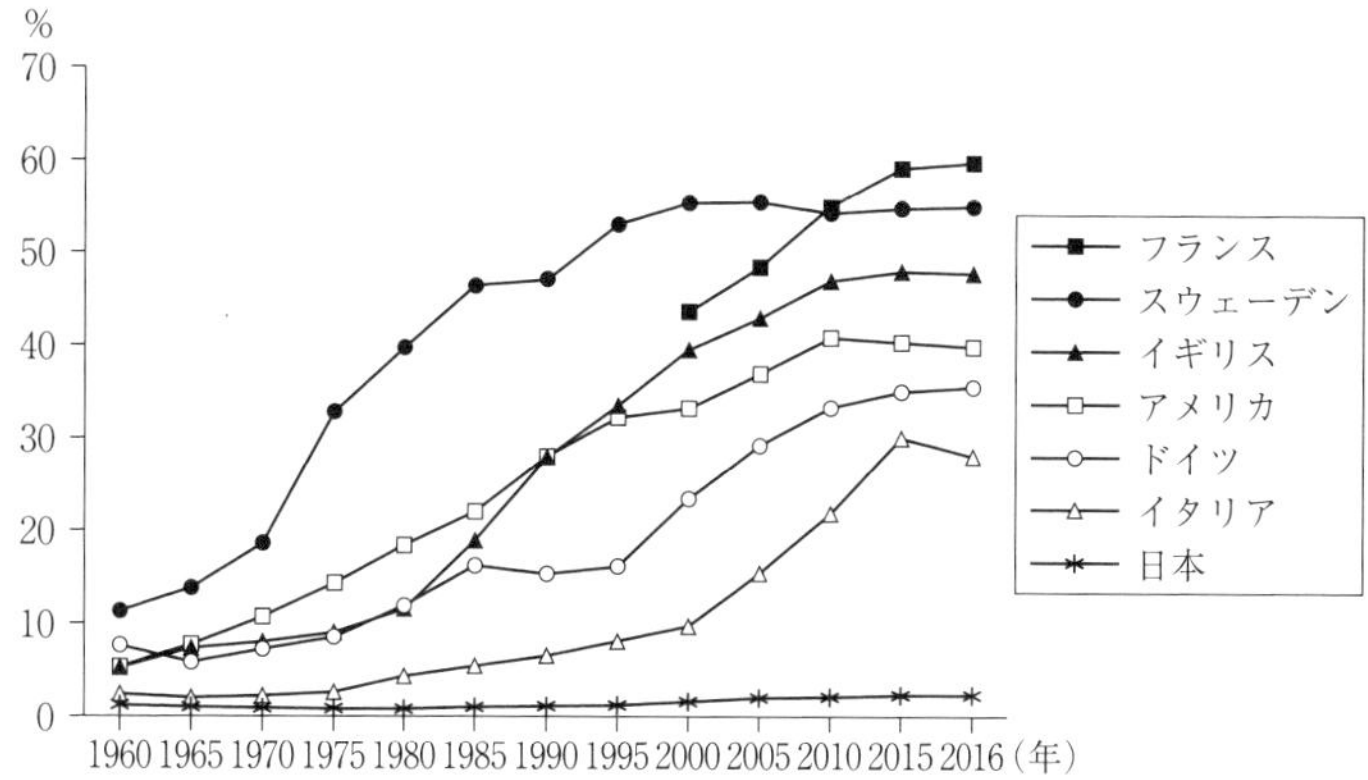

図 6-2　婚外子率の国際比較（1960-2016 年）

注：日本の婚外子率は図 6-1 と同じ．日本を除く各国の婚外子率は，全出生数に占める「出生時に母親の婚姻上の地位が『既婚』以外の子の出生数」の割合．
出典：OECD（2018）を用いて作成．

に作用していたか、ということを物語っている。

ひとつの手がかりとして、婚外子率の推移をみておこう。図6－1のとおり、日本の婚外子率は戦後急速に低下し、一九六五年には一％を切っている。つまり、生まれる子どもの九九％以上は嫡出子であったということである。婚外子率はその後も低水準が続き、一九八八年にようやく一％を超える程度である。このように、戦後、子どもは婚姻している夫婦から生まれることが社会通念となり、現実に、婚外子は極めて限られた少数者になっている。この動きに戸籍制度が影響していないはずがない。

日本社会で「婚姻家族」規範が強力であることは、その後も変わっていない。図6－1で一九八〇年代後半以降の動きについてみると、婚外子率は徐々に上昇しているが、現在でも二％にとどまっている。

それが日本の家族を特徴づけていることは、図6－2で欧米主要国の婚外子率と比較すると一目瞭然である。これは、いまなお戸籍制度が日本の家族政策として機能していることを如実に示している。

3 個人単位へ向けて――失われた視点の回復

(1) 戦後改革の忘却

① 法改正当時の紙事情

以上みてきたとおり、戦後の戸籍法改正に携わった我妻や青木が、当時の時代状況のなかで選択した家族単位の戸籍は、「婚姻家族」の規範化に作用し、結果的に家族政策として機能した。「婚姻家族」規範は当時から婚外子やその母親をはじめ、「婚姻家族」とは異なる家族を生きる人々に苦悩や生きづらさを強いていたが、その状況は現在も変わっていない。「婚姻家族」規範は日本社会に深く根づき、いまなお日本の家族のあり方を規定している。

こうしてみてくると、一九四七年の戸籍法改正で個人単位ではなく、家族単位が採用されたことが重くのしかかってくる。とくに、改正作業の終盤でGHQから個人単位が再三提案されたにもかかわらず、青木ら司法省側がこれを断固として拒否したことは、その後の日本の家族にとって決定的であったといえる。

司法省側がGHQとの交渉で、反対の根拠として強く主張していたのは、当時の紙不足であった。また、第2章でみたとおり、起草委員会メンバーらによる座談会でも、中川善之助が紙不足の深刻さをあげて、個人単位の採用が不可能であったと発言している。さらに、個人単位論の先頭に立っていた川島も、法改正を振り返るインタビューのなかで、紙不足問題を理由に個人単位が見送られたことを語り、それに一定の理解を示している。

たしかに、当時は雑誌が休刊を余儀なくされたり、刊行された書籍の紙質が劣悪であったりと、紙不足の状況は誰の目にも明らかであった。たとえば、起草委員にもなじみがあったであろう『法曹会雑誌』は、一八九一年一二月以来の約半世紀に及ぶ歴史を持つが、一九四四年三月一日発行の号で刊行を止めている(3)。その号の「休刊の辞」には、配給される用紙の割当が「減配に減配を続けられ、(略)我等としては、仮令本誌の紙数は減少し、折り畳み式の小冊子としてでも法曹会雑誌という歴史ある名称は維持存続させたいと熱望したのですが、其の用紙すらも入手困難という最悪の場面に逢着して仕舞ったのであった」と、紙不足により発行を断念せざるをえない無念の思いが綴られている(4)。実際、表6-2をみると、戦況の悪化とともに書籍も雑誌も出版数は減少しており、一九四三年から一九四五年は極端に少なくなっている。戦後の法改正当時の紙の不足は、疑いようのない事実であったといえる。

とはいえ、国家にとって、戸籍は極めて重大な帳簿である。その改製ができないほど、紙不足は深刻だったのだろうか。図6-3は一九四〇年から一九五五年の紙生産高を示したものである。これをみると、やはり紙の生産への戦争の影響は甚大であり、戦争が激しくなるにつれて紙生産高は激減している。なかでも、一九四六年が戦前戦後を通じて最も生産高が少なくなっている。一九四六年の生産高を一九

表 6-2　出版図書数（1939-1945 年）

年	総　数	普通出版物	雑　誌 （出版法）	新聞雑誌 （新聞紙法）	官庁出版物
1939	83,163	28,054	43,791	—	11,318
1940	73,152	26,279	39,839	—	7,034
1941	66,574	29,204	31,807	—	5,563
1942	57,876	24,211	24,874	—	8,791
1943	44,832	17,818	18,183	2,621	6,210
1944	19,666	5,438	6,517	1,606	6,103
1945	3,811	658	（1 月末）257	（3 月末）1,547	（6 月末）1,102

注：内務省警務課による.
出典：日本出版協同（1947）を用いて作成.

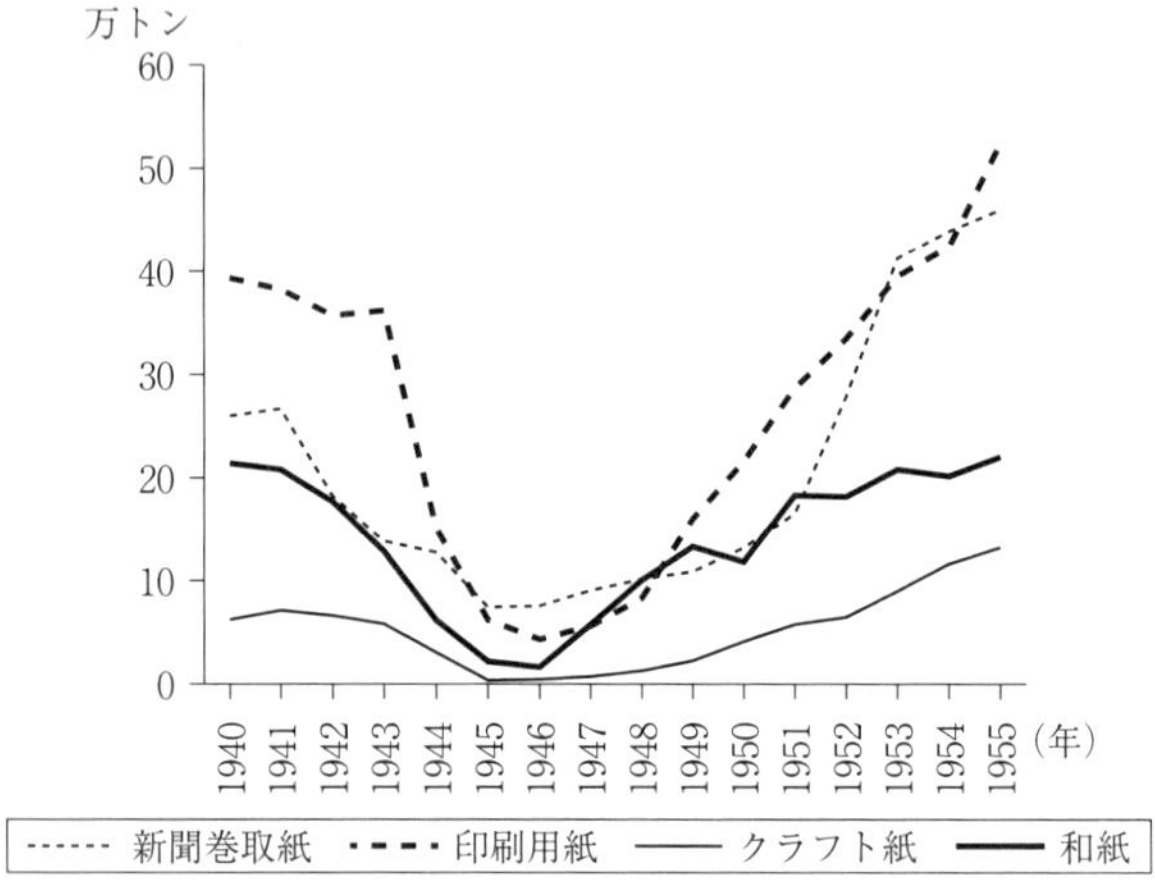

図 6-3　紙生産高（1940-1955 年）

注：1949 年以降の和紙は手すき和紙を除く.
出典：通商産業大臣官房調査統計部（1973）を用いて作成.

四〇年と比較すると、新聞巻取紙では一九四〇年の約三割、印刷用紙では約一割、クラフト紙と和紙に至っては、わずか〇・七％しかない。戸籍は長年の使用に耐えられるよう丈夫な用紙に記載される必要があり、従来、和紙が用いられてきた。改めて図６－３のデータで和紙の生産高を確認すると、一九四〇年の生産高は二一万三九九三トンであるが、一九四六年には一万六三六五トンにまで落ち込んでいる。

このような当時の紙生産量をみると、全国の戸籍をすべて書き換えることなど見込める状況ではなく、そうした現実の中で個人単位への法改正を行えば、戸籍制度の運用が立ち行かなくなっていたであろう。もちろん、だからといって、家族単位の選択しかなかったとはいえない。個人単位に改正したうえで、その実施を当面延期することはできる。たとえば、期限を決めて、数年後に個人単位に改めるという条件付で、改正法に規定しておくことは可能である。とはいえ、当時の社会事情や戸籍事務の実態もあわせて考えれば、家族単位が選択されたことを、現代の視点から非難することはできない。

②　忘れられた理念

そのような立場に立ったとき、注目されるのは、法改正から一〇年後の一九五七年に刊行された家族法の叢書のなかで、兼子一が示した見解である。第２章でみたとおり、兼子は、一九五三年刊の雑誌の座談会で戦後の戸籍法改正が話題になった際、個人単位にすべきであった、と語っていたが、その考えを叢書の解説文で明確に述べている。少し長いが引用しておこう。

これ（戸籍制度―下夷注）は人の身分関係を登録公証する国家制度であるが、わが国の戸籍はその名の示すように人籍ではなく、戸すなわち家を中心として編製されたことに始まる。民法改正によって家の制度は廃止されたけれども、現在は家の代わりに氏が中心となったが、その体裁においては大した変革がない。それは実際的に当時の事情としては止むを得なかったことでもあろうが、身分関係の実体に関する民法の画期的改正に対して、これを表示公証する制度としては甚だ不徹底なものといわなければならない。少くとも漸進的にでも身分登録としてその機能を発揮するような合理的な制度に切替えるべきであろう。特に共同相続が通常となったのに、相続人を検索し、その資格を証明するためには、時を異にする多くの除籍簿にさかのぼらなければならず、それでも完璧を期し難い現状にある。例えば、これを人別的なカード式にして、その事項欄には結婚・縁組・認知のような身分行為だけでなく、子の出生をもそれぞれ両親の欄に記載することにすれば、一人の身分カードで、この親と子の三代の関係が明瞭となるから、その者の相続関係を明確にたどることができることになるのではないかと考えられる。

（兼子 1957: 12）

これは、今から六〇年以上前に示されたものだが、現在においても説得力のある見解である。兼子が述べているとおり、一九四七年の改正当時はやむを得なかったとしても、その後、漸進的にでも個人単位に切り替えていくべきであり、その議論が行われるべきであった。こうしてみると、一番の問題は、一九四七年の戦後の戸籍法改正で家族単位が採用されたことよりも、その後、個人単位への移行に向けた法改正の議論が行われていないことにあるといえる。

一九四七年当時、個人単位が採用できない理由にあげられていたのは紙不足であったが、戦後の物資の不足は一九五〇年代には落ち着き、紙の生産高も一九五〇年代前半までに完全に回復している。再び、前掲の図6－3で戦後の紙生産高をみると、一九四六年を底に増加に転じ、その後は急増している。GHQとの会談録を思い起こせば、GHQ側からの個人単位の提案を拒否した際、司法省側は日本も経済が回復すれば個人単位にしたい、と明言していた。つまり、少なくとも公式には、司法省側も「本来は個人単位」という理念を持っていたということである。とすれば、一九五〇年代後半には日本経済も十分回復しており、個人単位の検討がなされる環境は整っていたといえる。

しかし、法改正から一〇年になろうかという頃、ちょうど経済がめざましく成長していた時期、法務省は個人単位とは全く逆の方向を向いている。その当時、法務省内では「家」単位を評価する議論がなされていたのである。実際には旧法に戻るような法改正はなかったが、「家」制度下の戸籍を思い起こさせるような戸籍行政が進められたのは事実である。それは、法施行一〇年後の戸籍改製という大きな動きのなかで起こっている。この点については、少し詳しくみておきたい。

③　一〇年後の全面改製

一九四七年の新戸籍法で家族単位が採用されたが、新法の施行日（一九四八年一月一日）から旧法戸籍が一斉に「夫婦と未婚の子」単位の戸籍に改製されたわけではない。新法の第一二八条では、従来の戸籍は新法による戸籍とみなし、新法施行後一〇年を経過したときに命令の定めるところによりこれを改製しなければならない、と規定されている。これにより、新法になっても一〇年間は、婚姻届が出された場合や、親の戸籍に入っている息子夫婦や娘夫婦から子の出生届が出された場合などは、親子三代の戸籍にならないよう新たな戸籍が作られ、「夫婦と未婚の子」を編製単位とする新法本来の戸籍が実現したが、それ以外は旧法の戸籍がそのまま残っていた。新法では「三代戸籍禁止の原則」が採用されたにもかかわらず、三代戸籍を事実上容認するような猶予措置の規定が盛り込まれていたのである。それは、一挙に新法の戸籍に改製することは費用と人手の面で不可能であり、かつ、旧法戸籍の身分事項の記載に効力を認めてもさほどの不都合が生じない、と判断されたからである（青木 1951: 392–393）。ようするに、実務上の混乱を避けるためということである。

青木によると、司法省の当初の改正法案では、一〇年という期限はなく、適当な時期になったら省令で改製していく、という趣旨の条文であったが、GHQから改製の期限を限定すべきではないか、との意見が出されたという。これは、GHQが改正法案全般に示した三つの意見のうちの一つである。残りの二つは、三代戸籍は廃止すべき、離婚の際は親の戸籍へ復籍させずに必ず新戸籍を編製すべき、というものである。三つの意見はいずれも、戸籍から「家」の残存物をすべて排除するというもので、「民法という表口から家を追っ払ったのに、戸籍法という裏口から、また家に似たようなものが入ってきては困る」というのがGHQの考えであった（座談会 1958a: 154: 53）。

全面改製について、GHQ側では期限を三年、遅くとも五年と要望したようだが、青木ら司法省側は五年後の実施は不可能と考え、GHQ側に物理的な困難を説明し、最終的に一〇年で了承を得たという。

その際、司法省側には、一〇年経過すれば旧法戸籍の残存数も減少しているとの考えがあり[5]、また、万一できなければさらに法律を改正して一〇年先に延ばせばよい、といった内々の含みもあったようである（座談会 1958a: 154: 53）。

それから時を経て、一〇年の期限が迫るなか、規定どおりに改製を行うかどうか、法務省内で議論が行われている。ちなみに、当時の法務省民事局長は、戦後の法改正時に起草幹事であった村上である。全面改製は最終的には実施されることになったが[6]、事前の法務省内での検討段階では改製延期論が強かったようである。改製が決まった頃の座談会で、我妻からそのことを問われた村上は、「法務省としては、これを延期するという考えは、初めからなかった」と答えているが（座談会 1958a: 154: 54）、事実はそのとおりではない。

一九八二年に開催された座談会で、当時の法務省担当者（阿川清道）が語ったところによると、戸籍担当の第二課が戸籍改製の原案を作成し、これを省内の民事局の会議にかけたところ、反対意見が圧倒的であったという。それは、予算の問題もあるが、それ以上に、戸籍が最も利用される不動産登記の相続関係においては旧法戸籍のほうが便利、といった理由による。このように、法務省内では個人単位どころか、家族単位への全面改製も危ぶまれる状況で、むしろ「家」単位を維持する意見が大勢を占めていたということである。結局、会議の最後に、局長の村上が担当課長補佐の岩佐節郎に質問し、岩佐が「やりたい」と答え、「それではやろう」と、「民事局長のツルの一声」で改製が決定したというのが真相のようである（座談会 1984: 478: 28-29）。とすると、仮に戦後の改正法案に対してＧＨＱが期限をつけるよう求めていなければ、「家」制度下の戸籍が残り続けていたかもしれない。前述の、村上が改製延期論を否定した座談会で、唄孝一は新戸籍法に一〇年後の改製が明文化されていたことを評価し、「司令部の意見が案外大きな役割を果たした」と述べている（座談会 1958a: 154: 59）。

こうして、旧法戸籍は全面的に改製されることになったものの、その改製作業において、本来の改製の趣旨に反するような「家」温存的な法務行政がなされている。法務省は、改製作業が円滑に進むように通達を出しているが[7]、そのなかで、夫（妻）の氏を称する婚姻届によって新戸籍が編製される場合、その婚姻届では夫（妻）の従前の本籍地を夫婦の新本籍と定めるよう、市町村に指導させているのである（座談会 1958a: 156: 41）。このことは、あたかも夫の「家」の本籍を継承させようとするかのようである。

この通達に関し、法務省側に「家」意識を維持・強化しようという意図はみられず、担当者の岩佐もこの通達に問題があることは認識しており、当時、実務担当者との座談会で、「もともと本人の自由意志でどこにでもきめられるべき本籍を、改製を正確に行うためとはいいながら、一律に従前の本籍と同一場所ということに限定してもらうということですから、私どもとしても若干気がとがめているのです」と語っている（座談会 1958b: 118: 33）。こうでもしなければ改製作業を完了することはできない、という現実的な判断によるものであろう。たしかに、通常の戸籍業務を続けながら、同時に、旧戸籍の改製作業を万事問題なく進めることは、市区町村役場で作業にあたる職員には大変な苦労であったといえる（座談会 1991: 579: 38-45）。しかし、一〇年間も「家」単位を容認してきたことを是正するための改製で、このような本籍に関する通達が出されていたことは、「家」温存の動きとみられても反論の余地はない。

一〇年後の改製は、本来であれば、個人単位への改製が議論されるべき絶好のタイミングであった。しかし、個人単位どころか、家族単位に全面改製することすら危ぶまれるような状況で、実際、個人単位が検討された形跡は全くない。わずか一〇年のうちに、一九四七年の法改正時に司法省側がGHQに示していた「本来は個人単位」という理念は完全に忘れられている。今からみれば、このときの改製が個人単位への道を閉ざしたといえる。

(2) 家族政策からの脱却

先に触れた、全面改製が決まった頃の座談会で、唄は次のように発言している。

唄　現在の戸籍に対しては、旧法戸籍を支持する側と、個人別登録を主張する側と両方からの批判があるわけですね。そういういろいろの批判とも対決せぬといかんでしょう。そうなると、どうしても、戸籍というものは何かということに問題がゆきつくと思うのですが、従来割合にそのことを突き詰めて考えないできている。民法改正について議論されたほどの議論は戸籍についてはされていない。(略) いよいよ新法戸籍が全面的に実現されるのだから、ここらあたりでかなり本気で根本問題を考える必要があるのではないかということを、非常に感じるのですけどね。

(座談会 1958a: 156: 43)

このように、唄は戦後の戸籍法改正当時の議論の不在を指摘し、全面改製を契機に「戸籍というものは何か」という根本問題の論究の必要性を訴えている。しかし、彼の問題提起はその当時も、またその後も顧みられることはなく、そうした議論が欠落したまま、現在に至っている(8)。

ここで改めて、我妻と青木の考えに立ち返ってみたい。これまで繰り返し述べてきたとおり、一九四七年の戸籍法改正で、起草委員会の中心的存在であった民法学者の我妻は、当時の戸籍が果たしうる機能の点から、家族単位を優位と判断し、これを選択した。また、法務官僚として戸籍法の改正作業を担った青木は、当時の戸籍事務の実情から、戸籍制度の円滑な運用には家族単位が適合的と判断し、これを死守した。こうしてふたりは、一九四七年の法改正で個人単位ではなく家族単位を選択したが、彼らはともに、戸籍を身分公証のツールと捉え、当時の社会状況のなかで家族単位を評価し、選択したにすぎない。つまり、我妻も青木も、戦後日本の戸籍のあり方として、家族単位を絶対とみなしていたわけではないのである。

実際その後、我妻は一九七〇年代の講演で、コンピューター時代を迎えるなか、電子化された戸籍の機能に期待し、個人単位の可能性について語っている。青木も一九八〇年代の座談会で、戸籍が国民に直結する制度であることを強調し、国民の生活や意識が変われば、法改正の努力を惜しんではならないと警告している。このように我妻も青木も、戸籍は時代の変化に応じ、より機能的なものに改めていくべき、との考えである。その根幹にあるのは、戸籍は身分関係を公証するツールである、という彼らの基本認識である。

戸籍制度は、これまで家族政策として機能してきた。それには長い歴史がある。しかし、戦後に限ってみても、家族単位の戸籍制度は「婚姻家族」規範として作用し、それとは異なる家族を営む人々を苦しめてきた。身分関係の公証ツールである戸籍が、家族のあり方を規定するばかりか、人々に苦悩をもたらす事態を放置してよいはずがない。戸籍制度は、家族政策としてではなく、本来の身分登録制度として再定位されるべきである。

一九四七年の改正法が施行されてから、すでに七〇年以上が経過し、日本の社会も家族も、そして戸籍をとりまく状況も大きく変化している。身分関係の公証ツールという視点から改めて戸籍をみると、もはや家族単位が有していた機能は失われ、むしろその弊害が拡大している。現代生活において、「人の出生から死亡に至るまでの親族関係を登録公証するもの」として戸籍を機能させるには、個人単位が最も合理的である。

戸籍が家族単位であることは、決して自明なことではない。家族単位を選択した当事者の真意をその語りから汲み取れば、いま取り組むべきことは、家族単位から個人単位に改めることである。個人単位に改めることで、戸籍は身分関係の公証ツールとしての機能を発揮し、人々の暮らしと人生を支えるものとなる。戸籍制度を抜本的に見直すことこそが、身の上相談に寄せられた戸籍をめぐる相談への回答である。それはまた、戸籍の呪縛から日本の家族を解放することでもある。

注

第1章

（1）これは法務省「戸籍」ウェブサイト（http://www.moj.go.jp/MINJI/koseki.html）によるが、そこではこの文言に続き、「日本国民について編製され、日本国籍をも公証する唯一の制度」と記されている。なお、戸籍法には戸籍の目的は規定されていない。

（2）ただし、戸籍謄本の請求については、本来は戸籍抄本で足りる場合でも、戸籍謄本が請求されている場合もあるとみられる。手数料は同額で、戸籍謄本であれば戸籍抄本の内容も含まれているからである。

（3）二〇一七年の死亡数は一三四万三九七人（厚生労働省 2018）、同年の戸籍謄本請求数のうち有料のものは二五九二万八三八三件（法務省 2018）である。

（4）明治前期からの戸籍法の変遷については、福島・利谷（1957）、熊谷（1958）、福島（1967）に多くを負っている。

（5）ただし、それは政府の想定どおりに当初からスムーズに進展したわけではなく、徴兵制度に対しては、戸籍制度を逆手に取った国民からの抵抗がみられた。一八七三年に徴兵令が発せられるが、当初、戸主とその後継者を免役または徴兵猶予にする規定が設けられていたことから、分家や養子縁組など戸籍制度の手続きを利用して、にわかに戸主またはその後継者となり、徴兵を免れようとするケースが跡を絶たなかったという。政府はたびたび徴兵令を改正し、対抗措置をとっているが、最終的には一八八九年の改正で「戸」を維持するための免役・徴兵猶予の規定を完全撤廃している（谷口 1957: 8; 利谷［初出 1972］1987: 146-147）。

（6）『民事月報』第二六巻第四号（一九七一年四月）一九四頁を参照。

（7）戸籍と家族に関する研究では、これまで主に、「家」や氏の問題が検討されてきた（福島 1959; 立石 1975; 久武 1988; 唄 1992）。また、海外の制度研究もなされている（利谷・鎌田・平松 1996; アジア家族法会議 2012）。本書では、これらの点については必要な範囲の言及にとどめる。なお、戸籍については、天皇制（藤田 1998; 戸籍と天皇制研究会 1996）、被差別部落（佐藤 2002; 二宮 2006）、国籍（遠藤 2013, 2017）、無戸籍（井戸 2016, 2017）に関する議論があるが、本書ではこれらの問題については論じていない。

（8）民事行政審議会は、「審議会等の整理合理化に関する基本的計画」（一九九九年四月二七日閣議決定）により廃止されている。

（9）ただし、小池は「現行戸籍制度の仕組みに与える影響を最小限に抑える」ものであり、「戸籍実務の混乱を未然に防止するうえでも有意な方法」とも述べており（小池 2010: 62）、また、答申以前の論考では、別姓夫婦は別戸籍にするという意見に対し、「理念としてはともかく、現在の戸籍の記載形式を抜本的に改めることを要求するものであって、行政的・実務的には対応困難」と指摘している（小池 1993: 320）。よって、小池自身は実務の混乱回避という点から答申案を評価しているとみられる。

（10）法制史としての事実関係については、和田（2010）を参照されたい。なお、和田（2010）では、本書で引用する座談会等での発言が史実に関する資料として用いられているが、本書においては、座談会等での発言そのものを分析することに主眼を置いている。

（11）本書で用いる五九事例は次の方法で選定した。『読売新聞』のオンラインデータベース「ヨミダス歴史館」を用いて、①「明治・大正・昭和」データベース（一八七四年一一月二日～一九八九年一二月三一日）、ならびに②「平成」データベース（一九八六年九月一日～）の検索画面において、検索語欄に「身の上相談　戸籍」を入力し、キーワード検索を選択した（最終検索日は二〇一六年九月一二日）。その結果、①より得られた全一三二件の記事のうち、戦前の二三件を除く一〇九件と、②より得られた七五件の合計一八四件を抽出した。つぎに、この一八四件の記事の見出しと本文を確認し（基本的にデータベースから紙面の画像を入手したが、データベースから得られないものについては『読売新聞縮刷版』を用いて確認した)、そこから、両データベースに重複して登載されている記事、相談を含まない解説等の記事、海外のケースについての相談、東京本社発行以外の紙面に掲載された相談、戸籍とは直接関係しない内容の相談を除き、戸籍に関する相談として九一件を選定した。さらにこの九一件の本文の内容を精査し、相談内容が戸籍の編製単位に関連すると筆者が判断した五八件を分析の対象とした。ただし、五八件のうちの一件には二つの相談事例が掲載されていることから、本書で用いた相談は五九事例である。なお、本書で使用した五九事例の相談記事の転載については、読売新聞社より利用許可を得ている。

(12) 家族研究の分野で「人生案内」を用いた近年の研究としては、野田（2006, 2008)、桑原（2017）がある。

第2章

(1) 臨時法制調査会の第一回総会で、同調査会の第三部会が司法関係となり、この第三部会を兼ねる形で司法省に司法法制審議会が設置されている。同審議会の第一回総会で設けられた第二小委員会が民法の担当となり、その第一回会議で同小委員会の主査により民法改正要綱案を起草するための起草委員・幹事の指名が行われ、それを受けて、第一回の起草委員会が開催されている（我妻編 1956: 5-6)。戸籍法改正要綱案は、この起草委員会で民法改正要綱案とともに検討されている。なお、臨時法制調査会の設置日については、我妻編（1956: 5）によらず、臨時法制調査会官制（勅令第三四八号）が官報に掲載された日とした。

(2) この起草委員会案とほぼ同じものが、その後、司法法制審議会での決議を経て、臨時法制調査会で要綱として正式決定される（和田 2010: 236)。

(3) インタビューは一九九一年五月二二日と六月二二日に、川島の自宅で行われている。このインタビュー記録は、和田が当日のテープ録音を書き起こし、川島が目を通したものを、和田が川島の語りとしてまとめたものであるという（和田 2010: 465)。このインタビュー記録は極めて貴重な資料である。

(4) インタビューは一九九〇年一一月二八日、東京大学法学部研究室で行われている（録音なし)。このインタビユー記録は、和田が当日のメモ書きの記録を書き起こし、その草稿に来栖が目を通したものであるという（和田 2010: 479）。注（3）と同様、これも極めて貴重な資料である。

（5）正式には、日本国憲法の施行に伴う民法の応急的措置に関する法律。

（6）ただし、中川の「異見」は、研究会が『帝国大学新聞』の六月一二日号に掲載した「民法改正案意見書」をもとにしたものである。中川は「意見書」の詳細が『法律時報』に掲載予定であることを知っているが、民法改正法律案の国会上程が迫っていたことから、「一日も早く」ということで、新聞に掲載された内容を「意見書」の「結論の要旨」とみなして、自らの見解を発表している（中川 1947: 12）。そのため、中川が研究会の見解として引用している文言は、『帝国大学新聞』に掲載された「民法改正案意見書」によるものである。

（7）我妻の「宮沢先生」に関する発言は、宮沢俊義の「家破れて氏あり」をさす（宮沢［初出 1947］1948）。

（8）座談会出席者は、起草委員会メンバーの我妻、中川、奥野、横田、長野、村上、および司法事務官（当時）の小澤文雄である（我妻編 1956）。

（9）国立公文書館の「再建日本の出発——一九四七年五月　日本国憲法の施行」ウェブサイトに「民法改正要綱と家族制度との関係（我妻委員）昭和二一年（一九四六）一〇月二三日」の一部が登載されている（http://www.archives.go.jp/exhibition/digital/saiken/shousai/2_20_21_22.html?num=20）。

（10）「夫婦と未婚の子」単位が我妻自身の家族観に合致していたことも影響がないとはいえない。我妻が近代家族論者であることは、前述の一九七一年の講演で個人単位の可能性に言及した際、近代家族のあり方を前提に説明している点からもよくわかる。

第3章

（1）新憲法施行に伴う民事局の大異動により、第二課長に着任したという（座談会 1982: 456: 31）。青木は、司法省に代わり新たに発足した法務省の初代第二課長（一九四七年五月から一九四八年二月まで）をつとめている（法

務省民事局　発行年不明: 228）。

（2）　一九四八年には全国連合戸籍事務協議会が結成されている。実務家の雑誌『戸籍研究』第一四号（一九四八年一一月）には、「戸籍関係者の熱望遂に結実！　全国連合戸籍事務協議会の結成就る!!」の見出しで、結成大会開催のニュースが速報版で掲載されている。そして、同誌第一五号（一九四八年一二月）では、「全国連合戸籍事務協議会結成特集」が組まれ、一一月一六日の結成大会と翌一七日から二日間の総会の様子が詳細に報告されている。それによると、結成大会は赤坂離宮で行われ、全国から五〇〇名近い実務家が集まり、司法省民事局長の村上朝一も出席し、挨拶を行っている。

（3）　戸籍行政の当時の監督官庁であった区裁判所の戦災などにより、滅失した戸籍の副本および除籍の副本も厖大で、その再製も容易ではなく、一九五二年一二月一日現在、再製未了として法務省に報告された戸籍副本は一三一万八五一九件、除籍副本は三二九万六五四五件である（法務省法務局 1967: 296）。

（4）　発言者の「田代」は田代有嗣（民事局第二課長）。

（5）　たとえば、戸籍事務の先達として有名な西井昌司（後述のとおり、「戸籍の神様」と呼ばれていた）は、「戸籍人としてこの道四十年」というタイトルで実務家向け雑誌に自伝を連載している（西井 1955–1956）。

（6）　発言者の「島田」は島田貞夫（元全国連合戸籍事務協議会幹事長）。

（7）　東京戸籍協議会は東京戸籍事務協議会をさすとみられる。このときの例会では、藤沢市の制度は「戸籍手帳」ではなく、「戸籍抄録制度」と称されている。

（8）　『戸籍研究』第三号（一九四七年五月）の「戸籍時報」欄の記事による。各票の合計と会員数が一致しない理由は不明である。この例会での協議結果は、第六回の司法省戸籍委員会（一九四七年四月二二日）で委員の新田豊（東京都神田区役所民生課長）により報告されている。新田の報告では「出席者三九名」となっているが、各票数は『戸籍研究』と同様であり、やはり合計は一致しない（民事局第二課 1972–1973: 323: 54–55）。

（9）　発言者は堀宣治郎（中央区区民課戸籍係長）、清水守（小樽市市民部主幹）、中山浚一（名古屋市東区市民課長）。

（10）第一〇回は改正戸籍法施行後の一九四八年二月二〇日に開催されている。青木は第一〇回から第一六回まで第一課長として、第一七回から第一九回までは参列員として毎回出席している（民事局第二課 1972-1973）。

（11）発言者の「田中」は田中康久（民事局第二課長）。

（12）原文では人名のあとに括弧書きで、フルネームと当時の職名がそれぞれ次のように記載されている。西井昌司・東京都嘱託、上野為友・東京都嘱託・その後二課職員、河合清六・東京区裁判所非訟掛上席判事、落合操・東京区裁判所戸籍掛書記・その後東京司法事務局上級指導官、赤塚正見・その《（ママ）》後民事局庶務主任を経て東京司法事務局長（座談会 1982: 455: 45）。なお、赤塚の当時の職名については記載されていない。

（13）発言者の「伊井」は伊井秀雄（司法書士、元民事局勤務）。

（14）『民事月報』第二巻第一号（一九四七年七月）五頁による。

（15）『戸籍研究』第三号（一九四七年五月）八頁による。

（16）青木は顧問団としか述べていないため詳細は不明だが、一九四六年末、GHQ民政局の招聘により来日した対日合衆国人事行政顧問団（フーヴァー顧問団）のことだろうか。

（17）戦後も一九七〇年頃までは、事実上の戸籍専任となっていた職員も多くいたという。しかし彼らは、必ずしも優遇されていたわけではない（岩田 2001: 64）。一九八〇年代になるとベテラン職員確保が課題となっており、一九八二年の東京戸籍協議会での講演で、当時民事局第二課長の大森正輔は、今後の課題として「戸籍事務処理体制の充実強化方策」を掲げている。そのなかで大森は、「どんなに勉強家であり、優秀な者であっても、戸籍事務の担当後短期日の間に、事務を適正に処理できるものではありません」と述べ、各職場で「ベテランを必ず一人以上確保」するよう訴えている（大森 1982: 20）。

（18）「現行戸籍法立法関係資料Ⅲ」（一九八二年）に資料（5）「戸籍法改正法律案に関する総司令部政治部係官との会談録」が所収されている。なお、会談録の作成は、第六回目までは司法大臣官房終戦連絡部、第七回目以降は外務省による。

(19)「現行戸籍法立法関係資料Ⅱ」(一九八二年)所収の資料(4)「戸籍法改正法案(昭和二三年七月三〇日)」による。

(20) 戸籍法第一七条「戸籍の筆頭に記載した者及びその配偶者以外の者がこれと同一の氏を称する子又は養子を有するに至ったときは、その者について新戸籍を編製する」により、三代戸籍の禁止が規定されている。

(21) 司法省側の発言には「司」「局」とあるのみで、発言者名が定かではないが、会談録には司法省側出席者として、第二回と第三回は「小澤民事局事務官、長谷川民事局囑託、服部終連部事務官」、第六回は「佐藤次官、奥野民事局長、青木民事局第二課長、長谷川民事局囑託、服部終連部事務官、高橋中央終連連絡官」と記載されている(「現行戸籍法立法関係資料Ⅲ」1982: 37, 39, 44)。

(22) 第八回と第九回の会談録には、司法省側出席者として、注(21)の青木、長谷川、高橋が記載されている(「現行戸籍法立法関係資料Ⅲ」1982: 47, 48)。

第4章

(1) 本書では基本的には「婚外子」という表現を用いるが、法律用語としての記載が必要な場合には「非嫡出子」という表現を用いる。

(2) 電子化された戸籍では、バツ印はつけられずに子の名はそのまま残り、横の欄に「除籍」と印字される。

(3) 当時の紙面では「妾」という文字が使われているが、読売新聞のオンラインデータベース「ヨミダス歴史館」では、記事タイトルの「妾」は「愛人」に書き換えられている。

(4) 一九七五年の法改正により、離婚後も婚姻中の氏を名乗りたい場合、離婚後三か月以内に届を出せば、使い続けることができる(婚氏続称制度)。その際は、婚姻中の氏で本人を筆頭者とする戸籍が作られる。この制度については、第5章の事例でも扱う。

(5) 当時の紙面では「私生子」と記載されているが、オンラインデータベース「ヨミダス歴史館」では記事タイトルの「私生子」は「非嫡出児《ママ》」に書き換えられている。

(6) 戸籍制度については法改正が行われ、虚偽の届出によって戸籍に真実でない記載がなされないよう、本人確認の制度が導入されている（二〇〇八年五月一日施行）。これにより、婚姻、協議離婚、養子縁組、養子離縁、認知の五つの届出については、戸籍窓口で本人（届出人）の確認が行われ、本人であることが確認されなかった場合には、本人に届出が受理されたことが通知される。

(7) ただし、厳密にいえば、転籍以前の女性の戸籍は除籍簿となり、一五〇年間保存されるため、この間は除籍簿をみれば未婚出産の事実がわかる。なお、この保存期間は二〇一〇年六月からで、それまでは八〇年間であった。

第5章

(1) 本書で扱う相談事例にはみられないが、戸籍による結婚差別は被差別部落問題において重大な問題である。

(2) 二〇一六年六月の民法改正により、女性の再婚禁止期間は六か月間から一〇〇日間に短縮されている。

(3) 正式には、「離婚の際に称していた氏を称する届」。

(4) 婚氏続称制度が人々にどれほど普及していたかは定かではないが、導入当時、広報の努力は払われていたようで、鈴木（1993: 97）によると、「当時国際婦人年でもあり、婦人の地位向上という観点からの要請に応えた面が大きく、また国会審議の過程においても改正の趣旨を国民に十分浸透させられたいとの要請がなされ、法務省においても、当時の総理府広報室の協力を得て、各種新聞に政府広報を掲載する等活発な広報活動を行った」という。

第6章

(1) 一九五〇年代後半に開業した助産婦（助産師）の語りをみると、非嫡出子にならないよう「藁の上からの養子」の仲介を行っていた事実がうかがえる（白井 2017: 87）。

(2) 一九六一年九月五日民事甲第二〇〇八号民事局長通達。

(3) 前誌は『法曹記事』、一九二三年四月以降『法曹会雑誌』。

(4) 『法曹会雑誌』第二二巻第三号(一九四四年三月)一―二頁。

(5) 全国の旧法戸籍総数は、新法施行時(一九四八年一月一日)は約一四四二万、それから九年七か月後の一九五七年八月一日は約一二八五万で、この間に約一割しか減っていない。ただし、残っていた旧法戸籍の三分の二は新法戸籍に合致する二世代までの戸籍であったという(座談会 1958a: 154: 55)。

(6) 一九五七年六月一日に改製の省令が出され、一九五八年四月一日から全国一斉に旧法戸籍の改製作業が実施されている。旧法戸籍の改製作業は三年間で完了し、続く一九六一年四月一日から、従来の用紙を書き換えることなく改製されたものを新法用紙に書き換える作業が開始され、一九六六年度にほぼ完了している(法務省 2000: 251)。

(7) 一九五八年一月二〇日民事甲第一六九号民事局長通達。

(8) 二〇一七年には法制審議会に戸籍法部会が設置され、マイナンバー制度導入との関係から戸籍法改正の審議が行われたが、そこでは現行制度を基本として、マイナンバー制度に関わる点を改正することが主眼となっており、戸籍の編製単位については検討されていない(渡邊 2017: 43)。

あとがき

本書は、私が東北大学在職中に手掛けた仕事をまとめたものである。東北大学に勤務していた一一年間の最後の二年間は、ひたすら戸籍の研究に取り組んでいた。その間、成果はともかく、自分としてはこの仕事に打ち込んでいたが、初めからそのつもりだったわけではない。もちろん、家族社会学の研究に携わり、家族政策に関心を寄せてきた身として、戸籍が重要なテーマであることはわかっていたし、戸籍制度の研究に取り組まなくては、という気持ちも持っていた。だが、なかなか踏み出せずにいた。とくに何か研究の妨げがあったということでもなく、興味が持てなかったということでもない。それなのに、どうも戸籍は手に負えないような気がして、何となく後ずさりしていた。

それが二〇一六年の春ごろ、何が転機になったのかわからないが、気がつくと、戸籍の論文を読み進めていた。そうしているうちに、これもまた何がきっかけだったのか覚えていないのだが、新聞の「身の上相談」欄の戸籍にまつわる記事を探し集めていた。今振り返れば、そこから、戸籍に没頭していったように思う。一つ一つの相談記事を読むたびに、戸籍に悩む人の姿が妙に痛々しく、その境遇や心の内を思わずにはいられなかった。制度のあり方ひとつで、人がこれほど辛い目にあわなくてはならないのかと、いたたまれない気持ちにもなった。

そして、「身の上相談」の記事の検討をほぼ終えるころ、なぜ戸籍はこのような制度になったのか、と気になってきた。制度の史実を知りたいというよりも、作った人に「どうして?」と聞いてみたいという感覚だった。そこで今度は、戦後の戸籍法改正に関わった人々の座談会や講演の記録を探し集め、その発言を拾っていった。言葉を通して、当時の実情がわかってくるにつれ、彼らを簡単に批判することはできない、と思えてきた。それで、法改正から一〇年後についても調べることになった。

このとおり、実際、しっかりした計画のもとに自覚を持って始めた研究ではなく、思いに任せてといった感じで、まず本書の第4章、第5章に取りかかり、それから第2章、第3章に進んでいったという流れである。そこまでの作業はおおかた、東北大学在職中に終えたものの、結論にあたるところまではいかなかった。二〇一八年四月、私は放送大学に籍を移し、新たなスタートを切ったが、しばらくは研究室と住まいの引っ越しなどで身辺整理に追われ、戸籍から離れていた。それでも何とかまとまりをつけたいと再開し、夏の終わりごろ、ひととおり原稿が形になった。

その後少しの間、原稿の束を手元に置いたまま、引用の多い資料集のようなものを本にする意味があるだろうか、と自問していたが、書籍の形で残しておけば、いつか誰かの研究に役立つかもしれない、と考えなおし、以前に叢書の仕事でお世話になった東京大学出版会編集部の宗司光治さんに相談に乗っていただいた。宗司さんは原稿を丁寧にお読みになって、好意的な感想と貴重なコメントをくださり、さらに手を加えて原稿を仕上げるよう勧めてくださった。そのときいただいたコメントからヒントを得て、第一章と第六章を大幅に書き改め、ようやく完成まで漕ぎつけることができた。

出版が決まり、本づくりが始まってからは、奥田修一さんも加わってくださり、宗司さんと奥田さんの素晴らしい仕事に助けられ、いまちょうどゴールが見えてきたところである。お二人には心から感謝したい。こつこつやってきた研究を本として残すことがかない、何より嬉しい。

また、東北大学社会学研究室、放送大学生活と福祉コースの先生方・スタッフの方々にも深く感謝したい。いつも私は同僚に恵まれ、温かい方々に囲まれて仕事をしている。ありがたいことだとつくづく思う。

私事になるが、家族にはつねに支えてもらっている。感謝したい。

二〇一九年九月

下夷 美幸

著者略歴
1962年　鹿児島県生まれ
1988年　お茶の水女子大学大学院家政学研究科修士課程修了
現　在　放送大学教養学部教授／博士（社会科学）

主要著書
『養育費政策にみる国家と家族――母子世帯の社会学』（勁草書房，2008年）
『養育費政策の源流――家庭裁判所における履行確保制度の制定過程』（法律文化社，2015年［第27回尾中郁夫・家族法学術奨励賞］）
『家族政策研究』（放送大学教育振興会，2021年）

日本の家族と戸籍
なぜ「夫婦と未婚の子」単位なのか

2019年11月5日　初　版
2021年 5 月20日　第2刷

［検印廃止］

著　者　下夷《しもえびす》 美幸《みゆき》

発行所　一般財団法人　東京大学出版会
代表者　吉見俊哉
153-0041 東京都目黒区駒場4-5-29
http://www.utp.or.jp/
電話　03-6407-1069　Fax 03-6407-1991
振替　00160-6-59964

組　版　有限会社プログレス
印刷所　株式会社ヒライ
製本所　牧製本印刷株式会社

ISBN 978-4-13-051144-5　Printed in Japan

索　引

サ 行

タ 行

ナ 行

ハ 行

マ　行

ワ　行

文献リスト

文　献

青木義人，1948，「戸籍法の改正」『戸籍研究』6-8：5-8.

青木義人，1951，『戸籍法』（法律学体系コンメンタール篇）日本評論社.

青木義人，1956，「戸籍制度」『ジュリスト』100：67-69.

青木義人，1974，「戸籍法のはなし――その立案の経緯をふくめて」『ケース研究』142：56-69.

青木義人，1978，「日本の戸籍制度の特質――回想と展望」『戸籍』393：3-11.

アジア家族法会議，2012，『戸籍と身分登録制度』日本加除出版.

家崎宏，1979，「虚偽の出生証明書を付してした出生届について」中川善之助先生追悼現代家族法大系編集委員会『現代家族法大系 3　親子・親権・後見・扶養』有斐閣：108-121.

池川良正，1958，「戸籍事務協議会（1）」『戸籍』110：3-9.

池川良正，1980，『戸籍周辺の雑考』テイハン.

井戸まさえ，2016，『無戸籍の日本人』集英社.

井戸まさえ，2017，『日本の無戸籍者』岩波書店.

岩志和一郎，2016，「身分法としての民法の変容と戸籍」『法律時報』88（11）：6-12.

岩田章浩，1997，「戸籍事務協議会の研究」『戸籍』667：40-49.

岩田章浩，2001，「戸籍専門職制度の導入について考える」『戸籍』718：63-67.

岩田章浩，2010，「全連通史――戸籍事務協議会役員の方」『戸籍』840：1-36.

内田貴，2018，『法学の誕生――近代日本にとって「法」とは何であったか』筑摩書房.

遠藤正敬，2013，『戸籍と国籍の近現代史――民族・血統・日本人』明石書店.

遠藤正敬，2017，『戸籍と無戸籍――「日本人」の輪郭』人文書院.

大森政輔，1982，「現行戸籍法の回顧と展望（下）」『戸籍』450：18-26.
大森政輔，1992，「夫婦別姓選択制私案」『判例タイムズ』772：65-73.
岡田弘・伊井秀雄・岩佐節郎，1948，『新旧対照　改正戸籍法の解説』日本経済出版社.
小野博司，2016，「〈戸籍〉の成立」『法律時報』88（11）：13-19.
兼子一，1957，「解説」中川善之助・青山道夫・玉城肇・福島正夫・兼子一・川島武宜編『家族問題と家族法 VII　家事裁判』酒井書店：9-12.
川島武宜，1978，『ある法学者の軌跡』有斐閣.
菊池緑，1998，「特別養子制度と戸籍」榊原富士子編『戸籍制度と子どもたち』明石書店：79-116.
金敏圭，2016，「韓国の戸籍制度と住民登録制度」『法律時報』88（11）：20-29.
熊谷開作，1958，「家族法（法体制準備期）」『日本近代法発達史 3』勁草書房：1-84.
桑原桃音，2017，『大正期の結婚相談——家と恋愛にゆらぐ人びと』晃洋書房.
小池信行，1993，「戸籍行政の現状と課題」青山正明編『民事法務行政の歴史と今後の課題　上巻』テイハン：302-320.
小池信行，2010，「選択的夫婦別氏制の論点について」『戸籍時報』654：1-70.
小池信行，2012，「日本の戸籍制度の改正と今後の課題」アジア家族法会議『戸籍と身分登録制度』日本加除出版：29-64.
高妻新，1992，『体系・戸籍用語事典（新版）』日本加除出版.
厚生労働省，2018，「人口動態統計（確定数）の概況（2017 年）」（https://www.mhlw.go.jp/toukei/saikin/hw/jinkou/kakutei17/dl/00_all.pdf）.
講談社，1969，『新家庭百科事典　第 8 巻　レジャー・法律・家計』講談社.
高等学校進路指導研究会，1959，『必読高校生の就職相談——確信に満ちた人生への指針』大阪教育図書.
国立社会保障・人口問題研究所，2018，「人口統計資料集（2018 年版）」（http://www.ipss.go.jp/syoushika/tohkei/Popular/Popular2018.asp?chap=0）.
戸籍制度に関する研究会，2017，「戸籍制度に関する研究会最終とりまと

め」(http://www.moj.go.jp/content/001236231.pdf).
戸籍と天皇制研究会, 1996,『戸籍解体講座』社会評論社.
最高裁判所事務総局, 2018,「司法統計年報・家事編（2017 年）」(http://www.courts.go.jp/app/sihotokei_jp/search).
榊原富士子, 1992,『女性と戸籍――夫婦別姓時代に向けて』明石書店.
榊原富士子編, 1998,『戸籍制度と子どもたち』明石書店.
佐藤文明, 2002,『戸籍って何だ――差別をつくりだすもの』緑風出版.
島野穹子, 1986,「戸籍制度の現状と将来」『自由と正義』37（5）: 4-11.
島野穹子, 1993,「夫婦別姓について」『戸籍』602 : 1-11.
島野穹子, 2010,「戸籍法から見た家族法――身分登録としての戸籍のあり方」『法律時報』82（4）: 34-39.
清水誠, 2004,「市民社会における市民登録制度に関する覚書」湯沢雍彦・宇都木伸編『人の法と医の倫理――唄孝一先生に賀寿と感謝の気持ちを込めて』信山社 : 93-141.
就職指導研究会, 1954,『これから就職する学生のための就職の研究』駿々堂.
白井千晶, 2017,「昭和初期と現代における養育困難な妊娠と養子縁組――籍から愛へ」岩上真珠・池岡義孝・大久保孝治編『変容する社会と社会学――家族・ライフコース・地域社会』学文社 : 75-100.
鈴木健一, 1993,「民法等の改正（離婚復氏制度の改正等）(昭 51 法 66)」青山正明編『民事法務行政の歴史と今後の課題　下巻』テイハン : 93-105.
鈴木禄弥, 1957,「各国の身分登録制度」中川善之助・青山道夫・玉城肇・福島正夫・兼子一・川島武宜編『家族問題と家族法 VII　家事裁判』酒井書店 : 273-298.
田代有嗣, 1978,「戸籍編製の原理」中川善之助先生追悼現代家族法大系編集委員会『現代家族法大系 1　総論・家事審判・戸籍』有斐閣 : 487-504.
田代有嗣, 1991,「戸籍制度のあり方」川井健・利谷信義・三木妙子・久貴忠彦・野田愛子・泉久雄編『講座・現代家族法　第 1 巻』日本評論社 : 41-58.
立石芳枝, 1975,「家族の氏と戸籍」星野英一編『私法学の新たな展開』

有斐閣：527-546.
谷口知平，1957，「現行戸籍制度の検討」中川善之助・青山道夫・玉城肇・福島正夫・兼子一・川島武宜編『家族問題と家族法 VII　家事裁判』酒井書店：350-372.
地方行政調査委員会議事務局，1950，『行政事務実態調査報告書　その2』地方行政調査委員会議事務局.
通商産業大臣官房調査統計部，1973，『紙・パルプ統計年報（1972年）』日本製紙連合会.
豊島区史編纂委員会，1989，『豊島区史　資料編5』東京都豊島区.
利谷信義，［初出1972］1987，「戸籍の思想」『家族と国家――家族を動かす法・政策・思想』筑摩書房：139-159.
利谷信義，1995，「戸籍制度の役割と問題点」『ジュリスト』1059：12-19.
利谷信義・鎌田浩・平松紘編，1996，『戸籍と身分登録』早稲田大学出版部.
中川善之助，1947，「『民法改正案意見書』異見」『法律タイムズ』7：12-17.
成毛鉄二，1972，『戸籍の実務とその理論（新版）』日本加除出版.
西井昌司，1955-1956，「戸籍人としてこの道四十年（1)-(4)」『戸籍』81：12-13，82：14-15，84：19-20，85：11-12.
西村年弘，1999，「新戸籍制度50年の思い出」戸籍法50周年記念論文集編集委員会『現行戸籍制度50年の歩みと展望――戸籍法50周年記念論文集』日本加除出版：1117-1119.
二宮周平，1993a，「これからの家族法と戸籍制度」『法律時報』65（12）：75-80.
二宮周平，1993b，「戸籍のあり方――家族単位登録から個人単位登録へ」『家族法改正を考える』日本評論社：53-74.
二宮周平，2006，『新版　戸籍と人権』解放出版社.
二宮周平，2017，「戸籍制度について」『月報司法書士』534：4-14.
日本出版協同，1947，『日本出版年鑑　昭和19，20，21年版』日本出版協同.
野沢慎司，2011，「ステップファミリーをめぐる葛藤――潜在する2つの家族モデル」『家族〈社会と法〉』27：89-94.
野田潤，2006，「『夫婦の不仲は親子の不仲』か――近代家族の情緒的関係

についての語りの変容」『家族社会学研究』18（1）：17-26.
野田潤，2008，「『子どものため』という語りから見た家族の個人化の検討――離婚相談の分析を通じて（1914～2007）」『家族社会学研究』20（2）：48-59.
唄孝一，1992，『戦後改革と家族法――家・氏・戸籍』（唄孝一・家族法著作選集第1巻）日本評論社.
久武綾子，1988，『氏と戸籍の女性史――わが国における変遷と諸外国との比較』世界思想社.
久留都茂子，1960，「虚偽の出生届と養子縁組」中川善之助教授還暦記念家族法大系刊行委員会『家族法大系Ⅳ　親子』有斐閣：217-230.
平賀健太，1953，「戸籍制度について」全国戸籍制度事務協議会『身分法と戸籍――戸籍制度八十年記念論文集』帝国判例法規出版社：297-349.
福島正夫編，1959，『戸籍制度と「家」制度――「家」制度の研究』東京大学出版会.
福島正夫，1967，『日本資本主義と「家」制度』東京大学出版会.
福島正夫，［初出1980］1996，「民法と戸籍法――そのしくみと変遷」福島正夫『福島正夫著作集　第2巻　家族』勁草書房：235-249.
福島正夫・利谷信義，1957，「明治以後の戸籍制度の発達」中川善之助・青山道夫・玉城肇・福島正夫・兼子一・川島武宜編『家族問題と家族法Ⅶ　家事裁判』酒井書店：299-349.
藤田省三，1998，『天皇制国家の支配原理』（藤田省三著作集1）みすず書房.
法務省，1953-1972，『法務年鑑』（1952-1971年・各年版）法務省.
法務省，1973-1980，『民事・訟務・人権統計年報』（1972-1979年・各年版）法務省.
法務省，1981-2006，『民事・訟務・人権統計年報Ⅱ』（1980-2005年・各年版）法務省.
法務省，2000，『法務行政の50年』（『法務年鑑』別冊）法務省.
法務省，2007-2018，「戸籍統計」（2006-2017年・各年版）（http://www.moj.go.jp/housei/toukei/toukei_ichiran_koseki.html）.
法務省，2017，「『法定相続情報証明制度』について」（http://www.moj.go.jp/MINJI/mingi05-00284.html）.

法務省法務局，1967，『法務局二十周年記念誌』（『民事月報』号外）法務省民事局.
法務省民事局，1978，『法務局三十周年記念誌』法務省民事局.
法務省民事局，発行年不明，『法務局 50 周年記念誌』法務省民事局.
前田榮，1993，「戸籍制度 100 周年記念行事（昭 46）」青山正明編『民事法務行政の歴史と今後の課題　上巻』テイハン：157-159.
増田勝久，2016，「現在の戸籍制度が果たしている役割」『法律時報』88（11）：30-36.
松浦寿輝，2014，『明治の表象空間』新潮社.
三浦正勝，1992，「戸籍制度のあゆみと次世代戸籍」『戸籍時報』4・5：59-62.
水野紀子，1992，「戸籍制度」『ジュリスト』1000：163-171.
水野紀子，1993，「夫婦の氏」『戸籍時報』428：6-23.
水野紀子，2007，「戸籍と民法」『ジュリスト増刊　民法の争点』有斐閣：310-311.
水野紀子，2012，「日本の戸籍制度の沿革と家族法のあり方」アジア家族法会議『戸籍と身分登録制度』日本加除出版：13-27.
見田宗介，［初出 1963］2012，「現代における不幸の諸類型」『定本　見田宗介著作集 V　現代化日本の精神構造』岩波書店：1-73.
宮沢俊義，［初出 1947］1948，「家破れて氏あり」『銀杏の窓』広文館：153-157.
民事局第二課，1972-1973，「戸籍委員会議事録（1）-（19・終）」『戸籍』316：32-44，317：25-35，318：33-45，319：25-41，320：33-44，323：45-58，324：37-46，325：25-37，326：31-46，327：41-52，328：27-38，329：29-45，330：23-34，331：19-33，332：33-50，334：35-50，338：31-38，339：43-48，340：29-43.
民法改正案研究会，1947，「民法改正案に対する意見書」『法律時報』19（8）：2-13.
村上朝一，1942，「民法の改正について」『法曹界雑誌』20（3）：1-13.
文興安，2012，「韓国における身分登録制度の改変と課題」アジア家族法会議『戸籍と身分登録制度』日本加除出版：133-176.
山本進一，1959，「戸籍編製の原理」中川善之助教授還暦記念家族法大系

刊行委員会『家族法大系Ⅰ　家族法総論』有斐閣：207-227.
横山實，1999，「終戦と戸籍行政」戸籍法50周年記念論文集編集委員会『現行戸籍制度50年の歩みと展望――戸籍法50周年記念論文集』日本加除出版：3-16.
我妻栄，1953，「氏と戸籍」『ジュリスト』25：8-10.
我妻栄，［初出1960］1969，「家族制度の変革」『民法研究VII-2　親族・相続』有斐閣：29-61.
我妻栄，［初出1972］2001，「戸籍制度創設百周年にあたって」『民法研究XII　補論2』有斐閣：135-158.
我妻栄編，1956，『戦後における民法改正の経過』日本評論社.
和田幹彦，2010，『家制度の廃止』信山社.
渡邊ゆり，2017，「戸籍行政をめぐる現下の諸問題――網羅的な登録公証」（講演・質疑応答）『戸籍時報』760（特別増刊）：1-45.
「現行戸籍法立法関係資料II」，1982，『戸籍』456：42-62.
「現行戸籍法立法関係資料III」，1982，『戸籍』458：35-55.
OECD, 2018, OECD Family Database（http://www.oecd.org/els/family/database.htm）.

座談会

座談会，1953，「座談会　占領政策は行き過ぎだったか」『ジュリスト』30：18-35.
座談会，1956，「座談会　戸籍の思い出（I），（II），（III），（IV）――戸籍法施行当時について・機関誌戸籍発刊当時について」『戸籍』88：13-17，90：17-22，91：18-23，92：17-22.
座談会，1958a，「座談会　戸籍の改製（上），（中），（下）――戸籍セミナー（番外）」『ジュリスト』154：52-63，155：52-62，156：37-44.
座談会，1958b，「座談会　戸籍改製（1），（2・完）」『戸籍』118：28-41，119：6-18.
座談会，1971，「座談会　戸籍の滅失と再製（1），（2），（3），（4），（5），（6・完）」『戸籍』298：15-30，299：7-23，300：20-36，301：10-28，302：26-35，303：31-50.
座談会，1975，「座談会　第28回全国連合戸籍事務協議会総会協議問題を

めぐって（その 1)」『戸籍』360：1-23.
座談会，1978，「戸籍誌 400 号記念座談会　戸籍誌及び戸籍制度の回顧と展望」『戸籍』400：5-39.
座談会，1982，「座談会 I，II，III　現行戸籍法のあゆみ（第 1 回)」『戸籍』455：34-47，456：29-41，457：29-40.
座談会，1984，「座談会 VII，VIII，IX，X　現行戸籍法のあゆみ（第 3 回)」『戸籍』475：23-37，477：13-24，478：24-36，479：14-28.
座談会，1989，「座談会　夫婦別姓の検討課題」『ジュリスト』936：90-117.
座談会，1991，「全連座談会　戸籍実務の回顧と展望（第 1 回)（第 2 回)（第 3 回)（第 4 回)（第 5 回・完)」『戸籍』579：1-46，580：13-39，581：19-46，582：28-52，583：28-49.

参考資料：事例一覧（『読売新聞』「人生案内」）

掲載日	朝刊／夕刊	見出し	回答者
1950.11.13	夕刊	妾の子と同籍——将来の不幸を考え悩む	大浜英子
1951.03.08	夕刊	事情ある子——私生子にはしたくない	大浜英子
1951.07.26	夕刊	夫には２号——子供の認知に悩む妻２人（a）	大浜英子
1951.07.26	夕刊	夫には２号——子供の認知に悩む妻２人（b）	大浜英子
1952.05.28	夕刊	日陰の母子——認知か，現状の維持か	大浜英子
1953.07.01	夕刊	相手は私生児——結婚したいが戸籍は？	山本杉
1953.11.08	夕刊	戸籍面は妻に——頼まれて兄の子を生む	大浜英子
1954.06.27	夕刊	娘と違う戸籍——第２の夫にも先立たれる	大浜英子
1955.09.28	夕刊	僕はメカケの子——母の姓をなのりたいが	大浜英子
1957.05.16	朝刊	70歳の叔父の実子——長男として入籍させて連れ去る	大浜英子
1957.11.26	朝刊	私生子の女理容師——結婚し小さな店をと思うけれど	小糸のぶ
1958.01.13	朝刊	だまされた結婚——仲人が妻の過去をかくす	山本杉
1958.10.24	朝刊	子の籍ぬかぬ先夫——再婚したが親子で姓がちがう	大浜英子
1960.02.19	朝刊	やっと入籍した私——いじめられても別れたくない	大浜英子
1960.12.27	朝刊	戸籍上の姉が母——両親と思っていたのは祖父母だった	美川きよ
1961.03.17	朝刊	籍を抜けば母１人——そのために内縁のままの主婦	大浜英子
1962.03.13	朝刊	先妻の籍そのまま——いたたまれず実家に帰った姉	小糸のぶ
1962.12.22	朝刊	突然の破談通知——もう相談所へ行く気力もない	戸川エマ
1963.11.19	朝刊	戸籍のキズが心配——正妻でないが子がほしい	大浜英子
1965.02.08	朝刊	戸籍に入れる依頼——義姉の子を断わったが	大浜英子
1965.08.06	朝刊	戸籍で孤立した子——高校２年生で将来が心配	大浜英子
1966.04.12	朝刊	父の愛人に子供——入籍の通知めぐり母と悩む	大浜英子
1967.06.24	朝刊	離婚せぬ粗暴な夫——私は店員と家出，すでに２児	大浜英子
1967.09.02	朝刊	私は双生児だった——預けられ20年，戸籍も自分だけ	大浜英子
1967.12.28	朝刊	籍を抜かぬ“先妻”——私には子どももあるのに	大浜英子
1968.05.03	朝刊	籍抜いてもらえぬ——同せい３年中絶はもういや	大浜英子
1968.05.23	朝刊	戸籍も調べず結婚——連れ子が３人，いじめられ通し	小山いと子

1968.06.01	朝刊	行く先ない夫の祖母――戸籍上は母親，私たちも苦しい	大浜英子
1969.05.13	朝刊	したり顔で“再婚”――妻に生活費も届けている妹の“夫”	福島慶子
1969.05.17	朝刊	戸籍上は先夫の子――離婚届けが遅れたために	大浜英子
1969.11.08	朝刊	戸籍上は“前夫の子”――離婚手続きせず再婚し2児	大浜英子
1969.11.30	朝刊	長女のムコは私生子――後悔でノイローゼ気味	島崎敏樹
1972.11.03	朝刊	教育費を請求したい――家出して，ぜいたく暮らしの夫に	鍛冶千鶴子
1973.08.25	朝刊	先妻の子，除籍したい――近く自分の子が生まれるので	小糸のぶ
1973.12.18	朝刊	私の再婚が裏目に――こわれた娘の縁談	鍛冶千鶴子
1974.05.28	朝刊	子供の認知に苦心――もめ続ける彼の離婚話	鍛冶千鶴子
1976.01.06	朝刊	先妻の子，夫の籍に――子を生みたいが，ためらい	鍛冶千鶴子
1976.02.10	朝刊	主人は無籍の人間――私の籍入れ問題で告白	鍛冶千鶴子
1976.07.20	朝刊	愛人の子入籍迫る夫――3年前から同せい，既に認知	鍛冶千鶴子
1977.01.05	朝刊	戸籍の「養子」消せぬか――将来，子供にショック与えたくない	鍛冶千鶴子
1978.02.23	朝刊	夫の“隠し子”に衝撃――戸籍謄本で初めて「認知」を知る	鍛冶千鶴子
1978.07.26	朝刊	複雑な家庭，父も老齢――精神不安，離籍したい独身女性	鍛冶千鶴子
1979.05.26	朝刊	慰謝料負担重すぎる――離婚した彼を応援しているが	鍛冶千鶴子
1982.01.28	朝刊	前夫の姓に戻りたい――子どもと違う姓で不便	鍛冶千鶴子
1982.05.01	朝刊	死んだ夫に“戸籍上の子”――相続放棄たのんだが，権利を主張	鍛冶千鶴子
1985.04.18	朝刊	私方に戸籍移せるか――14年前，協議離婚で夫に託した長女	鍛冶千鶴子
1986.02.26	朝刊	浮気相手の子が「長男」――汚れた戸籍，離婚した母でも許せぬ	鍛冶千鶴子
1988.11.01	朝刊	連れ子を特別養子に――前夫に非行歴，制度的に可能か	鍛冶千鶴子
1989.08.03	朝刊	赤ん坊の戸籍が心配――離婚前に再婚相手の子宿した姉	鍛冶千鶴子
1989.11.27	朝刊	異母兄弟の籍抜きたい――すでに独立した4人，いまだに母の子	鍛冶千鶴子
1990.03.12	朝刊	誕生直後の子もらったが……――3か月後，生母に返還迫られ悩む若夫婦	鍛冶千鶴子

1993.09.07	朝刊	子供の戸籍移したい――夫と離婚後，親権だけ自分に	鍛冶千鶴子
1994.09.16	朝刊	借金押し付ける主人の前妻――夜中に突然家に来るなど嫌がらせも	落合恵子
1998.09.03	朝刊	先妻の子なお同じ戸籍に――家族だけの新戸籍をつくりたい	鍛冶千鶴子
1999.08.10	朝刊	幼い時に別れた父が借金――兄は大丈夫？　認知した子までいた……	鍛冶千鶴子
2002.08.19	朝刊	結婚かなわず，子の認知拒む彼――養育への協力は約束するが……	土肥幸代
2003.04.19	朝刊	離婚時に子の親権をとった夫の前妻――戸籍を移さないのはおかしい	鍛冶千鶴子
2014.03.14	朝刊	50 代息子の彼女――身元不明	眉村卓
2014.06.28	朝刊	30 代娘の彼――素性が怪しい	大日向雅美